基金项目：国家社科基金项目：满语词汇语义研究（批准编号：13BYY129）阶段性成果

牡丹江师范学院学术专著出版基金资助

A LIBRARY OF
DOCTORAL
DISSERTATIONS
IN SOCIAL SCIENCES IN CHINA

中国
社会科学
博士论文
文库

满语名号研究

The Research of Manchu Title

綦中明　著

导师　赵阿平

中国社会科学出版社

图书在版编目（CIP）数据

满语名号研究／綦中明著 . —北京：中国社会科学出版社，2017.12
（中国社会科学博士论文文库）
ISBN 978 - 7 - 5203 - 1044 - 4

Ⅰ.①满…　Ⅱ.①綦…　Ⅲ.①满语—文化语言学—研究—清代
Ⅳ.①H221 - 09

中国版本图书馆 CIP 数据核字（2017）第 231919 号

出 版 人	赵剑英	
责任编辑	宋燕鹏	
责任校对	石春梅	
责任印制	王　超	

出　　版	中国社会科学出版社	
社　　址	北京鼓楼西大街甲 158 号	
邮　　编	100720	
网　　址	http://www.csspw.cn	
发 行 部	010 - 84083685	
门 市 部	010 - 84029450	
经　　销	新华书店及其他书店	

印　　刷	北京君升印刷有限公司	
装　　订	廊坊市广阳区广增装订厂	
版　　次	2017 年 12 月第 1 版	
印　　次	2017 年 12 月第 1 次印刷	

开　　本	710×1000　1/16	
印　　张	19	
插　　页	2	
字　　数	322 千字	
定　　价	79.00 元	

凡购买中国社会科学出版社图书，如有质量问题请与本社营销中心联系调换
电话：010 - 84083683

总　　序

　　在胡绳同志倡导和主持下，中国社会科学院组成编委会，从全国每年毕业并通过答辩的社会科学博士论文中遴选优秀者纳入《中国社会科学博士论文文库》，由中国社会科学出版社正式出版，这项工作已持续了 12 年。这 12 年所出版的论文，代表了这一时期中国社会科学各学科博士学位论文水平，较好地实现了本文库编辑出版的初衷。

　　编辑出版博士文库，既是培养社会科学各学科学术带头人的有效举措，又是一种重要的文化积累，很有意义。在到中国社会科学院之前，我就曾饶有兴趣地看过文库中的部分论文，到社科院以后，也一直关注和支持文库的出版。新旧世纪之交，原编委会主任胡绳同志仙逝，社科院希望我主持文库编委会的工作，我同意了。社会科学博士都是青年社会科学研究人员，青年是国家的未来，青年社科学者是我们社会科学的未来，我们有责任支持他们更快地成长。

　　每一个时代总有属于它们自己的问题，"问题就是时代的声音"（马克思语）。坚持理论联系实际，注意研究带全局性的战略问题，是我们党的优良传统。我希望包括博士在内的青年社会科学工作者继承和发扬这一优良传统，密切关注、深入研究 21 世纪初中国面临的重大时代问题。离开了时代性，脱离了社会潮流，社会科学研究的价值就要受到影响。我是鼓励青年人成名成家的，这是党的需要，国家的需要，人民的需要。但问题在于，什么是名呢？名，就是他的价值得到了社会的承认。如果没有得到社会、人民的承认，他的价值又表现在哪里呢？所以说，价值就在于对社会重大问题的回答和解决。一旦回答了时代性的重大问题，就必然会对社会产生巨大而深刻的影响，你也因此而实现了你的价值。在这方面年轻的博士有很大的优势：精力旺盛，思想敏捷，勤于学习，勇于创新。但青年学者要多向老一辈学者学习，博士尤其要很好地向导师学习，在导师的指导下，发挥自己的优势，研究重大问题，就有可能出好的成果，实现自己的价值。过去12年入选文库的论文，也说明了这一点。

什么是当前时代的重大问题呢？纵观当今世界，无外乎两种社会制度，一种是资本主义制度，一种是社会主义制度。所有的世界观问题、政治问题、理论问题都离不开对这两大制度的基本看法。对于社会主义，马克思主义者和资本主义世界的学者都有很多的研究和论述；对于资本主义，马克思主义者和资本主义世界的学者也有过很多研究和论述。面对这些众说纷纭的思潮和学说，我们应该如何认识？从基本倾向看，资本主义国家的学者、政治家论证的是资本主义的合理性和长期存在的"必然性"；中国的马克思主义者，中国的社会科学工作者，当然要向世界、向社会讲清楚，中国坚持走自己的路一定能实现现代化，中华民族一定能通过社会主义来实现全面的振兴。中国的问题只能由中国人用自己的理论来解决，让外国人来解决中国的问题，是行不通的。也许有的同志会说，马克思主义也是外来的。但是，要知道，马克思主义只是在中国化了以后才解决中国的问题的。如果没有马克思主义的普遍原理与中国革命和建设的实际相结合而形成的毛泽东思想、邓小平理论，马克思主义同样不能解决中国的问题。教条主义是不行的，东教条不行，西教条也不行，什么教条都不行。把学问、理论当教条，本身就是反科学的。

在21世纪，人类所面对的最重大的问题仍然是两大制度问题：这两大制度的前途、命运如何？资本主义会如何变化？社会主义怎么发展？中国特色的社会主义怎么发展？中国学者无论是研究资本主义，还是研究社会主义，最终总是要落脚到解决中国的现实与未来问题。我看中国的未来就是如何保持长期的稳定和发展。只要能长期稳定，就能长期发展；只要能长期发展，中国的社会主义现代化就能实现。

什么是21世纪的重大理论问题？我看还是马克思主义的发展问

题。我们的理论是为中国的发展服务的，决不是相反。解决中国问题的关键，取决于我们能否更好地坚持和发展马克思主义，特别是发展马克思主义。不能发展马克思主义也就不能坚持马克思主义。一切不发展的、僵化的东西都是坚持不住的，也不可能坚持住。坚持马克思主义，就是要随着实践，随着社会、经济各方面的发展，不断地发展马克思主义。马克思主义没有穷尽真理，也没有包揽一切答案。它所提供给我们的，更多的是认识世界、改造世界的世界观、方法论、价值观，是立场，是方法。我们必须学会运用科学的世界观来认识社会的发展，在实践中不断地丰富和发展马克思主义，只有发展马克思主义才能真正坚持马克思主义。我们年轻的社会科学博士们要以坚持和发展马克思主义为己任，在这方面多出精品力作。我们将优先出版这种成果。

2001 年 8 月 8 日于北戴河

序

满族作为中华民族的一员，走过了一条独具特色的发展道路，为中国历史发展乃至人类文明进程提供了极有价值的经验与教训。由此，世界性的满学研究成为学术热点。抢救发掘满族语言文化遗产，研究满族历史上的经验教训，对于加强中国现代建设和促进人类文明发展都具有实际的现实意义与深远的历史影响。

语言与文化具有密不可分的关系，语言是文化的载体，文化是语言的内蕴。任何民族语言都承载着该民族深厚的文化内涵，表现出民族文化的民族特征。尤其是语言中的语义系统，是该社会集团成员把握、认识世界的集中反映。因此，特定的文化与特定的语言之间，有着深刻的历史和现实的内在联系。语言作为文化记录的化石，生动地折射出所有文化成果与信息。满族的自然生态环境、物质生活方式、社会关系、宗教信仰、价值观念、思维习惯、文化交往无不渗透于语言之中，满族语言尤其是语义系统充分反映了满族历史文化的丰富内涵及其特征。满族语言与历史文化具有相互依存、相互影响和同步发展的密切关系。因此，将二者结合起来进行深入、系统的探讨研究，进而全面深刻地揭示出满族语言与历史文化的丰富内涵及民族特征，可为相关学科研究提供科学依据、客观例证，并为人类文明发展进程提供有价值的经验与教训。

基于以上，满族语言与历史文化研究成为本人 30 年来治学的主要方向，在多年辛勤探索取得一系列成果的基础上，持续培养指导后学者，以期薪火相传，求实做强。兴趣与探求之缘导引青年才俊綦中明进入我的门下，有幸开启了愉快而艰辛的教学相长征程。中明硕士学业攻读历史文献学，偶然机会得见满文谱牒，遂对满文产生兴趣而下功夫钻研，我欣赏他的探求之心与坚实毅力而欣然纳之。《周易·乾·文言》说"君子学以聚之，问以辨之，宽以居之，仁以行之"，此语同为共勉，师生相商以《满语名号研究》为其博士学位论文题目展开探究。他好学善思，累积大量相关资料，踏实钻研，精神感人。在突破重重疑难的跋涉中逐步推进深化探讨研究，经本人及诸位专家同人指导建议，中明反复调整思路，苦修文稿，最终获得可喜的初步成果。在这篇博士学位论文即将付梓成书之际，中明恳求作序，我由衷祝贺他，并欣然为之。

满语是满族文化的载体，展现了满族特有的民族文化。词义的客观性直接源于文化事实，通过对满语词义的描绘并与汉语进行对比，可以窥视到满族当时的文化状态及其特质。通过满语名号语义的描述与分析，可进一步揭示满语名号与满族的生态环境、民族心理、民族交往、精神信仰及价值观念的发展与变化，对民族学、人类学的研究亦具有一定参考意义。

该书在运用描写、阐释和考证的方法对清代满语名号的发展演变进行研究的同时，通过对满语名号语义构成和变化的分析，阐释了满语名号与满族自然生态环境、社会环境的关系；其次，运用历史考证法，对清代满语名号制度的发展演变过程进行考证，并总结了其各个发展阶段的特点；最后，通过对满语名号语义的分析，阐释了满族的灵禽信仰、天命观念及痘神崇拜，论证了满族入关前后价值观念的转变。

该书通过具体研究认为，语言是文化的载体，文化是语言的内蕴。满语名号是满族文化的一面镜子，其充分反映了满族先民的生态环境、制度文化及精神文化的变迁。

该书在研究内容、研究角度、运用材料上均有独到之处。名号制度乃政治制度的重要组成部分，关于名号制度的研究成果较少，学界尚未有系统研究清代名号制度的著作。前辈学者对于清代名号的研究，多从历史的角度出发，研究的范畴仅限于对名号发展演变的考证。该专著从名号的语义出发，在阐释满语名号结构和语义的基础上，将满语名号与汉语、蒙古语进行语义对比，并结合满族的发展历史阐释了满语名号与生态环境、制度文化及其精神文化的关系。在描述满语名号的语义时，作者不仅查阅了《御制清文鉴》《御制增订清文鉴》及《清代满蒙汉文词语音译对照手册》等工具书，而且在阐释满族信仰习俗时，作者还进行了社会调查，运用了满族天祭、树祭、拴马祭等一手调查资料。

满语名号研究，是文化语言学研究中一个具体而微观的实证研究，其揭示满族语言与文化之间的关系，并进一步以微观实例论证了文化语言学"语言是文化的载体，文化是语言的内蕴"这一基本理论。

　　该书选题涉及语言学、文化人类学及历史学等多门学科的交叉研究，具有重要的应用价值。运用文化语言学、历史语言学的理论与方法，对满语名号进行专门研究，并揭示其文化内涵。这一研究不仅对了解满语专有词语的构成和来源有所裨益，而且是探讨语言与文化关系的实证研究，也可为语言与文化研究的合理性提供客观依据。

　　清代是满族创建的封建王朝，满族在入主中原后为维护本民族特色，坚持"国语""骑射"，通过满语名号的发展变化，可以看到清朝政府的"满洲本位"思想、文化政策及民族政策的变化。名号制度是清代政治制度的重要组成部分，通过对满语名号发展变化的研究，进而揭示清代名号制度各发展阶段的特点，对清史研究具有重要意义。

　　诚然，作为年轻学者初步驾驭语言学、文化人类学及历史学等多门学科的交叉研究，该书虽然取得了一定的可喜成效，但是在研究范围、方法及资料运用方面仍需完善。该专著所研究的满语名号，仅以清代帝后及亲王的谥号、君主称谓、年号及文臣武将赐号为研究对象，文臣武将的名号仅以赐号为主。研究虽具有一定的代表性、层次性，但是关于公主、额驸、郡王及文臣武将的谥号等尚未列入研究范畴之内，有待持续探讨。

　　该书在研究中虽然运用了语言学、历史学等研究方法，但是在某些研究方法的使用上仍有待进一步深入。该专著在写作中虽然查阅了《御制清文鉴》等原始的资料，且结合了实践调查的满文资料，但是在满语与其他语言比较研究上，仅将其与汉语、蒙古语、突厥语及维吾尔语进行了部分比较，未能查阅更多相关民族语言进行比较。

　　当然，不足的完善需要一定的过程与很长时间，而论文的出版则是过程中的一个阶段性成果。在此博士论文即将出版之际，作为导师，我首先向綦中明同学表示祝贺，并愿再接再厉持续深研，日益提升。中明的这部书是国内近年来研究满族语言与历史文化不可多得的创新学术之作，为本领域研究做出了新的贡献，也将为相关领域研究提供科学有益的借鉴。相信读者在阅读此书后，会有比我更深的见解，亦恳请各位专家学者、读者对该书提出中肯的建议或有益的意见。

赵阿平

黑龙江大学

2016 年 11 月 20 日

摘　　要

　　语言与文化的关系研究是国内外文化语言学探究的核心内容。满语名号不仅是满语的重要组成部分，也是清代政治制度的重要组成部分。以往学界主要从历史学的角度研究满语名号，且较为零散，而从语义角度，运用历史学、语言学等方法对满语名号进行综合系统研究的成果尚未多见。

　　本书以满语名号为研究对象，从语言学、历史学的角度，结合满文文献、历史文献和满族祭祀材料，运用语言学、文化语言学、历史学、人类学等学科的理论和方法，在探讨满语名号构成的同时，进一步探讨了满语名号与满族生态环境、政治制度及精神文化间的关系。首先运用描写、阐释和考证的方法对清代帝后、亲王及文臣武将满语名号的发展演变进行研究；其次，通过对满语名号的语义分析、构成变化，阐释了满语名号与满族自然生态环境、社会环境的关系，并进一步将满语名号与汉语名号两者的语义进行比较，论证了民族语言是民族文化的载体；再次，运用历史考证的方法，对清代满语名号制度的萌芽、建立、发展及衰亡作了系统的的概述，并对满语名号制度发展阶段的特点进行总结；最后，通过对满语名号的语义分析，阐释了满族的灵禽信仰、天命观及痘神崇拜等精神信仰的同时，进一步提出了入关前满族以学习蒙古族文化为主导，入关后则以学习汉文化为主导的价值观念转变。

　　关键词：清代；满族；满语名号

Abstract

The relationship between language and culture is the main content of cultural and language research in China and abroad. The Manchu title is not only part of the Manchu language, but also plays an important role in the political system of Qing Dynasty. Most researchers did research of the Manchu title from historical aspect, and the whole process was not systematic. Research from meaning aspect is rarely seen, especially from historical and language aspects comprehensively.

This essay deals with Manchu title from linguistic and historical aspects. The essay talks about the relationships between Manchu title and Manchu ecological environment, between its political system and spiritual culture, the study of which is based on Manchu documents of its language and history, as well as Manchu documents on ancient sacrifice. First, this essay focuses on the change of titles of Manchu nobles, such as the emperors, the empresses, the princes, the policy makers and generals with specific description, explanation and demonstration. Second, through further analysis on the meanings and content of Manchu titles, the essay also discusses the relationships between Manchu titles and its natural and social environment, and by comparison of Manchu titles and Han titles, it further concludes that a nation's language is the carrier of its own culture. Third, the essay talks about the establishment, development, and decline of the Manchu title system with the method of historical research. At the same time, it summarizes the characteristics of the Manchu titles at different stages. Finally, through semantic analysis of Manchu titles, and with the explanation of the spirit of avian belief, the theory of heaven and destiny, and worshiping of the God of smallpox, it further discusses the transformation from learning Mongolian customs to learning values of the dominant Han culture after the troops of Qing Dynasty invading the main land of China.

Key words: Qing Dynasty; Manchu; Manchu title

目　　录

第一篇　绪论

第二篇　满语名号分类及构成

第三篇　满语名号释义

第四篇　满语名号与生态环境

第五篇　满语名号与社会制度文化

第六篇　满语名号与精神文化

第七篇　结语

Contents

Part I. Introduction

Part II. The Classification and Structure of Manchu Titles

Part III. The Meaning of Manchu Titles

Part IV. Manchu Titles and Ecological Environment

Part Ⅴ. Manchu Titles and Social System

Part Ⅵ. Manchu Titles and Spiritual Culture

Part VII. Conclusion

第一篇

绪 论

第一章

研究目的及意义

第一节　研究目的

语言不仅是人们进行交流的工具，而且语言本身也是文化的重要组成部分，可以说，语言是文化的载体，文化是语言的内蕴，语言与文化水乳交融，密不可分。民族语言从它形成的那天起，就深深地扎根于民族文化的土壤之中，是民族文化的重要组成部分。满语是满族文化的重要组成部分，同时也是满族文化的载体。满语名号从生态环境、民族交往、精神信仰及价值观念等方面反映了满族文化的特征及变迁，是满族社会文化的一面镜子。

"名号主要指政治名号，以及从政治名号衍生出来的其他名号，如人名、地名、族名，等等"①。满语名号主要包括满语年号、封号、谥号及君主称谓等。满语名号中蕴含着丰富的民族文化，尤其是满语名号语义的变化，不仅反映了满族先民的生态环境、精神信仰、民族交往，而且也充分体现了满族思维模式、价值观念的变化。因此，梳理满语名号，进而揭示其文化内涵，是深入研究满族语言与社会文化关系的重要内容之一。

本选题主要以满语名号为研究对象，通过描述满语名号的构成、来源及语义的变化，揭示满语名号与满族先民生态环境、民族交往、精神信仰、价值观念及政治制度的关系。

---

① 罗新：《中古北族名号研究》，北京大学出版社 2003 年版，第 1 页。

第二节 研究意义

满语名号研究，是文化语言学研究中一个具体而微观的实证研究。本文试图通过研究满语名号来揭示满族语言与文化之间的关系。本选题涉及语言学、文化人类学及历史学等多门学科的交叉研究。具体而言，此种交叉研究主要表现在以下三方面的视角：

一 语言学的角度

本选题运用文化语言学、历史语言学的理论与方法，对满语名号进行专门研究，并揭示其文化内涵。这一研究不仅对了解满语专有词语的构成和来源有所裨益，而且是探讨语言与文化关系的实证研究，也可为语言与文化研究的合理性提供客观依据。

二 历史学的角度

清代是满族创建的封建王朝，满族在入主中原后为维护本民族特色，坚持"国语""骑射"，通过满语名号的发展变化，可以看到清朝政府的"满洲本位"思想、文化政策及民族政策的变化。名号制度是清代政治制度的重要组成部分，通过对满语名号发展变化的研究，进而揭示清代名号制度各发展阶段的特点，对清史研究具有重要意义。

三 民族学的角度

满族是中国少数民族之一，满族文化是中华民族文化的重要组成部分。满语是满族文化的载体，展现了满族特有的民族文化。词义的客观性直接源于文化事实，通过对满语词义的描绘并与汉语进行对比，可以窥视到满族当时的文化状态及其特质。通过满语名号语义的描述与分析，进一步揭示满语名号与满族的生态环境、民族心理、民族交往、精神信仰及价值观念的发展与变化，对民族学、人类学的研究具有一定参考意义。

总之，语言是文化研究的"活化石"，满语名号中蕴含着丰富的文化信息，深入探讨满语名号对相关语言学、历史学、民族学的深入研究都有着重要的意义。

第二章

研究现状

满语名号研究这一选题是语言与历史、文化相结合的研究，具有跨学科性，与此相关的研究状况现概述如下。

第一节 语言与文化关系的研究

关于语言与文化关系的研究，早已受到国外学者的重视并取得了诸多成果。如德国威廉·冯·洪堡特的《论人类语言结构的差异及其对人类精神发展的影响》、卡西尔的《人论》、法国列维·布留尔的《原始思维》、美国摩尔根的《古代社会》、威廉·A·哈维兰的《当代人类学》、爱德华·萨丕尔的《语言论》、布龙菲尔德的《语言论》、英国 L. R. 帕默尔的《语言学概论》等都从不同角度探讨了语言与文化的关系，为后继研究者提供了理论指导、学理依据和多角度研究的启示。

文化语言学是一门交叉学科，20 世纪 80 年代在中国兴起。罗常培先生的《语言与文化》①、戴昭铭先生的《文化语言学导论》②、张公谨和丁石庆教授的《文化语言学教程》③ 等著作，为中国文化语言学的发展奠定了坚实的理论基础。邓晓华教授的《人类文化语言学》④、丁石庆教授的《达斡尔语言与社会文化》⑤ 等人类语言学著作为此论题的展开提供了理论与方法。

---

① 北京出版社 2004 年版。
② 语文出版社 2003 年版。
③ 教育科学出版社 2004 年版。
④ 厦门大学出版社 1993 年版。
⑤ 中央民族大学出版社 1998 年版。

在国内，运用文化语言学理论方法，对满族语言与文化关系研究的成果已有不少。主要有赵阿平的《满语语义文化内涵探析》（一至四）、《满语中动物词语的文化含义》（上、下）和《满—通古斯语言与萨满文化论略》、《满—通古斯语言与萨满文化》（一至四）及其专著《满族语言与历史文化》。赵阿平教授的《满族语言与历史文化》① 一书是对满族语言与历史文化关系及特征进行系统研究的代表性成果，为此方向的研究奠定了基础。客观而言，语言作为文化记录的活化石，生动地折射出了一个民族的文化信息。正是从这样的客观理念和历史事实出发，该书从满语语义的角度，分别阐释了满族语言与满族自然生态环境、物质经济文化、社会制度文化、宗教信仰文化及民族文化交往的关系，并通过对满语词语的文化阐释，探索了满族语言与历史文化的密切关系及特征。从影响效果角度而言，该书为研究满族语言与历史文化关系奠定了基础，并拓展了满族语言的阐释空间。

此外，还有高娃的《满蒙谚语与文化的关系及特点》②、黄新亮的《从满语中的汉语借词看满族文化变迁》③、贾越的《满语颜色词的词源及文化研究》④、邰利明的《满语中的蒙古语借词》⑤、庞志宇的《满族饮食词语与文化》⑥ 等学位论文也都从不同角度论述了满族语言与文化的关系。

由此可知，满族语言与满族文化关系的研究已经取得了一定的成果，为本论题的研究提供了理论参考。

第二节　名号制度的研究

关于清代封号的研究，主要有季永海先生的《清代赐号考释》⑦、邹

---

① 民族出版社 2006 年版。
② 硕士学位论文，黑龙江大学，2006 年。
③ 硕士学位论文，黑龙江大学，2008 年。
④ 硕士学位论文，黑龙江大学，2009 年。
⑤ 硕士学位论文，黑龙江大学，2010 年。
⑥ 硕士学位论文，黑龙江大学，2011 年。
⑦ 《满语研究》1993 年第 2 期。

兰欣的《简述满语赐号"巴图鲁"》① 及哈斯巴根的《清早期扎尔固齐官号探究——从满蒙关系谈起》②。季永海先生的《清代赐号考释》一文对有清一代的 baturu（巴图鲁）名号进行搜集、分类的同时，对赐号的类型进行了阐释，并按时间的脉络进一步揭示了清代各阶段 baturu（巴图鲁）赐封的用字特点；邹兰欣在《简述满语赐号"巴图鲁"》一文中，把巴图鲁分为单纯的巴图鲁、冠以满语的巴图鲁、冠以汉字的巴图鲁三类后，又分析了赐予巴图鲁封号的原因。据其研究，有清一代的 baturu（巴图鲁）名号者大概有四种情况：其一，在攻某城时，表现英勇；其二，在某次作战中表现英勇；其三，在作战中杀敌较多；其四，在战争中受伤、阵亡者，不仅如此，作者还列举了实例加以证明，增加了文章的说服力。哈斯巴根的《清早期扎尔固齐官号探究——从满蒙关系谈起》从满蒙关系的角度考察了扎尔固齐这一官号。该文首先探讨了扎尔固齐的源流，分析了女真地区的扎尔固齐，并结合历史事实阐释了扎尔固齐的职掌，进而阐释了满蒙间的关系。文章还提出了满族在崛起的过程中在政治及文化上难免受蒙古文化影响，清早期的政治制度的确脱胎于蒙古，并认为，从该角度而言，后金（清朝）是蒙元帝国制度文化的传承者之一。上述论文的研究角度与研究方法给满语名号的文化语言学研究提供了一定的借鉴。

程大鲲也对清代的封谥进行了深入的研究，他在《清代宗室亲王之封谥》③《清代宗室郡王封谥考》④ 等论文中，根据清代皇族家谱"玉牒"的记载，分别对清代亲王、郡王的受封情况及谥法等进行了介绍，与此同时还列举了诸多亲王、郡王的满语封谥名号；其《清代宗室贵族谥号考》⑤ 一文，则主要根据清代玉牒的记载，对清代宗室贵族谥号的特点，亲王和郡王的谥号情况及其他宗室贵族的谥号情况做了列举和分析。

关于清代谥号的研究，潘洪钢的《清代谥法中的特谥、追谥和夺

谥》① 和《论清代谥法》②，王亦炜的《清代谥法制度的来源与确立》③ 及其《晚清官员谥号研究》④，徐广源的《清代帝后妃谥号浅议》⑤ 等，皆从历史的角度对清代谥号及谥法制度做了整体的概述。具体而言，潘洪钢的《清代谥法中的特谥、追谥和夺谥》一文通过对特谥、追谥和夺谥的论述，探析了清代谥法的特点。作者认为，谥法是清王朝政治统治的重要工具之一，统治阶级所倡导的某种价值取向和道德标准，都会通过谥法来实现。谥法在清代社会政治生活中占有较重要地位，社会和政治的重大事件，都会在谥法中有所反映；王亦炜的《清代谥法制度的来源与确立》一文对清代谥法制度的产生和发展进行探讨的同时，还阐述了清代谥法在使用过程中内容的变化及特点；徐广源的《清代帝后妃谥号浅议》一文主要对清代皇帝、皇后及妃子谥号的概况进行了阐释，并从历史学的角度分析了其用字情况。

古代的名号早已受到历史学者们的关注，且取得了一定的成果，罗新的《中古北族名号研究》⑥ 是名号研究方面的一部力作，该书以北族即北方民族（主要指阿尔泰语系诸民族）为主要研究对象，主要对魏晋南北朝至隋唐时期的北方民族政治名号进行了结构与功能分析。

关于君主称谓的研究仅有王雏的《中国古代君主称谓研究》⑦ 和金家年的《我国古代君主称谓探源》⑧ 两篇论文。金家年的《我国古代君主称谓探源》利用历史考证法比较详尽地考察了君主众多称谓的缘起，并论述了其基本含义及先后的变化情况，进而指出这些君主称谓不仅是词语表达的问题，其背后有着浓厚的政治色彩，是研究我国古代政治制度不可或缺的材料；王雏的《中国古代君主称谓研究》一文仅是粗略地阐释了古代君主称谓的名称。值得一提的是，在学术界至今尚未发现关于满语君主称谓的研究著述。

---

① 《中央民族大学学报》（人文社会科学版）2005 年第 2 期。

② 《文史哲》2007 年第 2 期。

③ 《河北工程大学学报》（社会科学版）2010 年第 3 期。

④ 硕士学位论文，河北师范大学，2010 年。

⑤ 《清史研究》1997 年第 4 期。

⑥ 北京大学出版社 2009 年版。

⑦ 《兰台世界》2009 年第 7 期。

⑧ 《安徽教育学院学报》（哲学社会科学版）1994 年第 2 期。

　　综上所述，关于清代名号及其制度的研究确实取得了一定的成就，尤其在封谥制度方面的研究成果较多。但关于清代名号的研究还有许多方面需要进一步深入探讨，如以往关于清代封谥的研究，主要以汉文典籍为依据，运用历史学的考证方法，且集中于名号制度的产生、发展、演变之层面，虽有学者将满语封谥词语引入论文，但是未作过多的分析，从满文角度研究清代年号、君主称谓等名号少有论及，关于清代帝后的满语谥号也尚未进行整理与描述。虽然满族语言与历史文化结合研究的成果为数不多，但已经为我们进一步研究提供了科学而具体的理论方法和操作实践。诸多关于清代名号制度的研究成果，为深入研究满语名号与历史文化关系奠定了基础。运用文化语言学和文化语义学的研究方法，对满语名号进行深入研究并揭示其文化内涵，既有助于语言学研究的拓展与深化，也为清史、满族文化等相关研究的深入发展提供了客观依据与新的视角。

第三章

研究对象、内容及依据

第一节　研究对象

本书主要以清代皇室及文臣武将的名号为具体研究对象。因清代皇室及文臣武将名号较为繁冗，故而本书研究的皇室名号主要以皇帝的年号、称谓、谥号、皇后的谥号及亲王的谥号为主；文臣武将的名号主要包括 darhan（达尔汉）、baturu（巴图鲁）、baksi（巴克什）、mergen（墨尔根）、erke chur（额尔克楚虎尔）、jinong（济农）、joriktu（卓礼克图）等赐号。因 erke chur（额尔克楚虎尔）、jinong（济农）、joriktu（卓礼克图）等赐号在清代使用频率较低，故在书中仅作概述。

第二节　研究内容

满语名号研究主要以皇室名号及武将名号为主要研究对象，该研究主要分为三部分：

一是查找、梳理和描写满语名号，对其进行分类，在此基础上分析满语名号的构成。

此部分将满语名号分为皇室名号和文臣武将名号两大类。在皇室满语名号部分，分别对清代皇帝、皇后、亲王及文臣武将的满语名号进行了描述。其中皇帝名号部分主要研究皇帝的年号、谥号及君主称谓。满语名号皆属专有名词，在分类的基础上进一步对满语名号的构成进行分析。

二是对满语名号的语义进行描述，并进一步考订其发展和演变的过程。

在此部分主要利用满语、汉语文献资料对清代皇帝的年号、谥号及君主称谓、皇后的谥号、亲王的谥号及文臣武将的名号进行语义阐释，并进一步考订帝后满语谥号的增谥过程及文臣武将的 darhan（达尔汉）、baturu（巴图鲁）、baksi（巴克什）等名号的发展情况，此为整部书立论的基础和依据。

三是通过对满语名号语义的描写与分析，进一步结合历史背景探讨满语名号词语与满族文化间的关系。

此部分通过对满语名号语义的描写与分析，分别阐释满语名号与满族生态环境、政治制度、民族信仰之间的关系。

满语名号与满族生态环境的关系部分，主要分为满语名号与自然环境和满语名号与社会环境两部分。满语名号的语义不仅反映了满族先民所生活的自然环境，而且还反映了满族先民的狩猎生活方式。借词是民族文化交流的"活化石"，满语名号与社会环境部分，主要通过满语名号中的借词及名号的修饰语言，分别对满族与汉族、满族与蒙族及藏族间的文化交流情况进行论述。

名号制度是清代政治制度的重要组成部分。此部分主要运用文献考证的方法对清代满语名号制度的起源、发展及消亡的过程进行阐释，并进一步分析满语名号在各阶段的发展特点及社会功能。

满语名号不仅是清代奖赏制度、政治制度的重要组成部分，而且名号的用字反映了一个民族的精神信仰与价值取向。在满语名号与精神文化部分，主要从满语名号的用字和语义角度，阐释了满语名号与满族信仰间的关系及满族入关前后价值取向的变化。在满语名号与信仰习俗方面，通过对满语名号的语义分析，主要阐释满族的灵禽信仰、天命观及痘神信仰。在满语名号与价值观念方面，主要从满族入关前后文化认同方面阐释了满族价值观念的转变。

第三节　依据文献

满语名号研究是多学科的交叉研究，不仅涉及语言学、文化学，而且还涉及历史学、民族学等学科内容，而且为了进一步研究满语所承载的满族文化内涵，还将其与汉语、蒙语等语言进行了比较，所以本书主要涉及了满族语言与其他相关语言、语言与文化及历史学等方面的资料。

一　满族语言与相关语言资料

季永海、刘景宪、屈六生的《满语语法》①，刘景宪、赵阿平、赵金纯的《满语研究通论》②，赵阿平的《满族语言与历史文化》③ 等著作对满语基础理论进行了系统梳理，为满语语言与历史文化关系研究提供了必备的理论基础。

国内外的满语语法、辞书及满文文献为研究满语名号词语与满族历史文化的关系提供了基本资料。

康熙朝的《御制清文鉴》《御制增订清文鉴》《同文广汇全书》④，乾隆朝的《五体清文鉴》⑤，光绪朝的《清文总汇》⑥ 以及商鸿逵和刘景宪的《清史满语辞典》⑦、羽田亨的《满和辞典》⑧ 等是查找满语名号必备的工具书。

除此之外，《突厥语大词典》《蒙汉辞典》《藏汉大辞典》《尔雅》《康熙字典》《女真文辞典》等辞书也是进行满语与其他语言比较不可或缺的工具书。

二　语言与文化

国内外的文化语言学、文化语义学等探析语言与历史文化的论著，如戴昭铭的《文化语言学导论》⑨ "是我国文化语言学兴起以来，国家级专业出版社出版的第一部文化语言学的理论专著。其主要特色是理论的系统性、见解的独到性和可接受性、方法的可操作性"。张再红的《词汇文化语义的认知研究》⑩ 一书提出"词汇文化语义作为各民族语言中非常普遍的现象，在语言学领域广为探讨。传统的词汇文化语义研究主要是基于结

---

① 民族出版社 1986 年版。
② 黑龙江朝鲜民族出版社 1997 年版。
③ 民族出版社 2006 年版。
④ 天绘阁 1693 年刻本。
⑤ 民族出版社 1957 年版。
⑥ 荆州驻防翻译总学 1897 年刻本。
⑦ 上海古籍出版社 1990 年版。
⑧ 台北学海出版社 1974 年影印版。
⑨ 语言出版社 1996 年版。
⑩ 上海译文出版社 2010 年版。

构主义语义学的历时和共时描写。本书拟从认知语义学和认知人类学的角度考察文化词语意义的认知机制和意义关系模式"。

常敬宇的《汉语词汇与文化》[①] 一书的创新之处在于"开创性地将汉语词汇中的文化词汇全部收集、整理、分类，并从文化的角度进行系统地分析和解释，可谓一部'汉语文化词汇大全'"，"该书融合了汉语的词汇现象与汉民族的文化特征，系统论述汉语词汇和文化的渊源，从汉语自身的角度来研究词汇，通过透视文化来阐释词义"。吴国华的《文化词汇学》[②] "在俄语语言与文化研究方面又增添了一本有创新意义的新著"，"这部书选用了丰富的材料，列举了大量的俄汉实例，从符号学角度系统描述了词语的民族文化语义的生成和发展，揭示了俄语词语的民族文化语义的类型和特点。既有理论上的突破，又极具实践上的价值。"两书分别探讨了汉语词汇、俄语语言与文化间的关系，虽不以满语为研究对象，但也为本论题的研究提供了一些相关理论及思路上的指导。

马清华的《文化语义学》[③] 立足于语义问题，系统研究了人类基本文化结构对语义的作用规律，提出了一套完备而富新意的理论框架，对文化和语义关系问题的具体研究有普遍指导意义。将语义和文化结合起来进行研究，形成宏观语义学的一个分支，为满语名号与满族文化的研究提供了一定的理论方法参考。

邓晓华的《人类文化语言学》[④]、江帆的《满族生态与民俗文化》[⑤]、丁石庆的《达斡尔语言与社会文化》[⑥] 等著作为此项研究提供了将语言与文化结合研究、语言与文化互证研究的理论方法和范例。

三　历史资料

关于清代名号及制度主要记载于清代的政书体史书之中，中国古代最大的一部断代政书《钦定大清会典》乃先后由康熙（二十三年）、雍正（二年）、乾隆（十二年）、嘉庆（六年）、光绪（十年）五位皇帝五次开

---

① 北京大学出版社 1995 年版。
② 黑龙江人民出版社 1996 年版。
③ 江西人民出版社 2000 年版。
④ 厦门大学出版社 1993 年版。
⑤ 中国社会科学出版社 2006 年版。
⑥ 中央民族大学出版社 1998 年版。

馆纂修，故曰《大清五部会典》，它的整理和出版为我们研究满语名号与名号制度提供了系统而丰富的史料。此外，《清实录》《清史稿》《清入关前史料选辑》① 以及朱诚如主编的《清史图典》②、王绵厚和郭守信主编的《辽海印信图录》③、徐启宪和李文善主编的《明清帝后宝玺》④ 等，也为研究满语名号与制度文化提供了不可或缺的史料。

　　因满语名号研究与清史，尤其是清代政治制度、民族关系、民族政策都密不可分，故相关的研究著作更是不可或缺，故而诸如周远廉的《清朝兴起史》⑤、张羽新的《清政府与喇嘛教》⑥、王彦章的《清代奖赏制度研究》⑦、黄玉生和车怀明等人的《西藏地方与中央政府关系史》⑧ 等资料也尤为重要。

四　调查资料

　　满族的祭祀活动流传至今，祭祀所用的神本子为我们研究满族精神文化信仰提供了宝贵的资料。牡丹江市宁安地区是满族的肇兴之地，至今仍是满族人聚居的地方。宁安地区的多数满族家族中都有跳神的神本子，且仍保持着传统的祭祀活动，这些祭祀活动是满族精神信仰的重要组成部分，这些神本子也是满族精神信仰最直接的证明。因此满族祭祀的部分神本子也是写作时必不可少的参考资料。

　　满族的祭祀具有一定的神秘性、私密性，如各家所供奉的"佛爷位"一般来讲，仅有本家族"擦玛达"（saman da）知道，所以在写作过程中仅列举宁安地区瓜尔佳、赫舍哩等部分满族家族的祭祀神本子予以说明。

---

① 　第1—3辑，中国人民大学出版社1984、1989、1991年版。

② 　紫禁城出版社2002年版。

③ 　辽海出版社2000年版。

④ 　紫禁城出版社1996年版。

⑤ 　吉林文史出版社1986年版。

⑥ 　《西藏民族学院学报》1981年第2期。

⑦ 　安徽人民出版社2007年版。

⑧ 　西藏人民出版社1995年版。

第四节　主要理论观点

一　满语名号与满族文化

语言具有文化性和民族性，任何民族语言都有其产生的特定历史环境，是本民族文化的载体。满语名号的构成及语义的变化反映了满族的生态文化、制度文化和精神文化的变化。

语言是文化的载体，文化是语言的内蕴。通过对满语名号语义的阐释，并与汉语等相关语言进行对比，我们发现满语名号中蕴藏着满族独特的文化。

二　满语名号与满族文化的变迁

名号乃道德、伦理、政治合而为一的表现，满语名号是满族价值观的表现之一。满语名号及其语义的变化反映了满族民族价值观念的变化。通过对满语名号的构成及语义分析，可以发现满族入关前曾深受蒙古族文化的影响，入关后深受汉文化的影响，并逐渐接受了儒家的道德观念，不断向封建礼教文化转变，满语名号制度确立的过程体现了满族礼教文化发展的过程。

三　满语名号制度与清代民族政策

满语名号经历了太祖、太宗时期的萌芽、顺治至嘉庆时期的创立、道光至同治时期的发展、光绪至宣统时期衰亡的过程。通过满语名号各阶段特点，不仅可以看到清朝政治"满洲本位"政策的变化，而且还可从侧面反映清代的民族政策。满语名号作为一种政治符号，具有政治合法性功能和社会整合性功能。

四　中华民族文化是"多元一体"文化

满族入关后，虽与各民族相互接触，并不断受到中原文化的影响，但满语名号充分体现了清代在接纳中原文化同时，并未放弃本民族特有的文化，而是将本民族文化融入其中。满语名号的发展变化，也进一步证实了中华民族文化是各民族共同缔造的"多元一体"文化的理论观点。

第四章

研究方法

关于语言与文化关系的研究，国内外诸多学者已经从不同角度提出了多样的研究理论与方法。文化语言学是一门交叉学科，人类语言学、文化语义学的研究方法也为我们的研究提供了新的视角。

满语名号研究属于交叉性研究，主要涉及语言学、文化学和历史学的内容，所以此课题的研究主要运用了文化语言学、文化语义学及历史学研究的方法。

第一节　语言学研究方法

在我国传统的语言研究中，语言与文化的交叉研究一直受到学者的重视。这种交叉研究并不是学者的随意关联，它是由文化与语言的本质属性决定的。语言只存在于人所组成的社会之中，而一个民族的文化又有着极其丰富的内容，大致来说，主要包括物质文化、精神文化、行为文化、制度文化等几个部分，凡是与该民族的社会、生产、思想观念等有关的文化因素，都与语言有着千丝万缕的联系。文化语言学就是基于这一特点而产生的。该研究方法既要对凝结在语言本身的文化因素进行细致的分析研究，又要借助于语言现象及规律来说明文化现象，并最终使这两个领域的研究都会有所获益，即不仅可以促进本学科的发展，而且也为其他相关领域提供研究的素材。在本书的研究中，既注重从文化语言学的角度来研究名号制度，又注重从满语的词汇语义深层来探究满语名号的真正含义，并有意识地从满语语言形态的衍生变化来研究名号制度。例如，通过搜集、整理满语名号，追溯词义的衍生与演变；根据词义引申线索，探求名号词语中被掩盖了的词义内容，相信这样的梳理与探究必然会使我们对满族名号制度及功能有更深入的了解与把握。在本书中文化语言学的研究方法具体表现在以下四个方面：

一　描写法、阐释法

本书在对满语名号进行搜集整理时，主要运用了描写法和阐释法。

描写与阐释结合，是一种描写性的研究，主要回答的是词语是什么，关注的是词语的外部形式。解释性的文化语言学是文化解释的描写，是联系文化来解释语言。描写是手段，解释是目的。

二　共层背景比较法

本书在对满语名号语义的发展、演变考证时，主要运用了"历时比较"法和历史考证法；在对满语名号语义与汉语名号语义比较时，运用了"共时比较"法。

比较是鉴别事物的手段，也是寻找规律不可缺少的方式手段。共层背景比较法要求在语言比较的同时，进行文化背景的比较。共层背景比较法可以分为历时比较和共时比较。"历时比较"即不同历史阶段的比较；同一历史阶段的比较一般称为"共时比较"。通过历时比较和共时比较可以发现同一种语言在不同历史发展中的不同表现及不同语言同一时期文化现象中的差异。

三　文化背景考察法

语言具有文化性，是文化的一部分。文化与语言相互影响、相互制约，语言是文化的镜像，文化是语言的管轨。任何语言的产生都有其历史文化背景，记录了某一历史时期的文化。语言的变化也就是文化变迁的一个"镜像"。

文化背景考察法是戴昭铭先生提出来的，他认为"语言根植于文化之中。民族文化不仅是民族语言活动的广大舞台，更是民族语言形成、发展和演变的根本动力。语言的历史和民族文化的历史是紧密交织在一起的。因此，无论对语言历史的研究或语言现状的研究理解，都必须紧密结合这种语言的文化历史背景加以论析。不同的历史文化背景形成不同的语言"①。语言与文化在发生上具有同一性，因而语言的变化总是在一定程

---

① 戴昭铭：《文化语言学导论》，语文出版社1996年版，第56—57页。

度上受社会文化影响的。

本书在对满语名号进行文化语义分析时，运用了文化背景考察法。

四　文化思维认同法

文化思维是指具有类型性的人类群体在文化建构中表现的倾向性思维。人类文化发源于人类的思维，同时又与人类思维在互相推动中获得发展。各种语言结构的特点必然与民族文化的思维方式特征具有某种关联。如果能够结合对该民族文化思维方式的分析来认识其民族的语言结构，就可能获得对民族语言更为深刻的认识。

本书在满语名号与价值观念部分，主要运用文化思维认同法对满族入关前后文化认同的转变进行分析。

第二节　历史学研究方法

一　历史文献考证法

考证又称考据、考异，考证不仅是中国传统史学最重要的方法之一，而且也是社会科学研究最基本的方法之一。凡是进行有关中国各种学科的历时研究，几乎都要使用此方法。

本书除了对满语名号进行描写与阐释之外，还对 baturu（巴图鲁）、baksi（巴克什）、darhan（达尔汉）等部分满语名号的起源和发展进行了历时的考证。

二　计量史学法

计量史学法又称历史计量分析法、历史定量分析法，是指运用数学方法、统计学方法和电子计算机技术，通过各种数据关系，揭示和认识历史的一种方法。马克思曾说过"一种科学，只有在成功运用数学时，才算真正达到完善的地步"。为了更加清晰阐释满语名号的发展过程，本书在研究清代帝后、亲王的名号用字时，也运用了数字史学法对相关用字情况进行了较为精确的统计。这样可以使人们更加直观地了解满语名号在不同时期用字的变化。

第二篇

満语名号分类及构成

在构成民族的诸要素中，语言是不可或缺的因素之一。生活在东北白山黑水之间的满族，其先世可以追溯到先秦时期的肃慎族、两汉时期的挹娄、魏晋时期的勿吉、隋唐时期的靺鞨、宋辽金元明时期的女真。满族及其先祖，在中国历史上先后建立过三个政权，创造了女真文和满文两种文字。语言是文化的载体，文化是语言的内蕴，语言具有文化性，是民族文化的"活化石"，从语言角度研究满族文化也许会有意想不到的效果。满语名号是满语的一个重要组成部分，它与清代的政治制度、民族政策及民族文化息息相关，所以研究满语名号具有重要的意义。"名号主要指政治名号，以及从政治名号衍生出来的其他名号，如人名、地名、族名等等"①。因满语名号较为繁杂，故而本书研究的满语名号具体主要指满语的年号、谥号、赐号及君主称谓等。

① 罗新：《中古北族名号研究》，北京大学出版社 2003 年版，第 1 页。

第一章

满语名号的分类

清朝是满族入关建立的国家，为了保持本民族的传统，清代统治者推行"国语骑射"的政策。满语成为清代的"国语"，与汉语并行于世，满语中保留有大量的名号词语。为了进一步研究需要，以阶层为界，将满语名号分为皇室名号与文臣武将名号两部分。

第一节　皇室名号

皇室即皇帝的家族，皇室名号则主要指皇室成员的政治名号。有清一代的皇室成员数量众多，类别复杂。本书关注的清代皇室名号，主要由皇帝名号、皇后名号、亲王名号三部分构成。

一　皇帝名号

在封建专制社会，皇帝身为一国之君、国家至高统治者，手中握有对世间万物的生杀大权。皇帝所享用的名号必经大臣们深思熟虑、精挑细选，才能最终敲定，且多为皇帝所专有。在本书中，清代皇帝的名号主要包括皇帝的年号、谥号及君主称谓。

（一）皇帝的年号

年号是王权的一种标志，我国历史上第一个年号"建元"是汉武帝即位之初设置的。年号自汉代设置，至民国停废，时间绵延长达两千多年，受到了历代统治者的重视。在这漫长的发展过程中，年号也不断随着社会的发展而不断变化。明清以前，一个皇帝多有几个年号，但到了明清时期，一个皇帝基本只有一个年号的模式基本定型，所以明清时期年号除了纪时的功能外，还成为皇帝的代名词，如万历皇帝、乾隆皇帝等。

有清一代共有十二位皇帝,从后金努尔哈赤的天命到溥仪的宣统共有十三个年号。有清一代乃满族入关所建立的王朝,为了保持本民族特有的文化习俗,统治者推行"国语骑射"的政策。在清代,满语曾一度被奉为"国语",故而清代的十三个年号除汉文外,还有满文分别与之相对应。

有清一代的十二位皇帝中,只有清太宗皇太极有两个年号,即 sure han(天聪)和 wesihun erdemungge(崇德)。自清入关前太祖努尔哈赤的 abkai fulingga(天命)至清末溥仪皇帝的 gehungge yoso(宣统)共有十三个年号:abkai fulingga(天命)、sure han(天聪)、wesihun erdemungge(崇德)、ijishūn dasan(顺治)、elhe taifin(康熙)、hūwaliyasun tob(雍正)、abkai wehiyehe(乾隆)、saicungga fengšen(嘉庆)、doro eldengge(道光)、gubci elgiyengge(咸丰)、yooningga dasan(同治)、badarangga doro(光绪)、gehungge yoso(宣统)。

值得一提的是,在"同治"之前还曾拟定过一个 fengšen sabingga(祺祥)的年号。咸丰帝奕詝 1861 年(咸丰十一年)病死于热河,载淳继承帝位并决定次年改元祺祥。咸丰懿贵妃叶赫那拉氏与恭亲王奕䜣勾结,谋取了清代最高统治权。在周祖培"怡亲王载垣等拟定'祺祥'年号,意义重复"[1] 的奏疏之下,废止"祺祥"年号,改次年为同治元年,这即历史上有名的"辛酉政变",因此次事件涉及"祺祥"年号的立废,故又称"祺祥政变"。先前所拟定的"祺祥"年号也在这场政治运动中被"同治"这一年号所替代,仅存在了 69 天。祺祥年号被取消后,原定发行的"祺祥重宝""祺祥通宝"货币未及发行即被销毁,但值得庆幸的是仍有祺祥币存留下来。如有人藏有三枚"祺祥重宝"[2],宝巩局"祺祥通宝"刻花钱"正背外缘用手工阴刻图案"[3]。此外,在国家图书馆里还保留有一册由钦天监编纂,咸丰十一年(1861)辛酉朱墨刻本的《大清祺祥元年岁次壬戌时宪书》。"北京图书馆保存的这部清祺祥年历书,未曾使用过。可算是未正式启用的清'祺祥'年号在襁褓期间的一件遗物。"[4]

① 《清史稿》卷三九〇《周祖培传》,中华书局 1976 年版,第 11731 页。
② 泉痴:《短命的祺祥钱》,《东方收藏》2010 年第 3 期。
③ 袁华惠:《宝巩局"祺祥通宝"刻花钱》,《收藏界》2009 年第 4 期,第 79 页。
④ 寒冬虹:《未曾启用的清"祺祥历书"》,《文献》1990 年第 4 期,第 82 页。

（二）皇帝的谥号

"谥号是古代帝王、诸侯、卿大夫、高官显宦、文人名士等具有很高政治地位和社会地位的人去世以后，后人根据其一生的事迹功业和道德情操所授予的一种评判性质的名号。"①《逸周书·谥法解》载："谥者，行之迹；号者，功之表；车服者，位之章也。是以大行受大名，细行受细名，行出于己，名出于人。惟周公旦、太公望，开嗣立业，建功于牧野，终将葬，乃制谥，遂叙谥法。"学界一般认为谥号肇始于周，乃周公所作，谥法"源于周，废于秦，行于汉，盛于唐宋，严于明清，它复废于民国"②，最终伴随中国封建社会衰亡而退出历史舞台。谥号"从性质上说，有美谥和恶谥。所谓美谥，就是褒扬死者功德的谥号；所谓恶谥，就是贬斥死者劣迹恶行的谥号"③。唐代是谥法发展的转折点，自唐高宗始，国家每遇喜庆之事，都要为先皇上尊号成为定例。美谥自此成为谥法的主流，也基本失去了"惩恶"评判的作用。虽然如此，但其仍是社会道德评价体系的一面镜子，有着重要的道德评判功能。

庙号是皇帝驾崩后，为别其世系宗属，在太庙奉祀时所起的名号。一般说来，一朝初创者，曰太祖，依次为太宗、高祖、高宗等。据徐广源先生考证"帝谥尾端加'庙谥'始自明朝"④。

谥宝，乃皇帝为其列祖列后所上尊谥所用之宝，又称玉宝。因清代以满语为"国语"，故而宝文也以满语为之。如，taidzu, abka hese be alifi, forgon be mukdembuhe, gurun i ten be fukjin ilibuha, ferguwecuke gungge, gosin hiyoošungga, horonggo enduringge, šu be iletulehe, doro be toktobuha, genggiyen erdemungge, ambalinggū kengse, ginggun elhe, dergi hūwangdi。此乃清太祖努尔哈赤的谥号，其中 taidzu dergi hūwangdi（太祖高皇帝）乃是庙号。为了进一步研究清代皇帝满文谥号，兹将清代皇帝满文谥宝详列于下：

1. 肇祖、兴祖、景祖、显祖谥号

deribuhe mafa da hūwangdi i boobai。⑤

---

① 胡孝生：《中国人的名字号》，黄山书社1995年版，第186页。
② 林德春：《中国古代谥号与谥法评述》，《松辽学刊》1996年第1期，第79页。
③ 刘超先：《谥号与道德评判》，《广西社会科学》2006年第1期，第182页。
④ 徐广源：《清朝帝后妃谥号浅议》，《清史研究》1997年第4期，第96页。
⑤ 朱诚如主编：《清史图典·顺治朝》，紫禁城出版社2002年版，第145页。

肇祖原皇帝之宝

此乃都督孟特穆（猛哥铁木儿）的谥宝，该谥宝宝文为满汉合璧文，左侧满文楷字，右侧汉文篆字。

yendebuhe mafa tondo hūwangdi i boobai。[1]

兴祖直皇帝之宝

此乃都督福满的谥宝。孟特穆（猛哥铁木儿）之次子建州左卫首领董山，董山第三子为锡宝齐篇古，福满乃锡宝齐篇古之子。该谥宝宝文为满汉合璧文，左侧满文楷字，右侧汉文篆字。

mukdembuhe mafa gosingga hūwangdi i boobai。[2]

景祖翼皇帝之宝

此乃福满之第四子觉昌安的谥号，觉昌安乃清太祖努尔哈赤的祖父。该谥宝宝文为满汉合璧文，左侧满文楷字，右侧汉文篆字。

iletulehe mafa hafumbuha hūwangdi i boobai。[3]

显祖宣皇帝之宝

此乃觉昌安之第四子塔克世的谥号，塔克世乃太祖努尔哈赤的父亲。该谥宝宝文为满汉合璧文，左侧满文楷字，右侧汉文篆字。

2. 太祖谥号

taidzu，abka hese be alifi，forgon be mukdembuhe，gurun i ten be fukjin ilibuha，ferguwecuke gungge，gosin hiyoošungga，horonggo enduringge，šu be iletulehe，doro be toktobuha，genggiyen erdemungge，ambalinggū kengse，ginggun elhe，dergi hūwangdi i boobai。[4]

太祖承天广运圣德神功肇纪立极仁孝睿武端毅钦安弘文定业高皇帝之宝

此乃清太祖努尔哈赤的谥号，该谥宝宝文为满汉合璧文，左侧满文楷字，右侧汉文篆字。

3. 太宗谥号

taidzung，abka de acabume gurun be mukdembuhe，doro be amban obu-

---

① 朱诚如主编：《清史图典·顺治朝》，紫禁城出版社 2002 年版，第 147 页。
② 同上书，第 149 页。
③ 同上书，第 151 页。
④ 王绵厚、郭守信编著：《辽海印信图录》，辽海出版社 2000 年版，第 269 页。

ha，horon be algimbuha，gosin onco，hūwaliyasun enduringge，hiyoošungga erdemungge，ginggun mergen，eldengge tomohonggo，den be badarambuha，gung be iletulehe，genggiyen šu hūwangdi i boobai。①

太宗应天兴国弘德彰武宽温仁圣睿孝敬敏昭定隆道显功文皇帝之宝

此乃清太宗皇太极的谥号，该谥宝宝文为满汉合璧文，左侧满文楷字，右侧汉文篆字。

4. 世祖谥号

šidzu，abka be dursulehe，forgon be wesihun obuha，uherileme toktobuha，doro be ilibuha，sure genggiyen，ginggun šu iletu horonggo，erdemu be amban obuha，gung be badarambuha，ten gosingga，umesi hiyoošungga eldembuhe hūwangdi i boobai。②

世祖体天隆运定统建极英睿钦文显武大德弘功至仁纯孝章皇帝之宝

此乃皇太极第九子（爱新觉罗·福临）顺治的谥号。该谥宝宝文为满汉合璧文，左侧满文楷字，右侧汉文篆字。

5. 圣祖谥号

šengdzu，abka de teherehe，forgon be badarambuha，šu horonggo，genggiyen mergen，gungnecuke boljonggo，onco elgiyen，hiyoošungga ginggun，unenggi akdun dulimba hūwaliyasun，gung erdemu be ambarame šanggabuha gosin hūwangdi i boobai。③

圣祖合天弘运文武睿哲恭俭宽裕孝敬诚信中和功德大成仁皇帝之宝

此乃世祖顺治第三子（爱新觉罗·玄烨）之谥号。该谥宝宝文为满汉合璧文，左侧满文楷字，右侧汉文篆字。

6. 世宗谥号

šidzung，abka be ginggulehe forgon be badarambuha dulimba be ilibuha tob be iletulehe šu horonggo dacun genggiyen onco gosin akdun kulu sunggiyen enduringge amba hiyoošungga ten i unenggi temgetulehe hūwangdi i boobai。④

世宗敬天昌运建中表正文武英明宽仁信毅睿圣大孝至诚宪皇帝之宝

---

① 王绵厚、郭守信编著：《辽海印信图录》，辽海出版社 2000 年版，第 271 页。
② 同上书，第 274 页。
③ 同上书，第 277 页。
④ 同上书，第 282 页。

此乃圣祖康熙第四子雍正（爱新觉罗·胤禛）之谥号。此宝满文为玉箸篆字，与此前皆为楷字的满文已是不同，汉字仍为篆字。需要说明的是，满文篆字有三十二体，玉箸篆字乃是其中一种，它是在满文小篆的基础上演化生成的①。

7. 高宗谥号

g'aodzung, abka be alhūdaha, forgon be wesihun obuha, den i unenggi, nenden sarasu, ikengge be dursulehe ten be ilibuha šu selgiyehe horon bada-rambuha ginggun genggiyen hiyoošungga jilangga šengge enduringge yongkiyang-ga hūwangdi i boobai.②

高宗法天隆运至诚先觉体元立极敷文奋武钦明孝慈神圣纯皇帝之宝

此乃世宗第四子乾隆（爱新觉罗·弘历）的谥号，此宝满文为玉箸篆字，汉字为篆字。

8. 仁宗谥号

žindzung, abka be aliha, forgon be yendebuhe, wen be selgiyehe, doro be toktobuha šu be wesihulehe, horon be algimbuha eldengge elgiyen, hiyoošungga gungnecuke, kicebe boljonggo, tob ulhisu, dacun sultungga sung-giyen hūwangdi i boobai.③

仁宗受天兴运敷化绥猷崇文经武光裕孝恭勤俭端敏英哲睿皇帝之宝

此乃高宗第十五子嘉庆（爱新觉罗·颙琰）的谥号。此宝满文为玉箸篆字，汉字为篆字。

9. 宣宗谥号

siowandzung, abka be songkoloho forgon de acabuha dulimba be ilibuha tob dursulehe ten i šu enduringge horonggo mergen baturu gosin jilan boljonggo kicebe, hiyoošungga ulhisu, onco tokton, šanggan hūwangdi i boobai.④

宣宗效天符运立中体正至文圣武智勇仁慈俭勤孝敏宽定成皇帝之宝

此乃仁宗次子道光（爱新觉罗·旻宁）的谥号，此宝满文为玉箸篆字，汉字为篆字。

---

①　关于满文篆字的相关情况可参见黄锡惠的《满文小篆研究（上）》，载《满语研究》1998 年第 2 期。

②　王绵厚、郭守信编著：《辽海印信图录》，辽海出版社 2000 年版，第 285 页。

③　同上书，第 288 页。

④　朱诚如主编：《清史图典·道光朝》，紫禁城出版社 2002 年版，第 111 页。

10. 文宗谥号

wendzung, abka de aisilaha, forgon de wehiyehe, dulimba be tuwakiyaha bodogon be tuwabuha, erdemu be wesihulehe, horon be selgiyehe, enduringge hiyoošun, mumin gungnecuke, tob gosin, onco ulhisu, tob malhūn iletu hūwangdi i boobai。[①]

文宗协天翊运执中垂谟懋德振文圣孝渊恭端仁宽敏庄俭显皇帝之宝

此乃宣宗第四子咸丰（爱新觉罗·奕詝）的谥号，此宝满文为玉箸篆字，汉字为篆字。

11. 穆宗谥号

mudzung, abka be siraha, forgon be badarambuha, dulimba be jafaha, tob be tuwakiyaha, amba be karmaha, gungge be toktobuha, enduringge mergengge, unenggi hiyoošun, akdun ulhisu, gungnecuke onco filingga hūwangdi i boobai。[②]

穆宗继天开运受中居正保大定功圣智诚孝信敏恭宽毅皇帝之宝

此乃文宗长子同治（爱新觉罗·载淳）的谥号，此宝满文为玉箸篆字，汉字为篆字。

12. 德宗谥号

dedzung, abkai adali, forgon be wesihulehe, dulimba be badarambuha, umesi tob šu be ijiha, horonggo be wekjihe, gosin hiyoošun, sunggiyen mergen, tob malhūn, onco kicebe, ambalinggū hūwangdi i boobai。[③]

德宗同天崇运大中至正经文纬武仁孝睿智端俭宽勤景皇帝之宝

此乃文宗嗣子，穆宗从弟光绪（爱新觉罗·载湉）的谥号，此宝满文为玉箸篆字，汉字为篆字。

（三）满语君主称谓

君主称谓词语主要是表示臣下对皇帝专用称谓的词。满语君主称谓主要有：

abkai jui（天子）、hūwangdi（皇帝）、han（君）、tumen se（万岁）、dergi（皇上）、ejen（主）、dele（皇上）、enduringge ejen（圣主），geng-

---

① 王绵厚、郭守信编著：《辽海印信图录》，辽海出版社2000年版，第293页。
② 同上书，第296页。
③ 徐启宪、李文善编著：《明清帝后宝玺》，紫禁城出版社1996年版，第307页。

giyen ejen（明君）共九个。

二　皇后的谥号

在中国古代封建社会，皇后乃一国之母，具有"母仪天下"的表率作用，故而不仅皇帝有谥号，后妃逝世后群臣也要根据其生平表现，并结合所适皇帝的谥号加以尊谥。给后妃加谥起于汉朝，"汉宣帝（刘询）继位后，念自己的曾祖母卫子夫被诬受害，决定追谥她为思后，这是中国历史上第一次给后妃加谥，此后逐步形成制度，直至清朝末年"①。与皇帝谥号相比，后妃谥号与政治无关，主要取决于其生前表现。皇帝因各种因素使然，在当政期间往往会有多位皇后，清代皇帝也不例外。兹分别按皇后所侍皇帝的先后顺序，将笔者搜集到的比较有代表性的有清一代皇后的满语谥号详列如下：

（一）肇祖、兴祖、景祖、显祖皇后的谥号

da hūwangheo i boobai②

原皇后之宝

此乃都督孟特穆（猛哥铁木儿）妻子的谥宝，该谥宝宝文为满汉合璧文，左侧满文楷字，右侧汉文篆字。

tondo hūwangheo i boobai③

直皇后之宝

此乃都督福满妻子的谥宝，该谥宝宝文为满汉合璧文，左侧满文楷字，右侧汉文篆字。

gosingga hūwangheo i boobai④

翼皇后之宝

此乃福满之第四子觉昌安妻子的谥宝，该谥宝宝文为满汉合璧文，左侧满文楷字，右侧汉文篆字。

hafumbuha hūwangheo i boobai⑤

宣皇后之宝

---

① 刘静：《文化语言学研究》，中华书局 2006 年版，第 214 页。
② 朱诚如主编：《清史图典·顺治朝》，紫禁城出版社 2002 年版，第 146 页。
③ 同上书，第 148 页。
④ 同上书，第 150 页。
⑤ 同上书，第 152 页。

此乃觉昌安之第四子塔克世妻子宣皇后谥宝，该谥宝宝文为满汉合璧文，左侧满文楷字，右侧汉文篆字。

（二）太祖皇后谥号

gosin hiyoošungga, doro de akūmbuha, ginggun ijishūn, fulehun fujurungga, doronggo erdemungge, hūturingga eldengge, abka de acabume, enduringge de aisilaha dergi hūwangheo i boobai。①

孝慈昭宪敬顺仁徽懿德庆显承天辅圣高皇后之宝

此乃太祖孝慈高皇后之谥宝，该谥宝宝文为满汉合璧文，左侧满文楷字，右侧汉文篆字。

（三）太宗皇后谥号

hiyoošungga doronggo, gosingga jurgangga, ujen sure, mergen ijishūn, jilangga jingji, tob gingguji, abka de aisilame, enduringge de acabuha genggiyen šu hūwangheo i boobai。②

孝端正敬仁懿哲顺慈僖庄敏辅天协圣文皇后之宝

此乃孝端文皇后之谥宝，该谥宝宝文为满汉合璧文，左侧满文楷字，右侧汉文篆字。

hiyoošungga ambalinggū, gosin algisha, unenggi kemungge, gungnecuke fujurungga, ten i erdemu, gulu wesihun, abka de aisilame, enduringge be badarambuha, genggiyen šu hūwangheo i boobai。③

孝庄仁宣诚宪恭懿至德纯徽翼天启圣文皇后之宝

此乃孝庄文皇后之谥宝。该谥宝宝文为满汉合璧文，左侧满文楷字，右侧汉文篆字。

（四）世祖皇后谥号

hiyoošungga fulehun, gosin kemungge, tob fujurungga, jilangga nesuken gungnecuke elhe, gulu erdemungge, abka de acabume, enduringge de aisilaha eldembuhe hūwangheo i boobai。④

孝惠仁宪端懿慈淑恭安纯德顺天翼圣章皇后之宝

---

① 王绵厚、郭守信编著：《辽海印信图录》，辽海出版社 2000 年版，第 270 页。
② 同上书，第 272 页。
③ 同上书，第 273 页。
④ 同上书，第 275 页。

此乃世祖孝惠章皇后之谥宝。该谥宝宝文为满汉合璧文，左侧满文楷字，右侧汉文篆字。

hiyoošungga nesuken, gosingga hūwaliyasun, ambalinggū fujurungga, gungnecuke fulehun, nemgiyen genggiyen, tob elhe, abka be wesihuleme, enduringge be hūwašabuha eldembuhe hūwangheo i boobai。①

孝康慈和庄懿恭惠温穆端靖崇天育圣章皇后之宝

此乃世祖孝康章皇后之谥宝。该谥宝宝文为满汉合璧文，左侧满文楷字，右侧汉文篆字。

（五）圣祖皇后谥号

hiyoošungga unenggi gungnecuke doronggo, tob fulehun, nesuken hūwaliyasun, mergen fujurungga, gingguji ulhisu, abka de jergileme enduringge de aisilaha, gosin hūwangheo i boobai。②

孝诚恭肃正惠安和淑懿恪敏俪天襄圣仁皇后之宝

此乃圣祖孝诚仁皇后之谥宝，此宝满文为玉箸篆字，汉文为篆字。

hiyoošungga genggiyen, nesuken ambalinggū fulehun tob hūwaliyasun, elhe elgiyen, gungnecuke cibsonggo, abka be gingguleme, enduringge de acabuha, gosin hūwangheo i boobai。③

孝昭静淑明惠正和安裕端穆钦天顺圣仁皇后之宝

此乃圣祖孝昭仁皇后之谥宝，此宝满文为玉箸篆字，汉字为篆字。

hiyoošungga fujurungga, nemgiyen unenggi, tob gosingga, kemengge ambalinggū, hūwaliyasun gingguji, jilangga fulehun abka de acabume, enduringge de aisilaha, gosin hūwangheo i boobai。④

孝懿温诚端仁宪穆和恪慈惠奉天佐圣仁皇后之宝

此乃圣祖孝懿仁皇后之谥宝，此宝满文为玉箸篆字，汉文为篆字。

hiyoošungga gungnecuke, iletu fulehun, nemgiyen doronggo, toktoho elgiyen, jilangga gulu, ginggun cibsonggo, abka de aisilame enduringge de acabuha, gosin hūwangheo i boobai。⑤

① 王绵厚、郭守信编著：《辽海印信图录》，辽海出版社 2000 年版，第 276 页。
② 同上书，第 280 页。
③ 同上书，第 281 页
④ 同上书，第 278 页。
⑤ 同上书，第 279 页。

孝恭宣惠温肃定裕慈纯钦穆赞天承圣仁皇后之宝

此乃圣祖孝恭仁皇后之谥宝，此宝满文为玉箸篆字，汉字为篆字。

（六）世宗皇后谥号

hiyoošungga ginggun, gungnecuke hūwaliyasun, fujurungga ijishūn, genggiyen fulehun, ambalinggū elhe nelhe, abka be wehiyeme, enduringge de aisilaha, temgetulehe hūwangheo i boobai。①

孝敬恭和懿顺昭惠庄肃安康佐天翊圣宪皇后之宝

此乃世宗孝敬宪皇后之谥宝，此宝满文为玉箸篆字，汉字为篆字。

hiyoošungga enduringge, gosingga iletu, lergiyen fulehun, jirun hūwaliyasun, unenggi fujurungga, gosin cibsonggo, abka be ginggguleme enduringge be eldembuhe, hūwangheo i boobai。②

孝圣慈宣康惠敦和诚徽仁穆敬天光圣宪皇后之宝

此乃世宗孝圣宪皇后之谥宝，此宝满文为玉箸篆字，汉字为篆字。

（七）高宗皇后谥号

hiyoošungga yongsunggo, gungnecuke dahashūn, nelhe elgiyen, jilangga gosingga, tob gingguji ulhisu mergen, abka de wehiyeme, enduringge be eldembuhe, yongkiyangga hūwangheo i boobai。③

孝仪恭顺康裕慈仁端恪敏哲翼天毓圣纯皇后之宝

此乃高宗孝仪纯皇后谥宝，此宝满文为玉箸篆字，汉字为篆字。

hiyoošungga erdemungge, unenggi tob, jiramin cibsonggo, gosin fulehun fujurungga gungnecuke, nelhe ijishūn, abka de aisilame, enduringge be yendebuhe, yongkiyangg hūwangheo i boobai。④

孝贤诚正敦穆仁惠徽恭康顺辅天昌圣纯皇后之宝

此乃高宗孝贤纯皇后谥宝，此宝满文为玉箸篆字，汉文为篆字。

（八）仁宗皇后谥号

hiyoošungga nemeyen, tob hūwaliyasun, gosin doronggo, jilan fujurungga jiramin elgiyen genggitungga ciran abka be eldembume, enduringge be wehiye-

---

① 王绵厚、郭守信编著：《辽海印信图录》，辽海出版社 2000 年版，第 283 页。
② 同上书，第 284 页。
③ 同上书，第 286 页。
④ 同上书，第 287 页。

he，sunggiyen hūwangheo i boobai。①

孝淑端和仁庄慈懿敦裕昭肃光天佑圣睿皇后之宝

此乃仁宗孝淑睿皇后谥宝，此宝满文为玉箸篆字，汉字为篆字。

hiyoošungga hūwaliyasun，gungnecuke jilan，nelhe erke elhe šanggan ginggun dahashūn，gosin tob，abka de acabume，enduringge be iltulehe sunggiyen hūwangheo i boobai。②

孝和恭慈康豫安成钦顺仁正应天熙圣睿皇后之宝

此乃仁宗孝和睿皇后谥宝，此宝满文为玉箸篆字，汉字为篆字。

（九）宣宗皇后谥号

hiyoošungga cibsonggo，nesuken jiramin，tob doronggo，tob unenggi gingguji fulehun sulfa ginggun，abka be akdabuha enduringge be ergembuhe šanggan hūwangheo i boobai。③

孝穆温厚庄肃端诚恪惠宽钦孚天裕圣成皇后之宝

此乃宣宗孝穆成皇后谥宝，此宝满文为玉箸篆字，汉字为篆字。

hiyoošungga gemungge，jilan ginggun，onco gosingga，tob hingsengge elhe fulehun，unenggi ulhisu，abka de acaname，enduringge be jiramilaha šanggan hūwangheo i boobai。④

孝全慈敬宽仁端悫安惠诚敏符天笃圣成皇后之宝

此乃宣宗孝全成皇后谥宝，此宝满文为玉箸篆字，汉字为篆字。

hiyoošungga cibsen，nelhe jilangga，fujurungga genggitungga，tob fulehun，tob gosin，abka de aisilame，enduringge be wehiyehe，šanggan hūwangheo i boobai。⑤

孝静康慈懿昭端惠庄仁弼天抚圣成皇后之宝

此乃宣宗孝静成皇后谥宝，此宝满文为玉箸篆字，汉字为篆字。

hiyoošungga olhoba，ulhisu doronggo，mergen ijishūn，hūwaliyasun fujurungga unenggi fulehun，jirun gingguji，abka be eldembume erdemungge be

① 王绵厚、郭守信编著：《辽海印信图录》，辽海出版社 2000 年版，第 289 页。
② 朱诚如主编：《清史图典·嘉庆朝》，紫禁城出版社 2002 年版，第 63 页。
③ 王绵厚、郭守信编著：《辽海印信图录》，辽海出版社 2000 年版，第 290 页。
④ 同上书，第 291 页。
⑤ 同上书，第 292 页。

wehiyehe，šanggan hūwangheo i boobai。[1]

孝慎敏肃哲顺和懿诚惠敦恪熙天诒圣成皇后之宝

此乃宣宗孝慎成皇后谥宝，孝慎成皇后佟佳氏。此宝满文为玉箸篆字，汉字为篆字。

（十）文宗皇后谥号

hiyoošungga jekdun，jilan elhe，onco urgungga，hūwaliyasun ginggun abka be dursulehe，enduringge de aisilaha，gosin iletu hūwangheo i boobai。[2]

孝贞慈安裕庆和敬仪天祚圣显皇后之宝

此乃文宗孝贞显皇后谥宝，此宝满文为玉箸篆字，汉字为篆字。

hiyoošungga erdemu，nemeyen fulehun，unenggi ijishūn，jilan tob gingguji olhoba，abka be gingguleme enduringge be wehiyehe，iletu hūwangheo i boobai。[3]

孝德温惠诚顺慈庄恪慎恭天赞圣显皇后之宝

此乃文宗孝德显皇后谥宝，此宝满文为玉箸篆字，汉字为篆字。

hiyoošungga kobton，jilan hūturi，tob karmangga，nelhe ujingga genggiyen sulfangga，tob unenggi，jalafungga gungnecuke，kobton fengkin，wesihun taifin，abka de adabuha，enduringge be yendehe，iletu hūwangheo i boobai。[4]

孝钦慈禧端佑康颐昭豫庄诚寿恭钦献崇熙配天兴圣显皇后之宝

此乃文宗孝钦显皇后谥宝，此宝满文为玉箸篆字，汉字为篆字。

（十一）穆宗皇后谥号

hiyoošungga sultungga，saicungga ijishūn，nemeyen olhoba，mergen genggiyen，abka be temgetulehe，enduringge be iletulehe，filingga hūwangheo i boobai。[5]

孝哲嘉顺淑慎贤明宪天彰圣毅皇后之宝

此乃穆宗孝哲毅皇后谥宝，此宝满文为玉箸篆字，汉字为篆字。

① 朱诚如主编：《清史图典·道光朝》，紫禁城出版社 2002 年版，第 238 页。
② 王绵厚、郭守信编著：《辽海印信图录》，辽海出版社 2000 年版，第 294 页。
③ 同上书，第 295 页。
④ 徐启宪、李文善编著：《明清帝后宝玺》，紫禁城出版社 1996 年版，第 311 页。
⑤ 王绵厚、郭守信编著：《辽海印信图录》，辽海出版社 2000 年版，第 297 页。

三　亲王名号

beile（贝勒）这一名号，是满族固有的名号，在入关前一直使用。随着满族不断受汉族文化的影响，不断学习中原职官制度，崇德元年后，贝勒逐渐由官职演变为无实权的爵位名称。

努尔哈赤亦曾被称为"淑勒贝勒"，其兄弟子侄也多有被称为贝勒，此时的贝勒具有参政议政的权力。女真文 be（g）i-le（贝勒）为"官臣勃极烈"①。由此可知，beile（贝勒）是由金代的"勃极烈"转化而来。

关于"勃极烈"这一官职，《金史》载："金自景祖始建官属，统诸部以专征伐，巍然自为一国。其官长，皆称曰勃极烈，故太祖以都勃极烈嗣位，太宗以谙版勃极烈居守。谙板，尊大之称也。其次曰国论忽鲁勃极烈，国论言贵，忽鲁犹总帅也。又有国论勃极烈，或左右置，所谓国相也。其次诸勃极烈之上，则有国论、乙室、忽鲁、移赉、阿买、阿舍、昊、迭之号，以为升拜宗室功臣之序焉。其部长曰孛堇，统数部者曰忽鲁。"② 由此可知，金景祖完颜乌古乃（1021—1074）时期，为了统一女真各部落已设立了"勃极烈"这一官职。《文献统考》载："（女真）官之尊者，以九曜二十八宿为名，职皆曰勃极烈。"③ 由此可知，勃极烈这一官职在金朝的地位。

关于满语 beile（贝勒），哈斯巴特尔教授不仅对 beile（贝勒）的早期形式进行了考释，而且还对其词源进行了考证，认为 beile（贝勒）来源于"结实、坚固的"，其反映了人类早期崇尚"力量"的社会习俗。④

满族入关后，按血缘的亲疏远近，将皇族分为宗室与觉罗两大支系。宗室即国君或皇帝的宗族，通常以与皇帝的父系血缘亲疏关系来确定是否列入宗室之列。有清一代，皇太极在位时期，明确地提出宗室和觉罗的划分。从清显祖塔克世（努尔哈赤之父）算起，太祖及其兄弟以下子孙称"宗室"，宗室者腰束黄带子。塔克世的叔伯兄弟支系则称

---

① 金启琮：《女真文辞典》，文物出版社 1984 年版，第 210 页。
② 《金史》卷五五《百官志一》，中华书局 1975 年版，第 1215—1216 页。
③ （元）马端临：《文献通考》卷二三七《四裔四》，浙江古籍出版社 2007 年版，考二五七一。
④ 哈斯巴特尔：《关于清代官职 beile"贝勒"词源》，《满语研究》2006 年第 2 期，第 16—19 页。

为"觉罗",觉罗者腰束红带子。革去宗室者则系红带子,革去觉罗者则系紫带子,故而黄带子、红带子便成为宗室、觉罗的代指,也成为地位尊卑的标志。

清代为膺封宗室,在太宗时期初定 hošoi cin wang（和硕亲王）、doroi giyūn wang（多罗郡王）、doroi beile（多罗贝勒）、gūsai beise（固山贝子）①、gurun be dalire gung（镇国公）、gurun be aisilara gung（辅国公）、gurun de dalire janggin（镇国将军）、gurun de aisilara janggin（辅国将军）、gurun be tuwakiyara janggin（奉国将军）九等封爵。顺治时期,实行降封制度,故而在奉国将军之下又增加奉恩将军,形成十等封爵。雍正时期,又规定宗室公加封"奉恩"的字样,故而镇国公、辅国公又被称作奉恩镇国公、奉恩辅国公。乾隆登基后,对宗室封爵进一步完善,钦定十四等封爵,即和硕亲王、世子、多罗郡王、长子、多罗贝勒、固山贝子、kesi be tuwakiyara gurun be dalire gung（奉恩镇国公）、kesi be tuwakiyara gurun de aisilara gung（奉恩辅国公）、jakūn ubu de dosimbuhakū gurun be dalire gung（不入八分镇国公）、jakūn ubu de dosimbuhakū gurun de aisilara gung（不入八分辅国公）、gurun be dalire janggin（镇国将军）、gurun de aisilara janggin（辅国将军）、gurun be tuwakiyara janggin（奉国将军）、kesi be tuwakiyara janggin（奉恩将军）。"不难看出,清王朝借用了明代如亲王、郡王以至世子等一些名号,但主要是从自身的历史传统出发,在满洲旧俗的基础上,对明制加以斟酌损益,创造了一套融汇满汉、独具特色的宗室爵号体系。"② 亲王在清代宗室封爵中地位最高,人员也相对比较集中、明确,具有代表性,故笔者将亲王名号列入了本书的研究范围。

hošoi cin wang（和硕亲王）,又简称亲王,其中"和硕"是满语 hošo 的音译,cin wang 乃是借自汉语的亲王。"和硕"《钦定金史语解》卷一解释为:"隅也"③,"汉义为四方之方,方隅,东南、西南、东北、西北四角之角。清代爵位、封号等前面冠以'和硕'二字者,有统辖、管理一方面的含义。"④ 郭成康认为"清代八旗创建之后,凡朝会、围猎、攻城、驻防

---

① beise 是 beile 的复数形式,是众贝勒之义。
② 程大鲲:《清代宗室亲王之封谥》,《满语研究》1997 年第 2 期,第 27 页。
③ 《钦定金史语解》,文渊阁《四库全书》本。
④ 商鸿逵、刘景宪、季永海等编著:《清史满语辞典》,上海古籍出版社 1990 年版,第 114 页。

等，各旗均分左、右两翼顺序就位。于是'和硕'一词常用来表示八旗的某一方位"。并认为"《满文老档》天命元年申日条记载了八贝勒向努尔哈赤上'英明汗'尊号的仪式，这是 hošoi（和硕）一词用于八旗的最早记录：jakūn gūsai beise geren be gaifi, duin dere duin hošo arame jakūn bade ilifi……（八旗诸贝勒率领众人分作四方四隅站立于八处，……）"①。

在有清一代的十四等封爵中，亲王位居首位，地位最高，故清廷对亲王的册封和予谥皆有严格的规定。为了进一步研究清代亲王封谥名号，笔者将有清一代部分亲王的满语封号、谥号按时间顺序做一《清代亲王封谥表》附于文后。

笔者根据亲王封号谥号统计表，将亲王的封号和谥号用字分别详列于下：

（一）亲王封号用字

经笔者根据《清代亲王封谥表》统计，有清一代亲王封号用字如下：

ujen（郑）、gungnecuke（恭）、erke（豫）、urgun（怡）、gulu（醇）、tokton（定）、sabingga（瑞）、tomohonggo（恒）、tob（庄）、fafungga（肃）、mergen（睿）、jiramin（惇）、fulehun（惠）、doronggo（礼）、mutengge（成）、yongsu（仪）、hūwaliyaka（和）、fengšen（庆）、gungmin（质）、dorolon（履）、elgiyen（裕）、dengge（荣）、kemungge（简）、iletu（显）nesuken（康）、yargiyangga（诚）、kengse（果）、bolgo（淳）、tomohonggo（恒）、tusangga（襄）、bayan（饶余）、ginggun（敬谨）、kesingge（承泽）、jingji（端重）、giyangga（理）、ijishūn（巽）gulu（纯）、nesuken nomhon（康良）、elhe（安）、elgiyen（裕）、sure（颖）。

（二）亲王谥号用字

笔者根据《清代亲王封谥表》统计，有清一代亲王谥号用字如下：

gingguji（恪）、gungnecuke（恭）、olhoba（慎）、kicebe（勤）tondo（忠）、tabhošonggo（端）、ambalinggū/tob/elgiyen（庄）、usacuka（悼）、nomhon（良）、jiramin（厚）、erdmengge/mergen（贤）、hišengge（悫）、kicebe/ulhisu（敏）、elhe（安）、hairacuka（怀）、gulu（纯）、fujurungga（懿）、kengse/dacun（毅）、kemungge（简）、dasaha（修）、toktobuha/necihiyen（靖）、kimecikū（密）、hūwaliyasun（和）、temgetulehe（宪）、

① 郭成康：《清宗室爵号考》，《满语研究》1985 年第 1 期，第 63 页。

genggiyen（昭）、fulehun（惠）、faššangga（襄）、jiramin（质）、sultungga（哲）、ijishūn（顺）、gungge（烈）、horonggo（武）、tokton（定）、fulu（裕）、hafuka（通）、dobohonggo（献）、nemgiyen（温）、bodohonggo（度）、gingule（谨）、yonggo（仪）、unenggi（诚）、olhošon（僖），共计满文 48 个，汉字 42 个。

第二节　文臣武将赐号

赐号是古代帝王为了旌表有功之臣而赐予他们的一种荣誉称号，是统治阶级彰显地位、辨别尊卑的媒介。赐号不仅被广泛应用于皇族内部，而且也流行于文臣武将之中。对于文臣武将来说，一个赐号代表了一种地位，一种身份，甚至是一种荣誉。满族先祖女真族创建了金朝，《金史》中也有赐与文臣武将"忠臣"名号的记载。如龙虎卫上将军史咏赐号"守节忠臣"①、康公弼参知政事、签枢密院事，赐号"忠烈翊圣功臣"②、国用安赐号"英烈戡难保节忠臣"③ 等。

满语名号中，涌现了大量的 darhan（达尔汉）、baksi（巴克什）、baturu（巴图鲁）等应用频率较高的满语赐号。此外，还有 mergen（墨尔根）、erke chur（额尔克楚虎尔）、jinong（济农）、joriktu（卓礼克图）、noyan（诺颜）、argatu tumen（阿尔哈图土门）等一些使用频率较低的满语赐号。

---

① 《金史》卷一六《宣宗本纪下》，第 364 页。
② 《金史》卷七五《左企弓传》，第 1723 页。
③ 《金史》卷一一七《国用安传》，第 2562 页。

第二章

满语名号的构成

满语名号皆为专有名词。在满语中，名词的构成分为合成名词与派生名词。所谓的合成名词即由两个或两个以上的词素按一定规则组合起来构成的名词，"合成名词从组合结构来看，有三种类型：联合型、偏正型、聚集型"①。满语名号多为合成名词，满语名号的构成主要为以下几种情况。

第一节　联合型结构满语名号

联合型结构即由两个意义相同、相近、相关或相反的词根并列组合而成的合成名词。在满语名号中，年号、亲王的名号及文臣武将名号多为联合型结构。

wesihun erdemungge（崇德），"根据元音和谐律在一些动词词根上分别缀以附加成分'－shūn'、'－hūn'、'－hun'构成派生形容词"②。wesihun 是在动词"wesimbi"（升、上升）去掉词尾"－mbi"之后，根据元音和谐律，在词根上缀以附加成分"－hun"构成的派生形容词。er-demungge 汉译为"有德的"，"它是由名词'erdemu'（德）根据元音和谐律，在词干上缀以附加成分'－ngge'（相当于汉语的'有……的'），使名词形容词化"③。wesihun 与 erdemungge 构成联合型结构专有名词，汉译为"崇德"。

---

① 刘景宪、赵阿平、赵金纯：《满语研究通论》，黑龙江朝鲜民族出版社 1997 年版，第 98 页。

② 同上书，第 254 页。

③ 吴宝柱：《满语附加成分的语义结构分析》，《满语研究》1991 年第 1 期，第 39 页。

elhe taifin（康熙），在此词中，elhe 乃"安康"之意，taifin 乃"太平"之义，两词词义相同，联合构成满语年号"elhe taifin"，汉译为"康熙"。

hūwaliyasun tob（雍正），在此词中，hūwaliyasun 乃"和气、和顺"之意，tob 乃"公正、端庄"之意，两词词义相近，联合构成满语年号"hūwaliyasun tob"，汉译为"雍正"。

saicungga fengšen（嘉庆），saicungga 乃"嘉"之意，fengše 汉译为"有福分的"，两形容词联合构成满语年号"saicungga fengšen"，汉译为"嘉庆"。

fengše sabingga（祺祥），fengše（有福的）是由名词 fengšen（福祉）派生出来的关系形容词；sabingga（祥和的）乃是 sabi"祥"[1] 派生出来的关系形容词。fengše 和 sabingga 两词词义相近，联合构成满语年号"fengše sabingga"，汉译为"祺祥"。

nesuken numhon（康良），nesuken 乃"温和、和气、和善"之意，numhon 乃"忠厚、老实"之意，nesuken 与 numhon 意义相近，所以 nesuken numhon（康良）也是联合型结构专有名词。

mergen daicing（墨尔根戴青），mergen 乃"聪颖的、智慧的"，daicing 乃"善战的、尚武的"之意，mergen 和 daicing 意义相近，mergen daicing（墨尔根戴青）构成联合型结构专有名词。

erke cuhur（额尔克楚虎尔），erke"雄壮"之意，"cuhur（楚虎尔）系借自蒙语，意为斑斓的，斑驳的。"[2] erke 和 cuhur 意义相近，erke cuhur 构成联合型结构专有名词，汉译为"雄壮斑驳的"。

在满语名号中，如上所述的联合型结构专有名词较多，兹不一一列举。

第二节　偏正型结构满语名号

偏正型结构即前一个词的词根修饰限制后一个词根而构成的合成名词。表示修饰的词根一般是形容词或是带有修饰色彩的名词。在满语名号中，偏正型结构专有名词主要集中于皇帝的年号、君主称谓及 baturu（巴图鲁）、darhan（达尔汉）等名号中。

---

① 江桥：《清代满蒙汉文词语音译对照手册》，中华书局 2009 年版，第 217 页。
② 商鸿逵、刘景宪、季永海等：《清史满语辞典》，上海古籍出版社 1990 年版，第 114 页。

sure han，sure "聪明的"，han "汗"，sure han 汉译为 "聪明的汗"。

gubci elgiyengge，gubci "全部"，elgiyengge（富裕的）是由名词 elgiyen（富裕）派生出来的关系形容词；gubci 修饰 elgiyengge 构成偏正结构，满语直译为 "全部丰裕"，汉译为 "咸丰"。

yooningga dasan，yooningga（全部的）乃 yooni "全" 派生的关系形容词，dasan 乃 "政治" 之意，yooningga 修饰 dasan 构成偏正型结构的专有名词，满语直译为 "共同的政治"，汉译为 "同治"。

ijishūn dasan，ijishūn 乃 "顺利" 之意，dasan 乃 "政治" 之意，ijishūn 修饰 dasan 构成偏正型结构专有名词，满语直译为 "顺利的国政"，汉译为 "顺治"。

badarangga doro，badarangga（渐渐的）是 badaran（渐）所派生的关系形容词，即根据元音和谐律，在 badaran 词干上缀以附加成分 - ngga 所构成的，badaran 以辅音 n 结尾，派生形容词时辅音 n 脱落。badarangga 修饰 doro 构成偏正型专有名词，满语直译为 "渐趋发展的事业"，汉译为 "光绪"。

gehungge yoso，gehungge 乃是 gehun（明亮）派生的关系形容词，yoso "道统" 之意，gehungge 修饰 yoso 构成偏正型结构专有名词，满语直译为 "光辉的道统"，汉译为 "宣统"。

enduringge ejen，enduringge 是 enduri（神）派生的关系形容词，即根据元音和谐律在 enduri 词干上缀以附加成分 - ngge 所构成的。enduringge（神圣的）修饰限定 ejen（主），enduringge ejen 构成偏正型结构专有名词，在满语君主称谓中译为 "圣主"。

genggiyen ejen，genggiyen 是形容词，译为 "聪明、明亮"，其修饰限制 ejen（主），genggiyen ejen 构成偏正型结构专有名词，在满语君主称谓中译为 genggiyen ejen "明君"。

tumen se，tumen 乃数词 "万"，se 乃 "年龄、岁数"，tumen se 是 tumen 和 se 构成的偏正型结构专有名词，汉译为 "万岁"。

在文臣武将赐号中，baturu（巴图鲁）和 darhan（达尔汉）赐号基本都为偏正型结构专有名词。①

————————————

① 下文 baturu（巴图鲁）赐号释义皆出自《清文总汇》和季永海先生的《清代赐号考释》一文，兹不一一标明。

aisingga baturu（爱星阿巴图鲁），aisingga 义为：护佑的。aisingga 与 baturu 构成偏正型结构专有名词，义为：有护佑的英雄。

arhangga baturu（阿尔杭阿巴图鲁），arhangga 义为：有办法的。arhangga 修饰 baturu 构成偏正型结构专有名词，喻指有智慧的英雄。

akdacun baturu（阿克达春巴图鲁），akdacun 义为：信用、信赖、希望。akdachun 修饰 baturu 构成偏正型结构专有名词，义为：有信用的英雄。

argangga baturu（阿尔刚阿巴图鲁），argangga 义为：奸计人诡弄巧人。argangga 修饰 baturu 构成偏正型结构专有名词，义为：灵巧的英雄。

dasangga baturu（达桑阿巴图鲁），dasangga 义为：叙，封谥处用之整字。dasangga 修饰 baturu 构成偏正型结构专有名词。

bodogon baturu（博多欢巴图鲁），bodon 义为：谋略、三略之略、论策之策。bodogon 修饰 baturu 构成偏正型结构专有名词，义为：有谋略的英雄。

boji baturu（博济巴图鲁），boji 义为：券、立券之居间。boji 修饰 baturu 构成偏正型结构专有名词，喻指信誉的、有担当的英雄。

buha baturu（布哈巴图鲁），buha 义为：公绵羊。buha 修饰 baturu 构成偏正型结构专有名词，喻指如公绵羊一样的英雄。

beki baturu（博齐巴图鲁），beki 义为：坚固。beki 修饰 baturu 构成偏正型结构专有名词，义为：守城十分坚固、牢固的英雄。

cokto baturu（绰克托巴图鲁），cokto 义为：骄傲、骄矜之骄。cokto 修饰 baturu 构成偏正型结构专有名词，义为：雄伟的英雄。

cibtu i baturu（齐普图巴图鲁），cibtui 义为：反覆、再三、三思，与 urui（每每的）相似。cibtui 修饰 baturu 构成偏正型结构专有名词，喻指十分执着的英雄。

colgoroko baturu（绰勒郭兰阔巴图鲁），colgoroko 义为：拔萃、巍巍、狠高峻突出者、出群、严严、超卓、出类。colgoroko 修饰 baturu 构成偏正型结构专有名词，义为：出类拔萃的英雄。

cing baturu（青巴图鲁），cing 借自蒙语，cing 义为：诚，诚心的。cing 修饰 baturu 构成偏正型结构专有名词，义为：忠诚的英雄。

darhan baturu（达尔汉巴图鲁），darhan 系借自蒙语，darhan 义为：神圣的。darhan 修饰 baturu 构成偏正型结构专有名词，义为：神圣的英雄。

dacun baturu（达春巴图鲁），dacun 义为：锋芒、凡锋刃快利之快、言刚决行果断、射箭做物手快之快。dacun 修饰 baturu 构成偏正型结构专有名词，义为：果断的英雄。

erke baturu（额尔克巴图鲁），erke 义为：汉子好行事好、豫、封谥等处用之整字。erke 修饰 baturu 构成偏正型结构专有名词，喻指善良的英雄。

etenggi baturu［额腾伊（依）巴图鲁］，etenggi 义为：好强、强梁、豪强。etenggi 修饰 baturu 构成偏正型结构专有名词，义为：好强的英雄。

etuhun baturu（额图珲巴图鲁），etuhun 义为：秤称的高、力强、力壮、凡物强盛、强壮之形。etuhun 修饰 baturu 构成偏正型结构专有名词，义为：强壮的英雄。

erdemu baturu（额尔德木巴图鲁），erdemu 义为：德、才。erdemu 修饰 baturu 构成偏正型结构专有名词，义为：有才干的英雄。

entehen baturu（恩特赫恩巴图鲁），entehen 义为：恒《易卦》名巽上震曰恒；又，恒常之恒，见四书诸经。entehen 修饰 baturu 构成偏正型结构专有名词。

fafuringga baturu［法福灵（凌）阿巴图鲁］，fafuringga 义为：凡处向前勤力奋往而行之人，暴躁人，勇锐之貌，勉，封谥等处用之整字。fafuringga 修饰 baturu 构成偏正型结构专有名词，义为：勤力奋往的英雄。

falingga baturu（法凌阿巴图鲁），falingga 义为：朋友之交也，交结交之整字、中庸。falingga 修饰 baturu 构成偏正型结构专有名词，义为：好交往的英雄。

faššan baturu（法施善巴图鲁），faššan 义为：建功立业、有为、挣功名之挣。faššan 修饰 baturu 构成偏正型结构专有名词，义为：有为的英雄。

fafuri baturu（法佛礼巴图鲁），fafuri 义为：凡处向前勤力奋往而行之人、躁暴人、勇锐之貌、勉、封谥等处之整字。fafuri 修饰 baturu 构成偏正型结构专有名词。

faššangga baturu（法什尚阿巴图鲁），faššangga 义为：襄，乃封谥等处用之字、有功业的。faššangga 修饰 baturu 构成偏正型结构专有名词，义为：有功的英雄。

faršatai baturu（法尔沙台巴图鲁），faršatai 义为：弃身奋勇进攻战，命奋勇之冒也。faršatai 修饰 baturu 构成偏正型结构专有名词，义为：奋勇的英雄。

guying baturu（古英巴图鲁），guying 借自蒙语，汉义为（马驴等牲畜眼上长的）赘疣。guying 修饰 baturu 构成偏正型结构专有名词。

ganggan baturu（刚安巴图鲁），义为：刚柔之刚，阳性强曰刚，人生性强曰刚。ganggan 修饰 baturu 构成偏正型结构专有名词，义为：刚强的英雄。

hasiba baturu（哈什巴巴图鲁），hasiba 义为：遮护人之遮护。hasiba 修饰 baturu 构成偏正型结构专有名词，喻指保护能力强的英雄。

horongga baturu（和隆阿巴图鲁），horongga 义为：威武的，厉害的。horongga 修饰 baturu 构成偏正型结构专有名词，义为：威武的英雄。

hocin baturu（霍钦巴图鲁），hocin 义为：俊美。hocin 修饰 baturu 构成偏正型结构专有名词，义为：俊美的英雄。

horonggo baturu（霍隆武巴图鲁），horonggo 义为：威、武、药等物有力量。horonggo 修饰 baturu 构成偏正型结构专有名词，义为：威武的英雄。

horoki baturu（霍罗琦巴图鲁），义为：人少年而颜色老苍。horoki 修饰 baturu 构成偏正型结构专有名词，喻指成熟稳重的英雄。

hafungga baturu（哈丰阿巴图鲁），hafungga 义为：元亨利贞之亨。hafungga 修饰 baturu 构成偏正型结构专有名词。义为：顺达的英雄。

hūsunge baturu（瑚松额巴图鲁），hūsunge 义为：有力者。hūsunge 修饰 baturu 构成偏正型结构专有名词，义为：有力的英雄。

hūdun baturu［呼敦（瑚敦）巴图鲁］，hūdun 义为：马走跑得快、快、速 。hūdun 修饰 baturu 构成偏正型结构专有名词，义为：快速的英雄。

ijingge baturu（伊精阿巴图鲁），ijingge 义为：紧的。ijingge 修饰 baturu 构成偏正型结构专有名词。

iletu baturu（伊勒图巴图鲁），iletu 义为：小孩儿凡事不认生不害羞、显明无隐藏、人前不做难害羞昂然动作、公行之公、昭著、燦然、显然、明显、斤斤、见鸿称通用封谥之显字。iletu 修饰 baturu 构成偏正型结构专有名词，喻指大方的英雄。

ibeden baturu（伊博德恩巴图鲁），ibeden 义为：前进，晋。ibeden 修

饰 baturu 构成偏正型结构专有名词，喻指勇往直前的英雄。

jacin baturu（扎亲巴图鲁），jacin 义为：第二。jacin 修饰 baturu 构成偏正型结构专有名词，义为：第二英雄。

jurgangga baturu（珠尔杭阿巴图鲁），jurgangga 义为：有节者、有义者。jurgangga 修饰 baturu 构成偏正型结构专有名词，义为：有节义的英雄。

kundu baturu（坤都巴图鲁），kundu 义为：恭敬之恭。kundu 修饰 baturu 构成偏正型结构专有名词，义为：让人恭敬的英雄。

kalcun baturu（喀勒春巴图鲁），kalcun 义为：精神。kalcun 修饰 baturu 构成偏正型结构专有名词，义为：精神的英雄。

kengsengge baturu（铿僧额巴图鲁），kengsengge 义为：果断的，刚。kengsengge 修饰 baturu 构成偏正型结构专有名词，义为：果断的英雄。

kiyangkiyan baturu（强谦巴图鲁），kiyangkiyan 义为：有本事、豪杰、才力过人者、毅、封谥等处用之整字。kiyangkiyan 修饰 baturu 构成偏正型结构专有名词，义为：有本事的英雄。

katun baturu（喀屯巴图鲁），katun 义为：勉强之勉虽老能勉力行走。katun 修饰 baturu 构成偏正型结构专有名词，喻指健壮的英雄。

kice baturu（奇车巴图鲁），kice 义为：令人勤、令人勉励。kice 修饰 baturu 构成偏正型结构专有名词，义为：令人勤奋的英雄。

kicebe baturu（齐车伯巴图鲁），kicebe 义为：敏勉、勤力不倦。kicebe 修饰 baturu 构成偏正型结构专有名词，义为：勤力不倦的英雄。

kengse baturu（铿色巴图鲁），kengse 义为：果、刚、断决。kengse 修饰 baturu 构成偏正型结构专有名词，义为：果断的英雄。

mergen baturu（墨尔根巴图鲁），mergen 蒙古语借词，义为：贤圣之贤、智、围场射着的多捕捉拿的多、比众出群之人。mergen 修饰 baturu 构成偏正型结构专有名词，义为：贤能的英雄。

mutengge beturu（穆腾额巴图鲁），muten 义为：六艺之艺、能。mutengge 修饰 baturu 构成偏正型结构专有名词，义为：能巧的英雄。

mangga baturu（莽阿巴图鲁），mangga 义为：弓硬之硬、难、能干、强、刚、狠、价钱贵、说那人好那物件好、事情难易之难、坚硬、才勇出群者、好硬。射箭弓硬样好。mangga 修饰 baturu 构成偏正型结构专有名词，义为：能干的英雄。

niyancangga baturu（年昌阿巴图鲁），niyancangga 义为：马牲口走不乏耐长路、很壮健不乏不衰者、紬緞布等物硬挣不软、有锐气者。niyancangga 修饰 baturu 构成偏正型结构专有名词，义为：有锐气的英雄。

nacin baturu（纳亲巴图鲁），nacin 义为：鸦鹊似海青，打野鸭等鸟者。nacin 修饰 baturu 构成偏正型结构专有名词，喻指如乌鸦般灵敏的英雄。

šonggkoro i baturu（硕翁科罗巴图鲁），šongkoro 义为：海东青，即白海青出东海。šonggkoro 修饰 baturu 构成偏正型结构专有名词，喻指像海东青一样的英雄。

suhe i baturu（苏赫巴图鲁），suhe 义为：大斧子、解说了、值解了、烧的纸做的金银元宝、脱衣之脱。suhe 修饰 baturu 构成偏正型结构专有名词，喻指像斧子一样的英雄。

sirin baturu（西林巴图鲁），sirin 义为：众兵内选的精快兵丁。sirin 修饰 baturu 构成偏正型结构专有名词，义为：精选的英雄。

sirangga baturu（西朗阿巴图鲁），sirangga 义为：继绍之绍封，谥等处用之整字。sirangga 修饰 baturu 构成偏正型结构专有名词。

sithūngga baturu（锡特洪阿巴图鲁），sithūngga 义为：用心的，勤笃的。sithongga 修饰 baturu 构成偏正型结构专有名词，义为：勤笃的英雄。

semerhen baturu（色默尔亨巴图鲁），semerhen 义为：支的布绸等物棚子、摇车上苫的蓆棚、人睡觉用的弓棚子。semerhen 另有一义：一心的、专心的。semerhen 修饰 baturu 构成偏正型结构专有名词，喻指专心的英雄。

sulfangga baturu（苏勒芳阿巴图鲁），sulfangga 义为：舒展、大方、安、裕。sulfangga 修饰 baturu 构成偏正型结构专有名词，义为：大方的英雄。

siri baturu（锡利巴图鲁），义为：鲤鱼小秧、令人挤。siri 修饰 baturu 构成偏正型结构专有名词。

tomohonggo（托默欢武巴图鲁），tomohonggo，镇定。tomohonggo 修饰 baturu 构成偏正型结构专有名词，义为：镇定的英雄。

tondo baturu（湍多巴图鲁），tondo 义为：公私之公、正直之正、忠孝之忠、直弯之直、正歪之正。tondo 修饰 baturu 构成偏正型结构专有名词，义为：正直的英雄。

　　tusa baturu（图萨兰巴图鲁），tusa 义为：益乃损益之益。tusa 修饰 baturu 构成偏正型结构专有名词，义为：有益的英雄。

　　yekengge baturu（业铿额巴图鲁），yekengge haha 义为：大丈夫。yekengge 修饰 baturu 构成偏正型结构专有名词，喻指大丈夫般的英雄。

　　wesihungge baturu（倭什洪额巴图鲁），wesihungge 义为：高贵的，高尚的。wesihungge 修饰 baturu 构成偏正型结构专有名词，义为：高尚的英雄。

　　有清一代武将 baturu（巴图鲁）赐号较为复杂，现今可识别的 baturu（巴图鲁）赐号构成中不仅有直接借自蒙语、藏语及汉语的成分，而且还有尚难判断借自何种语言的成分。尚难判断借自何语言所构成的满语 baturu（巴图鲁）名号暂且存疑。这些直接借自蒙古语、藏语、汉语及存疑的 baturu（巴图鲁）赐号皆属偏正结构专有名词。借蒙古语、藏语构成 baturu（巴图鲁）赐号的语义皆取《蒙汉大字典》①《藏汉大辞典》② 和季永海先生的《清代赐号考释》，兹仅举几例以示说明：

　　库木勒济特依巴图鲁：库木勒济特依乃蒙古语，其义：有教养的，有教育的。库木勒济特依修饰 baturu 构成偏正型结构专有名词，义为：有教养的英雄。

　　库奇特巴图鲁：库奇特乃蒙古语，其义：强有力者。库奇特修饰 baturu 构成偏正型结构专有名词，义为：强有力的英雄。

　　济特固勒忒依巴图鲁，济特固勒忒依乃蒙古语，义为：有功的，有功绩的，有功勋的。济特固勒忒依修饰巴图鲁构成偏正型结构专有名词，义为：功勋的英雄。

　　沙拉玛依巴图鲁，沙拉玛依乃蒙古语，义为：敏捷的，迅速的，利落的，矫健的，轻快的。沙拉玛依修饰巴图鲁构成偏正型结构专有名词，义为：矫健的英雄。

　　ermekei baturu（额勒莫克依巴图鲁），ermekei 乃蒙古语，义为：强悍的，剽悍的，勇敢的，无畏的，刚强的，刚毅的。ermekei 修饰 baturu 构成偏正型结构专有名词，义为：刚毅的英雄。

　　segol baturu（色固巴图鲁），segol 乃藏语，义为：弹指。segol 修饰

---

①　《蒙汉大字典》（增订版），内蒙古大学出版社 1999 年版。

②　张怡荪：《藏汉大辞典》，民族出版社 1985 年版。

baturu 构成偏正型结构专有名词，喻指如弹指般快速、敏捷的英雄。

rtsampa baturu（赞巴巴图鲁），rtsampa 乃藏语，义为：糌粑。rtsampa 修饰 baturu 构成偏正型结构专有名词，喻指如糌粑样重要的英雄。

glangchen baturu（朗亲巴图鲁），glangchen 乃藏语，义为：大象。glangchen 修饰 baturu 构成偏正型结构专有名词，喻指大气魄的英雄。

继勇巴图鲁，继勇乃直接借自汉语，继勇与 baturu（巴图鲁）构成偏正型结构的专有名词。此类赐号还有进勇巴图鲁、鼓勇巴图鲁、勃勇巴图鲁、伟勇巴图鲁、勉勇巴图鲁、精勇巴图鲁、效勇巴图鲁等，兹不一一列举。

除上述的较为明确的 baturu（巴图鲁）赐号外，笔者研究发现，还有一些尚无法判断是何种语言加 baturu（巴图鲁）型的满语名号，如绷武巴图鲁、什勒玛克巴图鲁、噶卜什海巴图鲁、赛尚阿巴图鲁、多卜丹巴图鲁等赐号也是偏正结构的专有名词，因后文详述，兹不一一列举。

在满语 darhan（达尔汉）赐号中，如岱 darhan（达尔汉）、单把 darhan（达尔汉）也属于偏正型结构的专有名词，兹不详述。

第三节　聚集型结构专有名号

聚集型结构即由多个词按一定的语法规则构成的合成名词。在满语名号中，满语年号、君主称谓、文臣武将赐号、帝后谥号中多为聚集型结构专有名号。

兹仅以太祖高皇帝和孝慈高皇后等谥号为例，进行结构分析。

taidzu, abka hese be alifi, forgon be mukdembuhe, gurun i ten be fukjin ilibuha, ferguwecuke gungge, gosin hiyoošungga, horonggo enduringge, šu be iletulehe, doro be toktobuha, genggiyen erdemungge, ambalinggū kengse, ginggun elhe, dergi hūwangdi。

译：太祖承天广运圣德神功肇纪立极仁孝睿武端毅钦安弘文定业高皇帝

在清太祖谥号这一专有名号中，庙号 taidzu（太祖）乃是汉语的音译，abka 乃"天"，hese 为"旨意"，be 是宾格助词，alifi 是动词 alimbi 的顺序副动词，即在动词 alimbi 的词根 ali－上接缀附加成分－fi 所构成的副动词，"附加成分 – fi 表示的语法意义相当于汉语的'后'的意思"①。forgon 乃"天运"，be 宾格助词，mukdembuhe 乃 mukedembumbi（使升起）的一般过去时，"一般过去时的语法表示形式是根据元音和谐律在动词的词根或词干上分别缀以附加成分 – ka、– ha、– ke、– he、– ko、– ho"，② mukdembuhe 译为"使升起了"。gurun i ten be fukjin ilibuha，gurun 乃国，在女真语里，国、国家也读"gur-un"③。i 为属格助词，ten 为"基础"，be 为宾格助词，fukjin 为"开创"，ilibuha 乃 ilibumbi（使立起）的过去时。ferguwecuke gungge，神奇的功劳。gosin hiyoošungga，仁孝。horonggo"威武的"，enduringge 为"神圣的"，šu 为"文"，be 宾格助词，iletulehe 乃 iletulembi（显露）的一般过去时形式；šu be iletulehe 汉译为"弘文"。doro be toktobuha，doro 乃"道"，be 为宾格助词，toktobuha 乃 toktombi（规定）的使动式的一般过去时形式，doro be toktobuha 汉译为"定业"。genggiyen erdemungge，ambalinggū kengse，genggiyen 乃"英明"，erdemungge 乃"有才德的"，ambalinggū 乃"大方"，kengse"果断"，ginggun 为"恭敬"，elhe 为"安康"，hūwangdi 是满语借自汉语的音义合璧借词，上述这些满语一起构成聚集型专有名号。

taidzung，abka de acabume gurun be mukdembuhe，doro be amban obuha，horon be algimbuha，gosin onco，hūwaliyasun enduringge，hiyoošungga erdemungge，ginggunmergen，eldengge tomohonggo，doro be badarambuha，gung be iletulehe，genggiyen šu hūwangdi。

译：太宗应天兴国弘德彰武宽温仁圣睿孝敬敏昭定隆道显功文皇帝

在太宗谥号这一专有名号中，庙号 taidzung（太宗）乃是汉语的音译，abka 乃天，de 是方向格助词，表示行为动作的方向和目的以及不及物动词所涉及的对象，acabume 是 acabumebi（迎合）的并列副动词形式，并列副动词又称进行副动词，即在动词的词根或词干上缀接 – me 构成的副动词。gurun 乃是国，be 宾格助词，mukdembuhe 乃是 mukdembi 一般过去时的使动态。mukdemhe 是 mukdembi 的一般过去时形式，即根据元音和谐律在动词的词根或词干上缀以 – ka、– ha、– ke、– he、– ko、– ho

①　刘景宪、赵阿平、赵金纯：《满语研究通论》，黑龙江朝鲜民族出版社 1997 年版，第 167 页。

②　同上书，第 137 页。

③　金启琮：《女真文辞典》，文物出版社 1984 年版，第 62 页。

而构成的。mukdembuhe 乃是 mukdembi 一般过去时的使动态，即根据元音和谐律在动词的词根或词干上缀以 - ka、- ha、- ke、- he、- ko、- ho 而构成的。动词 mukdembi 的使动态，即在动词的词根与表示动词"时"的表示中间加附加成分（中缀）" - bu"。doro 乃"道"，be 为宾格助词，amban 为"大、超出正常情况"，obuha 乃是 obumbi（使……成为；认为）的一般过去时形式。horon 乃"威武"，be 为宾格助词，algimbuha 乃是 algimbumbi（使宣扬）的一般过去时。gosin 为"仁"，onco 为"宽"；gosin onco hūwaliyasun 为"平和、温和"，enduringge 为"神圣的"；hiyoošungga 乃"孝顺的"，erdemungge 乃"有德才的"；ginggun 为"尊敬"，mergen 为"贤能"；eldengge 为"光辉的"，tomohonggo 为"志向确定的、恒"；doro 为"道"，be 是宾格助词，badarambuha 乃是 badarmbumbi（推广、开拓）的一般过去时，gung 为"功劳"，be 是宾格助词，iletulehe 乃是 iletulembi（显露）的一般过去时，hūwangdi 是满语借自汉语的音义合璧借词。上述这些满语一起构成聚集型结构专有名号。

gosin hiyoošungga, doro de akūmbuha, ginggun ijishūn, fulehun fujurungga, doronggo erdemungge, hūturingga eldengge, abka de acabume, enduringge de aisilaha dergi hūwangheo。

译：孝慈昭宪敬顺仁徽懿德庆显承天辅圣高皇后

在孝慈高皇后谥号的这一专有名号中，gosin 为"仁"，hiyoošungga 为"孝"，doro 为"道"，de 是表示动作行为对象的格助词，akūmbuha 乃 akūmbumbi（尽力）的一般过去时形式。ginggun 为"恭敬"，ijishūn 为"顺利"，fulehun 为"恩惠"，fujurungga 为"端庄"，doronggo 为"端"，erdemungge 为"贤（有才的）"，hūturingga 为"福庆"，eldengge 为"昭（有光彩）"。abka 为"天"，de 是表示动作行为对象的格助词，acabume 是 acabumbi（迎合）的并列副动词形式，即在"动词的词根或词干上接缀附加成分 - me 构成的副动词叫作并列副动词"[1]。enduringge 为"神圣"，de 是表示动作行为对象的格助词，aisilaha 是 aisilambi（帮助）的一般过去时形式。hūwangdi 是满语借自汉语的音义合璧借词。上述这些满语一起构成聚集型结构专有名号。

---

① 刘景宪、赵阿平、赵金纯：《满语研究通论》，黑龙江朝鲜民族出版社 1997 年版，第 166 页。

通过对太祖、太宗皇帝、孝慈高皇后等谥号结构的分析，可知满语帝后谥号均是聚集型结构专有名号。清代其他帝后谥号结构均如上所述，故不一一列举。

谥号制度是中原王朝封建制度的重要组成部分，谥号不仅是封建统治者道德评判的宣誓，也是统治者区分贵贱高低的手段，是封建礼仪制度的重要组成部分。满语帝后谥号之所以皆为聚合型结构专有名号，主要源自对中原谥号制度的效仿。

本篇小结

本章主要从满语名号的分类和结构两个方面对清代满语名号行了梳理与描述。

满语名号的分类部分主要以阶层为界，分为皇室名号和文臣武将名号。清代皇室满语名号部分主要利用清代的帝后谥宝及文献资料描述了清代皇帝的年号谥号及君主称谓、皇后的谥号、亲王的谥号。与此同时，笔者进一步对清代亲王的谥号用字及其使用频率进行了统计。

满语名号的构成部分，主要分析了满语名号的联合型、偏正型及聚集型三种构成类型，对满语名号的构成进行了简略的探讨。

第三篇

满语名号释义

语义是人类经过长期的社会实践对客观事物认识的结果，是语言对客观现实最直接的反映。语义的客观性来源于文化事实，人类的文明、价值观念及认知方式，都对词的语义起着重要的作用。每个民族都有其独特的文化精神和内核，每个民族都有其独特的思维模式和价值观念，因此对同一种事物认识不可能完全相同，必然存在差异。不同社团、不同民族间的文化差异，必然会通过语义的差异反映出来，所以从语义可以窥视当时社会文化的状况。满语名号是满语的重要组成部分，满语名号主要源于上层统治者，具有极强的政治性，故而满语名号的语义则更具代表性。为了进一步研究的需要，兹分皇室名号和文臣武将名号两部分对满语名号的语义演变进行考释。

第一章

皇室名号考释

笔者在此分析的满语皇室名号主要包括皇帝名号及皇后名号两部分。其中皇帝名号主要阐释满语年号、谥号及君主称谓；皇后名号主要阐释部分皇后的谥号。

第一节 皇帝名号

皇帝名号部分，笔者主要进行皇帝谥号的考释及满语年号、君主称谓语义的阐释。

一 满语年号

有清一代的十二位皇帝中，只有清太宗皇太极有两个年号，即 sure han（天聪）和 wesihun erdemungge（崇德）。自清入关前太祖努尔哈赤的 abkai fulingga（天命）至清末溥仪皇帝的 gehungge yoso（宣统）共有十三个年号。兹分别将这些年号的语义做阐释与分析。

（一）abkai fulingga（天命）

abkai fulingga 译为"天命"，乃清太祖努尔哈赤的年号。abka 为"天"，i 表示所属关系的属格助词，fulingga 为"命"。故而 abkai fulingga 直译为"天之命"。

（二）sure han（天聪）

sure han 译为天聪，乃清太宗年号。其中 sure 乃"聪明、聪敏、聪慧"之意。han 乃"君，君主，皇帝，国王，汗，天子"之意。故而 sure han 直译为"聪明、聪睿的君主"。

（三）wesihun erdemungge（崇德）

wesihun erdemungge 译为"崇德"，乃清太宗皇太极的年号。关于 we-sihun，《御制清文鉴》释曰：

①yaya den i ici be，wesihun sembi。geli dergi，ergi be，inu wesihun sembi。i jing ni si ts'i juwan den，abka wesihun，na fusihūn ojoro jakade，ciyan kun toktohobi sehebi。

译：右尊、东贵。《周易·系辞上》："天尊地卑。乾坤定矣。"

②hūncihin sain derengge be，wesihun sembi。bayan wesihun seme holbo-fi gisurembi。ši jing ni lu sung ni mi gung fiyelen de，simbe yendebume wesi-hun obumbi sehebi。

译：后代荣光称作贵，富与富贵相连用。《诗经·鲁颂·閟宫》："俾尔炽而昌"。

由此可知，wesihun 乃"兴盛，繁盛；贵、尊贵；可贵"① 之意。

erdemungge 乃"有德者、成德之人、贤、封谥等处用之整字"②。故 wesihun erdemungge 可直译为"高尚有德才的人"。

（四）ijishūn dasan（顺治）

ijishūn dasan 译为顺治，清世祖年号。ijishūn：顺，适合；顺利；顺从；封谥用语"顺""宣""熙"③。dasan 为"国政、政治"④ 之意。故 ijishūn dasan 可译为"顺利的国政"。

（五）elhe taifin（康熙）

elhe taifin 译为康熙，清圣祖年号。elhe，《御制清文鉴》释曰：

tacihiyan wen ambarame selgiyebufi gubci ba enteheme toktoho，sunja ha-cin i jeku ambula bargiyafi，banjire irgen hethe de sebjelere be，elhe sembi。šu jing ni tai jiya fiyelen de，abka terei erdemu be buleku sefi amba hese be bufi，tumen gurun be bilume elhe obuha sehebi。

译：教化大宣，天下安宁，五谷丰收，人民乐业称为康。《尚书·太甲上》："天监厥德。用集大命。抚绥万方。"另《清文总汇》有"elhe

---

① 胡增益：《新满汉大字典》，新疆人民出版社 1994 年版，第 814—815 页。

② （清）志宽、培宽：《清文总汇》，光绪丁酉荆州驻防刻本，第 111 页。

③ 胡增益：《新满汉大字典》，新疆人民出版社 1994 年版，第 464 页。

④ （清）志宽、培宽：《清文总汇》，光绪丁酉荆州驻防刻本，第 29 页。

munggan：泰陵""elhe obume tuša araha bijihe：康济録""elhe i karmara gurung：安佑宫""elhe jalafungga gurung：宁寿宫"① 等词汇，故 elhe 除具有"安，平安、太平、安康；安定、安稳；封谥用语'康'"② 之意外，还用具有"泰、宁"之意。

taifin，《御制增订清文鉴》解释：

abkai fejergi umesi necin，duin mederi cib seme elhe，edun hūliyasun aga ijishūn，boo tome elgiyen，niyalma tome tesuhe，tacihiyan be aliha wen de dahame be taifin sembi。

译：天下平，四海定，风调雨顺，各家富足，每人足，承教化，称作太平。

taifin 乃"太平"③ 之意。"太平，安宁，安稳；封谥用语'熙'"④ 之意，故而，elhe taifin 直译为：社会太平安宁。

（六）hūwaliyasun tob（雍正）

hūwaliyasun tob 译为雍正，清世宗年号。hūwaliyasun 乃"和气、和顺、和好、和风之和"⑤。

tob 乃"正"⑥ 之意，"正，公正；封谥用语'庄'"⑦ 之意。hūwaliyasun tob 可直译为"和顺公正"。

（七）abkai wehiyehe（乾隆）

abkai wehiyehe 译为乾隆，清高宗年号。关于 wehiyembi，《御制清文鉴》释曰：

aisilame tuwašatame mukdembure be，wehiyembi sembi。ši jing ni jeo sung ni yung fiyelen de，mimbe jalafun se i elhe obume，ambula hūturi i wehiyembi sehebi。

译：帮助使之升起曰扶住。《诗经·周颂·雝》："绥我眉寿。介以繁祉。"

① （清）宜兴：《清文补汇》，清嘉庆七年（1802 年）刻本，第 33 页。
② 胡增益：《新满汉大字典》，新疆人民出版社 1994 年版，第 224 页。
③ 江桥：《清代满蒙汉文词语音译对照手册》，中华书局 2009 年版，第 217 页。
④ 胡增益：《新满汉大字典》，新疆人民出版社 1994 年版，第 710 页。
⑤ （清）志宽、培宽：《清文总汇》，光绪丁酉荆州驻防刻本，第 62 页。
⑥ 江桥：《清代满蒙汉文词语音译对照手册》，中华书局 2009 年版，第 45、223 页。
⑦ 胡增益：《新满汉大字典》，新疆人民出版社 1994 年版，第 732 页。

《清代满蒙汉文词语音译对照手册》解释为"扶住"之意。abka 为"天"，i 为属格助词，wehiyehe 为"扶佑"。故而，abkai wehiyehe 可直译为"天的扶佑"。

（八）saicungga fengšen（嘉庆）

saicungga 译为嘉庆，清仁宗年号。《清文总汇》释 saicungga 为"嘉、封谥等处用之整字"。

关于 fengšen，《御制清文鉴》释曰：

banitai hūturi bisire be，fengšen sembi。hūturi fengšen seme holbofi gisurembi。ši jing ni šang sung ni cang fa fiyelen de，dasarangge onco sulfa ofi，danggū fengšen isanjimbi sehebi。

译：所有的幸福称作福祉，福与福祉相连用。《诗·商颂·长发》："敷政优优，百禄是遒。"此句乃"广施政令很宽和，百姓福气聚成团"的意思。

《清代满蒙汉文词语音译对照手册》解释：fengšen "福祉"，fengšen "有福祉的"。

《清文补汇》解释：fengšen："祺"。

故而，fengšen 乃"福分，造公，福祉，福禄；封谥用语：'祺'"。

（九）doro eldengge（道光）

doro eldengge 译为"道光"，清宣宗年号。关于 doro，《御制清文鉴》释曰：

an kemun dorolon kooli be，doro sembi。jung yong bithede，doro serengge be，majige aljaci ojorakū sehebi。

译：把常规的礼、道理叫作道。《中庸》：道也者，不可须臾离也。

《清文总汇》解释 doro 为"道、理、礼"。

关于 eldengge，《御制清文鉴》释曰：

banin wen fiyangga，arbušara saikan be，eldengge sembi。ši jing ni da ya i wen wang fiyelen de，eldengge ambalingū wen wang，ai，urkuji eldeke，ginggun ilin sehebi。jai yaya jaka i gilmarjame giltaršarangge be，inu eldengge sembi。

译：仪表好看的称为堂堂。《诗·大雅·文王》："穆穆文王。于缉熙敬止。"

因此 doro eldengge 可直译为"事业光辉"。

（十）gubci elgiyengge（咸丰）

gubci elgiyengge 汉译为"咸丰"，清文宗年号。

gubci 在《清代满蒙汉文词语音译对照手册》中有两个解释："普"、"全，全部，普遍，尽之意"。

elgiyengge,《御制清文鉴》解释为：

labdu fulu be，elgiyen sembi。geli elgiyen tumin seme holbofi gisurembi funcen daban sere gūnin。

译：多足称作宽裕，另外，希望连续不断的丰收，共同富裕。

elgiyen："宽裕"①。故 gubci elgiyengge 可直译为"全部丰裕"。

（十一）yooningga dasan（同治）

yooningga dasan 汉译为同治，清穆宗年号。yooni 为"全、数数、与 damu 同。"② yooningga 乃共同之意。dasan 乃"政"③，故 yooningga dasan 可直译为"共同的政治、政事"。

（十二）badarangga doro（光绪）

badarangga doro 译为"光绪"，清德宗年号。badaran,《清文总汇》释曰："渐、防微杜渐之渐。" badarangga 应为 badaran 的派生形容词。doro,《清文总汇》解释为"道、理、礼"。故 badarangga doro 可直译为"渐趋发展的事业"。

（十三）gehungge yoso（宣统）

gehungge yoso 译为"宣统"，清末皇帝溥仪的年号。gehun,《御制清文鉴》解释为：

①yasa nofi hadahai tuwara be，gehun tuwambi sembi，geli umesi oitobume mohonggo be yasa gehun oho sembi。

译：能看得很远的眼睛。

②geli oron akū babe，banjibume gisurere be gehun holtombi sembi。

译：无中生有。

③umesi gereke be gehun gereke seme gisurembi。

译：把很亮的天称为 gehun。

---

① 江桥：《清代满蒙汉文词语音译对照手册》，中华书局 2009 年版，第 218 页。
② （清）志宽、培宽：《清文总汇》，光绪丁酉荆州驻防刻本，第 252 页。
③ 江桥：《清代满蒙汉文词语音译对照手册》，中华书局 2009 年版，第 63 页。

④geli iletu saburebe gehun sabumbi sembi。

译：把明显的、突出的称为 gehun。

⑤geli dalibuha daldabuhakū ba be gehun šehun seme holbofi gisurembi。

译：没有被遮盖、隐藏的地方称为空旷的地方。

gehun，《清代满蒙汉文词语音译对照手册》解释为："白瞪着眼""明明看见"。

gehungge，《清文补汇》释曰："宣。封谥等处用之整字。"yoso 在《清代满蒙汉文词语音译对照手册》解释为"道"。故而 gehungge yoso 可直译为"光辉的体统"。

二 皇帝谥号

"谥号是古代帝王、诸侯、卿大夫、高官显宦、文人名士等具有很高政治地位和社会地位的人去世以后，后人根据其一生的事迹功业和道德情操所授予的一种评判性质的名号。"[1] 清代以满语为"国语"，故而谥号也以满语为之。如：taidzu, abka hese be alifi, forgon be mukdembuhe, gurun i ten be fukjin ilibuha, ferguwecuke gungge, gosin hiyoošungga, horonggo enduringge, šu be iletulehe, doro be toktobuha, genggiyen erdemungge, ambalinggū kengse, ginggun elhe, dergi hūwangdi。此乃清太祖努尔哈赤的谥号，其中 taidzu dergi hūwangdi（太祖高皇帝）乃是庙号。新皇登基，为了表彰列祖功绩，都会为先帝加谥，所以皇帝谥号的谥字会逐渐增加。笔者在阐释谥号语义的同时，对清代帝后满文谥号的递增过程略作阐释。

（一）肇祖、兴祖、景祖、显祖谥号

deribuhe mafa da hūwangdi
　开始　祖宗元　皇帝

肇祖原皇帝。

此乃都督孟特穆（猛哥铁木儿）的谥号。

yendebuhe mafa　tondo　hūwangdi
　兴起　　祖　公正的/忠　皇帝

兴祖直皇帝。

---

① 胡孝生：《中国人的名字号》，黄山书社 1995 年版，第 186 页。

此乃都督福满的谥号。孟特穆（猛哥铁木儿）之次子建州左卫首领董山，董山第三子为锡宝齐篇古，福满乃锡宝齐篇古之子。

yendebumbi，乃是使火燃起；使兴旺，使振兴，兴；激励，鼓励的意思，yendebuhe 是 yendebumbi 的过去式。

mukdembuhe mafa gosingga hūwangdi
　景　　　　祖　翼　皇帝

景祖翼皇帝。

此乃福满之第四子觉昌安的谥号，觉昌安乃清太祖努尔哈赤的祖父。

mukdembuhe 是 mukdembumbi（使往上升起、使拱起）的过去式。

iletulehe mafa hafumbuha hūwangdi
　显　　　祖　　宣　　皇帝

显祖宣皇帝。

此乃觉昌安之第四子塔克世的谥号，塔克世乃太祖努尔哈赤的父亲。

崇德元年（1636）四月丙戌，清廷分别追尊孟特穆、福满、觉昌安、塔克世为泽王、庆王、昌王、福王。"（顺治）五年冬，追尊泽王为肇祖，庆王为兴祖，昌王为景祖，福王为显祖，与四后并奉后殿，致祭如时飨仪。"[1]

mafa 汉语音译为"玛法"或"马法"。《御制增订清文鉴》卷十人伦类解释为："ama i dergi jalanggga niyalma be mafa sembi"，王钟翰先生译为："父亲的上一辈的人之谓祖。"

《清文鉴》同卷老少类也有"马法"mafa 一字，旁边注汉文"老翁"二字，下面也有满文注释，一云："se baha sakdasa be kunduleme mafa sembi"，王锺翰解释为"上年纪的老人被尊称为马法"[2]。在女真文中，祖、祖父称"马法 ma-fa"，如我祖"mini mafa"，高祖为"忒革马法 də-gə ma-fa"。[3]

（二）太祖谥号

taidzu, abka hese be alifi, forgon be mukdembuhe, gurun i ten　be fukjin
太祖　天 旨意　奉承　天运 把　兴起后 国　的基础（崇）　首创

① 《清史稿》卷八六《礼志五·吉礼五》，中华书局 1976 年版，第 2574 页。
② 王钟翰：《清史新考》，辽宁大学出版社 1990 年版，第 87 页。
③ 金启琮：《女真文辞典》，文物出版社 1984 年版，第 6 页。

ilibuha, ferguwecuke gungge, gosin hiyoošungga, horonggo enduringge, šu be
创立后 神奇的（徽）功劳 仁 孝 威武的 神圣的 文章把

iletulehe, doro be toktobuha, genggiyen erdemungge, ambalinggū kengse,
显现 道把 规定了 英明 有才德的、贤 大方、庄 果

ginggun elhe, dergi hūwangdi。
恭敬 安、康 高 皇帝

太祖承天广运圣德神功肇纪立极仁孝睿武端毅钦安弘文定业高皇帝。

此乃清太祖努尔哈赤的谥号，史载："天聪三年（1629），（努尔哈赤）葬福陵。初谥武皇帝，庙号太祖。"[1] 努尔哈赤当时谥号为："承天广运圣德神功肇纪立极仁孝武皇帝。"[2]

"圣祖缵业，加太祖'睿武弘文定业'六字，更庙号高皇帝。"[3] 康熙元年四月丙辰，加谥承天广运圣德神功肇纪立极仁孝睿武弘文定业高皇帝，加"睿武弘文定业"，并改 horonggo（武）为 dergi（高）；

雍正元年（1723）八月己酉，在康熙所增"睿武"谥字后加 ambalinggū kengse（端毅）；

乾隆元年（1736）三月"乙巳，加上太祖尊谥曰：太祖承天广运圣德神功肇纪立极仁孝睿武端毅钦安弘文定业高皇帝。"[4] 乾隆元年（1736）三月乙巳，又在雍正所增"端毅"谥字后加 ginggun elhe（钦安）。

（三）太宗谥号

taidzung, abka de acabume gurun be mukdembuhe, doro be amban obuha,
太宗 天 相接、应 国 把 兴起后 道把 大、超 使

horon be algimbuha, gosin onco, hūwaliyasun enduringge, hiyoošungga
威武 把 宣扬了 仁 宽 和平 神圣的 孝顺的、孝

erdemungge, ginggunmergen, eldengge tomohonggo, den be badarambuha, gung
贤 敬 贤 光辉、昭 恒、裕 高大 推广开来 功劳

be iletulehe, genggiyen šu hūwangdi。
把 显现了 英明 文 皇帝

太宗应天兴国弘德彰武宽温仁圣睿孝敬敏昭定隆道显功文皇帝。

此乃清太宗皇太极的谥号，顺治元年（1644）"冬十月丁卯，上尊

---

①《清史稿》卷一《太祖本纪》，第 17 页。

②《清史稿》卷八六《礼志五·吉礼五》，第 2584 页。

③ 同上。

④《清史稿》卷一〇《高宗本纪》，第 348 页。

谥曰：应天兴国弘德彰武宽温仁圣睿孝文皇帝，庙号太宗"①。"圣祖缵业……加太宗'隆道显功'四字，庙号如故。"② 康熙元年（1662）四月丙辰，加 den be badarambuha, gung be iletulehe（隆道显功）；雍正元年（1723）八月己酉，加 ginggun mergen（敬敏）；乾隆元年（1736）三月乙巳，加 eldengge tomohonggo（昭定）。

（四）世祖谥号

šidzu, abka be dursulehe, forgon be wesihun obuha, uherileme toktobuha,
世祖　天　把　模仿了　　天运　把　兴盛　　使　　总汇　　规定了

doro be ilibuha, sure genggiyen, ginggun šu iletu horonggo, erdemu be amban
道　把　创立后　聪明　英明　　恭敬　文　显现　威武的　才德　把　大

obuha, gung be badarambuha, ten gosingga, umesi hiyoošungga
使　　功劳　把　推广开来　　极崇　仁　　很、极　　孝

eldembuhe hūwangdi。
（照耀了）章　皇帝

世祖体天隆运定统建极英睿钦文显武大德弘功至仁纯孝章皇帝。

此乃皇太极第九子（爱新觉罗·福临）顺治的谥号。"（顺治十八年）三月癸酉，上尊谥曰：体天隆运英睿钦文大德弘功至仁纯孝章皇帝，庙号世祖，葬孝陵。"③

"雍正初元，遂上尊谥，庙号圣祖。……于是加谥太祖曰端毅，太宗曰敬敏，世祖曰定统建极，而孝慈、孝端及三后并尊谥焉。"④ 即在以前的基础上，增加了 uherileme toktobuha, doro be ilibuha（定统建极）四个字。

乾隆元年（1736）"三月乙巳，世祖尊谥曰世祖体天隆运定统建极英睿钦文显武大德弘功至仁纯孝章皇帝"⑤，即增加了 iletu horonggo（显武）。

（五）圣祖谥号

šengdzu, abka de teherehe, forgon be badarambuha, šu horonggo, genggiyen
圣祖　天　　相配　　天运　把　推广开来　文　威武的　　英明

---

① 《清史稿》卷三《太宗本纪》，中华书局 1976 年版，第 81 页。
② 《清史稿》卷八六《礼志五》，第 2584 页。
③ 《清史稿》卷五《世祖本纪》，第 163 页。
④ 《清史稿》卷八六《礼志五》，第 2585 页。
⑤ 《清史稿》卷一〇《高宗本纪一》，第 348 页。

mergen, gungnecuke boljonggo, onco elgiyen, hiyoošungga ginggun, unenggi
贤　　恭　　　　有规矩、恂　　宽　裕　孝顺的、孝　恭敬　　诚

akdun dulimba hūwaliyasun, gung erdemu be ambarame šanggabuha
信　　中　　　和、和平　功劳　才德　把　　大　　　使成就

gosin hūwangdi。
仁　　皇帝

圣祖合天弘运文武睿哲恭俭宽裕孝敬诚信中和功德大成仁皇帝。

此乃世祖顺治第三子（爱新觉罗·玄烨）之谥号。雍正元年（1723）
二月乙巳，上谥："合天弘运文武睿哲恭俭宽裕孝敬诚信功德大成仁皇
帝"，乾隆元年（1736）三月乙巳，加"圣祖尊谥曰圣祖合天弘运文武睿
哲恭俭宽裕孝敬诚信中和功德大成仁皇帝"①，即在原来基础上增加 du-
limba hūwaliyasun（中和）。

（六）世宗谥号

šidzung, abka be ginggulehe, forgon be badarambuha, dulimba be
世宗　天　把　恭敬　　天运　把　推广开来　　中　把

ilibuha, tob be iletulehe, šu horonggo, dacun genggiyen, onco gosin, akdun
创立后　直　把　显现　文　威武的　敏捷、果英明　宽　仁　信

kulu, sunggiyen enduringge, amba hiyoošungga ten i unenggi
健壮　睿、深明　　圣　　很　孝　　极其的　诚

temgetulehe hūwangdi。
宪　　皇帝

世宗敬天昌运建中表正文武英明宽仁信毅睿圣大孝至诚宪皇帝。

此乃圣祖康熙第四子雍正（爱新觉罗·胤禛）之谥号。乾隆元年
（1736）"冬十月，丁未，上大行皇帝尊谥曰：敬天昌运建中表正文武英
明宽仁信毅大孝至诚宪皇帝，庙号世宗，次日颁诏覃恩有差"②。"嘉庆四
年（1799）五月戊辰，加'睿圣'"③，即增加"sunggiyen enduringge"。

（七）高宗谥号

g'aodzung, abka be alhūdaha, forgon be wesihun obuha, den i unenggi,
高宗　天　把　效法了天运　把　兴盛　使　高大的　诚

---

①　《清史稿》卷一〇《高宗本纪一》，中华书局 1976 年版，第 348 页。

②　同上书，第 346 页。

③　郭福祥：《清代帝后谥法与故宫博物院藏清代帝后谥册谥宝》，《故宫博物院刊》1994
年第 4 期，第 72 页。

nenden sarasu, ikengge be dursulehe ten be ilibuha šu selgiyehe horon
首先　　知识　　第一　把　模仿了　极其　创立　文　传播　威武

badarambuha ginggun genggiyen hiyoošungga jilangga šengge enduringge
推广开来　　恭敬　　英明　　孝顺的、孝　慈善的　神妙的　　神圣的

yongkiyangga hūwangdi。
完备　　　　皇帝

高宗法天隆运至诚先觉体元立极敷文奋武钦明孝慈神圣纯皇帝。

此乃世宗第四子乾隆（爱新觉罗·弘历）的谥号，"（嘉庆）四年（1799）正月壬戌崩，寿八十有九。是年，四月乙未，上尊谥曰法天隆运至诚先觉体元立极敷文奋武孝慈神圣纯皇帝，庙号高宗。九月庚午，葬裕陵"[①]。此宝满文为玉箸篆字，汉字为篆字。嘉庆二十五年（1820）十二月癸巳，加 ginggun genggiyen（钦明）。

（八）仁宗谥号

žindzung, abka be aliha, forgon be yendebuhe, wen be selgiyehe, doro be
仁宗　　天　把　奉承了天运　把　使兴起　感化把　传布了　道　把

toktobuha šu be wesihulehe, horon be algimbuha eldengge elgiyen, hiyoošungga
规定　　文　把　　崇尚　　威武把　　宣扬　　昭（有光辉）裕孝顺的、孝

gungnecuke, kicebe boljonggo, tob ulhisu, dacun sultungga
恭敬　　　勤　有规矩（恂）庄正　灵敏　敏捷　哲睿

sunggiyen hūwangdi。
深明　　　皇帝

仁宗受天兴运敷化绥猷崇文经武光裕孝恭勤俭端敏英哲睿皇帝。

此乃高宗第十五子嘉庆（爱新觉罗·颙琰）的谥号。嘉庆二十五年（1820）八月戊申，"大学士、九卿等奏上大行皇帝庙号尊谥曰受天兴运敷化绥猷崇文经武孝恭勤俭端敏英哲睿皇帝"[②]。"道光三十年（1850）五月壬辰，加'光裕'"[③]，即增加"eldengge elgiyen"。

（九）宣宗谥号

siowandzung, abka be songkoloho forgon de acabuha dulimba be ilibuha
宣宗　　天　把　遵循　　天运把　符　中　把　创立

① 《清史稿》卷一五《高宗本纪六》，中华书局 1976 年版，第 565 页。

② 《清史稿》卷一七《宣宗本纪一》，第 618 页。

③ 郭福祥：《清代帝后谥法与故宫博物院藏清代帝后谥册谥宝》，《故宫博物院院刊》1994 年第 4 期，第 72 页。

tob dursulehe　ten　i　šu enduringge horonggo mergen baturu gosin jilan
直　模仿了　极其 的 文 神圣的　　威武　智　勇　仁　慈
boljonggo　kicebe, hiyoošungga ulhisu, onco tokton, šanggan hūwangdi。
有规矩（恂）勤　　孝　　　敏　宽　定　成　皇帝
　　宣宗效天符运立中体正至文圣武智勇仁慈俭勤孝敏宽定成皇帝。

　　此乃仁宗次子道光（爱新觉罗·旻宁）的谥号，道光三十年（1850）
"四月甲戌，上尊谥曰效天符运立中体正至文圣武智勇仁慈俭勤孝敏成皇
帝，庙号宣宗。咸丰二年二月壬子葬慕陵"①。同治元年（1862 年），加
谥字 onco tokton（宽定）。

　　（十）文宗谥号

wendzung, abka de aisilaha, forgon de wehiyehe, dulimba be tuwakiyaha
文宗　天　帮助　　天运　扶助（翊）　中　把　看守镇守
bodogon be tuwabuha, erdemu be wesihulehe, horon be selgiyehe, enduringge
谋略 把　表彰　才德 把　崇尚　威武 把　传布了　神圣的
hiyoošun, mumin gungnecuke, tob gosin, onco ulhisu, tob malhūn
孝　　渊　恭敬　庄正 仁 宽　敏　庄正俭省
iletu hūwangdi。
显现　皇帝
　　文宗协天翊运执中垂谟懋德振武圣孝渊恭端仁宽敏庄俭显皇帝。

　　此乃宣宗第四子咸丰（爱新觉罗·奕詝）的谥号，咸丰十一年
（1861）八月"癸未，上大行皇帝尊谥曰协天翊运执中垂谟懋德振武圣孝
渊恭谦仁宽敏显皇帝，庙号文宗"②。光绪元年五月，加谥字 tob malhūn
（庄俭）。

　　（十一）穆宗谥号

mudzung, abka be siraha, forgon be badarambuha, dulimba be jafaha, tob
穆宗　天　继承　天运　推广开来　中　拿　庄正
be tuwakiyaha, amba be karmaha, gungge be toktobuha, enduringge mergengge,
把　看守镇守 大 把　保卫　功　　规定　神圣的　智
unenggi hiyoošun, akdun ulhisu, gungnecuke onco filingga hūwangdi。
诚　孝　信　敏　恭敬　宽 天生有福 皇帝
　　穆宗继天开运受中居正保大定功圣智诚孝信敏恭宽毅皇帝。

　　① 《清史稿》卷一七《宣宗本纪三》，中华书局 1976 年版，第 709 页。
　　② 《清史稿》卷二一《穆宗本纪一》，第 770 页。

此乃文宗长子同治（爱新觉罗·载淳）的谥号。光绪元年（1875）三月己亥，上尊谥曰"继天开运受中居正保大定功圣智诚孝信敏恭宽毅皇帝，庙号穆宗。五年三月庚午，葬惠陵"①。光绪三十四年十一月，加"明肃"。

（十二）德宗谥号

dedzung, abkai　adali,　forgon　be　wesihulehe, dulimba　be
德宗　　天　　像……一样　天运　把　　崇尚　　　中　　把

badarambuha, umesi　tob　šu　be　ijiha, horonggo　be　wekjihe, gosin　hiyoošun
推广　　　很　庄正文把　梳理　威武　把　经略　仁　　孝

sunggiyen mergen,　tob　malhūn, onco kicebe, ambalinggū hūwangdi。
睿/深明　　智　　庄正　俭省　　　宽勤景（大方）　皇帝

德宗同天崇运大中至正经文纬武仁孝睿智端俭宽勤景皇帝

此乃文宗嗣子，穆宗从弟光绪（爱新觉罗·载湉）的谥号，史载，"宣统元年正月己酉，上尊谥曰同天崇运大中至正经文纬武仁孝睿智端俭宽勤景皇帝，庙号德宗，葬崇陵"②。

三　满语君主称谓

君主称谓词语主要是表示臣下对皇帝专用称谓的词。满语君主称谓主要有：

abkai jui（天子）、hūwangdi（皇帝）、han（君）、tumen se（万岁）、dergi（皇上）、ejen（主）、dele（皇上）、enduringge ejen（圣主），genggiyen ejen（明君）九个。

（一）abkai jui（天子）

abkai jui, abka 译为"天"，i 是表示所属关系的格助词，满语直译为"天的子"，汉语译为"天子"，《御制清文鉴》对于"abkai jui"一词的解释为：

abka be sirame, eiten jaka be dasame, halame tuwancihiyame, emu obume uherilefi, teisu teisu hiyan be bahabume, abka be ama, na be eme obufi, niyalma be ujirengge be, abkai jui seme tukiyembi. šu jing ni hūng fan

----

① 《清史稿》卷二二《穆宗本纪二》，中华书局 1976 年版，第 848 页。
② 《清史稿》卷二四《德宗本纪二》，第 965 页。

fiyenlen de，yaya geren irgen，ten be badarambuha gisun be tacin obufi，yabun obufi，abkai jui elden de halaname hendurengge，abkai jui，irgen i ama eme sehebi。

译：承天，处理，匡正诸事，共一人，学诸理，天为父，地为母，凡人皆称作天之子。《书经·洪范篇》云：凡厥庶民，极之敷言，是训是行，以近天子之光。天子，民之父母也。

由此可见，abkai jui 是借义借词，且有深刻的含义，在一些满语翻译的汉文典籍中也有关于"天子"一词的记载，如：

［1］hairan ginggun niyaman be weilere de akūmbuci，erdemu tacihiyan tanggū hala de isinafi duin mederi de durun ombi，ere abkai jui i hiyoošun kai。爱敬尽于事亲，德教加于百姓，刑于四海，盖天子之孝也。①

［2］abka jui de ilan gung，uyun saitu，orin nadan daifan，jakūnju dalaha hafasi，amba gurun de ilan saitu，gemu abkai jui ci sindambi。天子三公，九卿，二十七大夫，八十一元士，大国三卿皆命于天子。②

《满洲实录》里对于三仙女传说的记载更是对"天子"一词更为深刻的诠释，其目的是证明爱新觉罗家族的尊贵身份是天赋予的，是名正言顺的。

通过上述例子，可知满语"abkai jui"完全是借于汉语，是对原来君属称谓的继承。abkai jui 主要有天赋君权；君统万民；责任重大；地位尊贵等意义。

（二）hūwangdi（皇帝）

《御制清文鉴》对 hūwangdi 一词解释为：

erdemu，abka na de teherehe be，hūwangdi seme tukiyembi。šu jing ni lioi sing fiyenlen de，hūwangdi，fejergi irgen de geterembume fonjiha sehebi。

译：才能同于天地，称作皇帝。《书经·吕刑篇》云：皇帝清问下民。

由此可见，满语 hūwangdi 是汉语"皇帝"一词的音译借词。

在清代书面语里对 hūwangdi 一词的应用，总的来看基本还是承袭了以往封建王朝的用法，变化不大。如：

---

① 《御制孝经》，内府刻本，第 2 页。
② 《御制翻译礼记》，乾隆四十八年刻本，第 9 页。

第一，臣下在公文里对当今皇帝的称呼。

［1］hūwangdi ubabe hafu bulekušefi, ere leolen be banjibume arafi ambasa hafasa be targabume tacibure jakade. 皇上洞瞩其情，御制司论，劝谕臣工。①

［2］hūwangdi banitai amba hiyoošungga kidume gūnirengge mohon akū ofi. 我皇帝大孝性成，思慕无已。②

第二，用于谥号，有时与庙号连用。如我们在公文里常常见到 šengzu gosin hūwangdi、šengdzu hūwangdi 等用法。

（三）tumen se（万岁）

《御制清文鉴》将 tumen se 一词解释为：

gosin erdemu i abkai fejergi be elhe obuha, baturu bodogon i duin mederi be taifin obuha, hūturi fenšen yongkiyafi, tumen jalafun jecen akūngge be, tumen se seme tukiyembi。ši jing ni da ya i jiyang han fiyelen de, abkai jui tumen se sehebi。

译文：以仁德安天下，以勇略平四海，寿与天齐，万寿无疆，称作万岁。《诗经·大雅·江汉篇》云：天子万寿。

（四）genggiyen ejen（明君）enduringge ejen（圣主）

在女真文中，君、君臣之君亦读"1. 厄然，2. ə dʒə n, 3. ejen, 4. ejen, 5. öh-žân, 6. edʒe"如"厄然·你·捏儿麻　ə də n ni nialma 主人"。③

genggiyen ejen 在《御制清文鉴》中的解释是：

šun biya i gese gehun eldefi, tumen ba be hafu sarangge be, genggiyen ejen seme tukiyembi。

译：明如日月，通各处，称作明君。

满语 genggiyen 与 ejen 在《清文总汇》里分别解释为"明德之明"，"皇帝、主子、君"（注：ejen 有时也可替换作 han），将二者合起来则称为"明君"。

---

① 《御制朋党论》，雍正二年（1724）刻本，第 2 页。

② 庄吉发校注：《雍正朝满汉合璧奏折校注》（一），文史哲出版社 1984 年版，第 7 页。

③ 金启琮：《女真文辞典》，文物出版社 1984 年版，第 6 页。

满语 enduringge ejen 与 genggiyen ejen 一样也是继承前代含义而用满语拼写而成的借义词，关于 enduringg ejen，《御制清文鉴》解释为：

abkai salgabuha sure genggiyen, eiten jaka be hūwašaburengge be, enduringg ejen seme tukiyembi。

译：天赋聪明，成诸物，称作圣主。

与 genggiyen ejen 不同的是 enduringge ejen 还有一个特殊的含义，那就是臣下在公文档案里对皇帝的直接称谓，如：

［1］ enduringg ejen fulgiyan pilefi k'o de tucibureo, uttu ohode, gubci abkai fejergi yooni enduringge wen de foroho, mederi tulergi gurun bireme gosin erdemu de dahaha bade。皇上朱批发科，则普率士钦承圣化，海外万国，咸沐仁德之盛事。①

［2］ amban bi bahafi uhei sasa faššaci ombi, ere gemu enduringge ejen i kesi ci tucimbi。臣亦得借以分劳共济，莫非圣恩之所赐矣。②

（五）dergi（上）dele（上）

满语 dergi 汉义为"上之上""高""天上之上""东西之东""君"。与其他君主称谓不同的是"君"这个意思并非 dergi 的本义，而是其引申义，dergi 本义是"上"。而 dele 的情况与 dergi 类似，其本义也是"上"，"君"是引申义。"上"有尊贵、高的含义，而"君"作为封建社会最高的统治者，必然是尊贵到极致，而清代的封建君主专制又达到顶峰，所以 dergi 与 dele 由此衍生出"君"的含义也就不难理解了。

《御制清文鉴》对 dergi（上）、dele（上）这两个君主称谓的解释分别为：

umesi den, abka de jergilehe be, dergi seme tukiyembi。

译：甚高，同于天，称作皇上。

umesi wesihun den de isinaha be, dele seme tukiyembi。

译：极为尊贵，称作皇上。

值得一提的是，dergi 与 dele 这两个君主称谓在清代各类满文翻译典籍与文书中都简译为"上"。例如：

---

① 庄吉发校注：《满汉异域录校注》，文史哲出版社 1983 年版，第 3 页。
② 庄吉发校注：《雍正朝满汉合璧奏折校注》，文史哲出版社 1984 年版，第 17—18 页。

〔1〕judzi, dergi de sunjaci uyun be alihabi, fejergi de teisulere emgil-erengge akū。朱子谓上承九五，下无应与。①

〔2〕dergici lashalaro, erei jalin gingguleme wesimbuhe, hese be baimbi。伏候上裁，为此谨奏。②

由此可见，dergi 与 dele "君" 的意思是借用了汉语词义而产生的。dergi 与 dele 二者是等同的，只是使用频率不同，dergi 使用频率略高一些。

第二节　皇后谥号

一　肇祖、兴祖、景祖、显祖皇后谥号

da　　　hūwangheo

元（根本）皇后

原皇后。

此乃都督孟特穆（猛哥铁木儿）妻子的谥号。

tondo hūwangheo

直　　皇后

直皇后。

此乃都督福满妻子的谥号。

gosingga hūwangheo

仁、慈　　皇后

翼皇后之宝。

此乃福满之第四子觉昌安妻子的谥号。

hafumbuha　hūwangheo

转达、通晓　皇后

宣皇后。

此乃觉昌安之第四子塔克世妻子宣皇后谥宝，史载"显祖宣皇后，喜塔腊氏，都督阿古女。归显祖为嫡妃。岁己未，太祖生。岁己

---

① 《御制朋党论》，雍正二年（1724）刻本，第9页。
② 庄吉发校注：《雍正朝满汉合璧奏折校注》，文史哲出版社1984年版，第19页。

已，崩。顺治五年，与肇祖原皇后、兴祖直皇后、景祖翼皇后同时追谥"①。

二　太祖皇后谥号

gosin　hiyoošungga,　doro　de　akūmbuha,　ginggun　ijishūn,　fulehun
仁　　　孝　　　道　对　　尽力　　　恭谨　　　顺　　恩惠

fujurungga,　doronggo　erdemungge,　hūturingga　eldengge,　abka　de
端庄（孝懿）　端　　贤（有才的）　福庆　　昭（有光彩）　天

acabume, enduringge de aisilaha　dergi　hūwangheo。
迎合　　神圣　　　帮助　　高（东面）　皇后

孝慈昭宪敬顺仁徽懿德庆显承天辅圣高皇后。

此乃太祖孝慈高皇后之谥号，孝慈高皇后纳喇氏，叶赫部长杨吉砮之女，清太宗皇太极之母。《清史稿》载："太祖孝慈高皇后，纳喇氏，叶赫部长杨吉砮女。……天命九年，迁葬东京杨鲁山。天聪三年，再迁葬沈阳石嘴头山，是为福陵。崇德元年，上谥孝慈昭宪纯德真顺承天育圣武皇后。顺治元年，祔太庙。康熙元年，改谥。雍正乾隆累加谥曰孝慈昭宪敬顺仁徽懿德庆显承天辅圣高皇后。"②

雍正元年（1723）八月己酉，加 fulehun fujurungga（仁徽）；

乾隆元年（1736）三月乙巳，"加孝慈皇后尊谥曰孝慈昭宪敬顺仁徽懿德庆显承天辅圣高皇后"③。加 doronggo erdemungge（懿德）。

三　太宗皇后谥号

hiyoošungga doronggo,　gosingga jurgangga,　ujen　sure,　mergen
孝　　端　　　仁　有义气　敦（郑）　聪明 贤（淑睿）

ijishūn, jilangga jingji, tob gingguji, abka de aisilame, enduringge de acabuha
顺　慈善　惇　直　恭谨　天　　帮助　　神圣　　迎合

genggiyen šu hūwangheo。
文（昭）文　皇后

孝端正敬仁懿哲顺慈僖庄敏辅天协圣文皇后。

①《清史稿》卷二一四《后妃传·显祖宣皇后》，中华书局 1976 年版，第 8898 页。
②《清史稿》卷二一四《后妃传·太祖孝慈高皇后》，中华书局 1976 年版，第 8899 页。
③《清史稿》卷一〇《高宗本纪一》，第 348 页。

此乃孝端文皇后之谥号，孝端文皇后，博尔济吉特氏，乃科尔沁贝勒莽古思女。《清史稿》载："顺治六年（1649）四月，太宗皇后博尔济吉特氏崩……七年，上尊谥曰孝端文皇后，葬昭陵。"[①]雍正、乾隆时期累加谥，曰"孝端正敬仁懿哲顺慈僖庄敏辅天协圣文皇后"[②]。雍正元年八月己酉，加 mergen ijishūn（哲顺）；乾隆元年（1736）三月乙巳，"加孝端皇后尊谥曰孝端正敬仁懿哲顺慈僖庄敏辅天协圣文皇后"[③]，加谥字 jilangga jingji（慈僖）。

hiyoošungga ambalinggū, gosin algiša, unenggi kemungge, gungnecuke
孝　　　　庄　　仁　张扬　诚　　简　　　恭敬
fujurungga, ten i erdemu, gulu wesihun, abka de aisilame, enduringge be
端庄　　　极其的　才德　纯正　兴盛　天　　帮助　　神圣　　把
badarambuha, genggiyen šu hūwangheo。
推广开来　文（昭）文　皇后

孝庄仁宣诚宪恭懿至德纯徽翊天启圣文皇后。

此乃孝庄文皇后之谥宝。孝庄文皇后，博尔济吉特氏，乃科尔沁贝勒寨桑之女。"顺治八年，上孝庄皇后尊号，其徽号曰'昭圣慈寿'。"[④]康熙二十七年（1688）冬十月"乙卯，上大行太皇太后尊谥曰孝庄文皇后"[⑤]。即上谥：孝庄仁宣诚宪恭懿翊天启圣文皇后。雍正元年八月己酉，加 ten i erdemu（至德）；乾隆元年（1736）三月乙巳，"孝庄皇后尊谥曰孝庄仁宣诚宪恭懿至德纯徽翊天启圣文皇后"[⑥]，加谥字 gulu wesihun（纯徽）。

四 世祖皇后谥号

hiyoošungga fulehun, gosin kemungge, tob fujurungga, jilangga nesuken
孝　　恩惠　　仁　简　庄　端庄（孝懿）慈善　安
gungnecuke elhe, gulu erdemungge, abka de acabume, enduringge de
恭敬　　　康（安）纯正　才德　　天　　迎合　　神圣

① 《清史稿》卷九二《礼志十一》，中华书局 1976 年版，第 2698 页。
② 《清史稿》卷二一四《后妃传·太宗孝端文皇后》，第 8901 页。
③ 《清史稿》卷一○《高宗本纪一》，第 348 页。
④ 《清史稿》卷八八《礼志七》，第 2630 页。
⑤ 《清史稿》卷七《圣祖本纪二》，第 226 页。
⑥ 《清史稿》卷一○《高宗本纪一》，第 348 页。

aisilaha eldembuhe hūwangheo。
　帮助　　　章　　　皇后

孝惠仁宪端懿慈淑恭安纯德顺天翊圣章皇后。

此乃世祖孝惠章皇后之谥宝。孝惠章皇后，博尔济吉特氏，顺治第二位皇后，科尔沁贝勒绰尔济女，孝庄文皇后之侄女。康熙五十六年（1717）"孝惠章皇后崩"①，"三月癸丑，减大兴、宛平门厂房税。辛酉，上大行皇后谥曰孝惠仁宪端懿纯德顺天翊圣章皇后。……夏四月乙酉，葬孝惠章皇后于孝东陵"②。

雍正元年八月己酉，加 jilangga nesuken（慈淑）；

乾隆元年（1736）三月乙巳，"孝惠皇后尊谥曰孝惠仁宪端懿慈淑恭安纯德顺天翼圣章皇后"③。加谥字 gungnecuke elhe（恭安）。

hiyoošungga　nesuken, gosingga hūwaliyasun, ambalinggū fujurungga,
　孝　　安（温和）仁慈　和、和平　　庄　端庄（孝懿）
gungnecuke fulehun, nemgiyen gengiyen, tob elhe, abka be wesihuleme,
　恭敬　恩惠　温　文昭（清澈）庄　康　天　　尊崇
enduringge be hūwašabuha eldembuhe hūwangheo。
　圣　把　养育　（照耀）章　皇后

孝康慈和庄懿恭惠温穆端靖崇天育圣章皇后。

此乃世祖孝康章皇后之谥宝。孝康章皇后，佟佳氏，少保、固山额真佟图赖女，圣祖玄烨之母。康熙二年（1663）二月崩，上尊谥曰孝康章皇后，与世祖合葬孝陵，同年五月"甲午，恭上大行慈和皇太后尊谥曰孝康慈和庄懿恭惠崇天翊圣章皇后"④。雍正元年八月己酉，加 nemgiyen gengiyen（温穆）；乾隆元年（1736）三月乙巳，"孝康皇后尊谥曰孝康慈和庄懿恭惠温穆端靖崇天育圣章皇后"⑤。加 tob elhe（端靖）。

五　圣祖皇后谥号

hiyoošungga unenggi gungnecuke doronggo, tob fulehun, nesuken
　孝　诚　恭　庄重（端）正　恩惠　安（温和）

① 《清史稿》卷二二〇《诸王传六·圣祖诸子》，中华书局1976年版，第9076页。
② 《清史稿》卷八《圣祖本纪三》，第294页。
③ 《清史稿》卷一〇《高宗本纪一》，第348页。
④ 《清史稿》卷六《圣祖本纪一》，第169页。
⑤ 《清史稿》卷一〇《高宗本纪一》第348页。

hūwaliyasun, mergen fujurungga, gingguji ulhisu, abka de jergileme enduringge
和/和平　淑懿（端庄）　　恭　　敏　　天　相等伦比　圣
de aisilah, gosin hūwangheo。
　帮助　仁　　皇后

孝诚恭肃正惠安和淑懿恪敏俪天襄圣仁皇后。

此乃圣祖孝诚仁皇后之谥宝，"圣祖孝诚仁皇后，赫舍里氏，辅政大臣、一等大臣索尼孙，领侍卫内大臣噶布喇女。康熙四年七月，册为皇后。……谥曰仁孝皇后。……雍正元年，改谥"[1]。康熙十三年元月庚申，赐谥："仁孝皇后"；康熙元十一年十二月，追尊："仁孝恭肃正惠安和俪天襄圣皇后"；雍正元年四月，改谥"孝诚恭肃正惠安和俪天襄圣皇后"；雍正元年九月庚辰，加为"孝诚恭肃正惠安和俪天襄圣仁皇后"；乾隆元年三月乙巳，加 mergen fujurungga（淑懿）；嘉庆四年五月戊辰，加 gingguji ulhisu（恪敏）；"（乾隆元年三月）乙巳，孝诚皇后尊谥曰孝诚恭肃正惠安和淑懿俪天襄圣仁皇后"[2]。

hiyoošungga genggiyen, nesuken albalingge fulehun tob hūwaliyasun,
　孝　　昭　　安（温和）　景　　恩惠　正　和、和平
elhe elgiyen, gungnecuke cibsonggo, abka be gingguleme, enduringge de
安　裕　恭　　穆　天　　　恭敬　圣
acabuha, gosin hūwangheo。
　迎合　仁　　皇后

孝昭静淑明惠正和安裕端穆钦天顺圣仁皇后。

此乃圣祖孝昭仁皇后之谥宝，"孝昭仁皇后，钮祜禄氏，一等公遏必隆女。……康熙十六年八月，册为皇后。十七年二月丁卯，崩。二十年，与孝诚皇后同葬。……乾隆、嘉庆累加谥，曰孝昭静淑明惠正和安裕端穆钦天顺圣仁皇后"[3]。康熙"十七年二月，皇后钮祜禄氏崩，丧葬视仁孝后，册谥孝昭。世宗加谥曰仁"[4]。康熙十一年十二月，追尊"孝昭静淑明惠正和钦天顺圣皇后"。雍正元年九月庚辰，加 gosin（仁）；乾隆元年（1736）三月乙巳，"孝昭皇后尊谥曰孝昭静淑明惠正和安裕钦天顺圣仁

① 《清史稿》卷三一六《后妃传·圣祖孝诚仁皇后》，中华书局1976年版，第8910页。
② 《清史稿》卷一〇《高宗本纪一》，第348页。
③ 《清史稿》卷三一六《后妃传·圣祖孝诚仁皇后》，第8911页。
④ 《清史稿》卷一三五《礼志十一》，第2698页。

皇后"①，加 elhe elgiyen（安裕）；嘉庆四年五月戊辰，加 gungnecuke cib-songgo（端穆）。

　　hiyoošungga fujurungga, nemgiyen unenggi, tob gosingga, kemengge
　　　孝　　懿（端庄）　温　　诚　　端　仁　　简
ambalinggū, hūwaliyasun gingguji, jilangga fulehun abka de acabume,
　景　　和、和平　　恭　　慈善　恩惠　天　　迎合
enduringge de aisilaha, gosin hūwangheo。
　圣　　把　帮助　仁　　皇后

　　孝懿温诚端仁宪穆和恪慈惠奉天佐圣仁皇后。

　　此乃圣祖孝懿仁皇后之谥号，"孝懿仁皇后，佟佳氏，一等公佟国维女，孝康章皇后侄女也。……二十八年七月，病笃，册为皇后。翌日甲辰，崩。谥曰孝懿皇后。……雍正、乾隆、嘉庆累加谥，曰孝懿温诚端仁宪穆和恪慈惠奉天佐圣仁皇后"②；"康熙二十八年九月乙卯，赐谥：'孝懿皇后'，康熙十一年十二月，追尊：'孝温诚端仁宪穆奉天佐圣皇后'"③。雍正元年九月庚辰，加 gosin（仁）。乾隆元年三月乙巳，加 hūwaliyasun gingguji（和恪）。嘉庆四年五月戊辰，加 jilangga fulehun（慈惠）。

　　hiyoošungga gungnecuke, iletu fulehun, nemgiyen doronggo, toktoho
　　　孝　　　恭　　显　恩惠　　温　庄重（端）定
elgiyen, jilangga gulu, ginggun cibsonggo, abka de aisilame enduringge de
　裕　　慈善　纯正　恭敬　　穆　天　　帮助　　圣　把
acabuha, gosin hūwangheo。
　迎合　仁　　皇后

　　孝恭宣惠温肃定裕慈纯钦穆赞天承圣仁皇后。

　　此乃圣祖孝恭仁皇后之谥号，"孝恭仁皇后，乌雅氏，护军参领威武女。后事圣祖。……世宗即位，尊为皇太后，拟上徽号曰仁寿皇太后，未上册。雍正元年五月辛丑，崩，年六十四"④。雍正二年（1724）五月，"昀遣陪臣上孝恭仁皇后尊谥"⑤。乾隆元年（1736）三月乙巳，"上孝恭

　　① 《清史稿》卷一〇《高宗本纪一》，第 348 页。
　　② 《清史稿》卷三一六《后妃传·圣祖孝懿仁皇后》，中华书局 1976 年版，第 8911 页。
　　③ 郭福祥：《清代帝后谥法与故宫博物院藏清代帝后谥册谥宝》，《故宫博物院院刊》1994 年第 4 期，第 73 页。
　　④ 《清史稿》卷三一六《后妃传·圣祖孝恭仁皇后》，第 8911 页。
　　⑤ 《清史稿》卷三一六《属国传一·朝鲜》，第 14586 页。

皇后尊谥曰孝恭宣惠温肃定裕慈纯赞天承圣仁皇后"①，加 jilangga gulu
（慈纯）。

嘉庆四年（1799）五月戊辰，加 ginggun cibsonggo（钦穆）。

六　世宗皇后谥号

hiyoošungga　ginggun，gungnecuke　hūwaliyasun，fujurungga　ijishūn，
　孝　　　恭敬　　恭　　　和、和平　懿（端庄）　　顺

genggiyen fulehun，ambalinggū elhe　nelhe，abka be wehiyeme，enduringge de
　昭　　恩惠　　庄　　安康（安）天　　扶助　　圣

aisilaha，temgetulehe hūwangheo。
帮助　　宪　　　皇后

孝敬恭和懿顺昭惠庄肃安康佑天翊圣宪皇后之宝。

此乃世宗孝敬宪皇后之谥宝，此宝满文为玉箸篆字，汉字为篆字。

孝敬宪皇后，乌喇那拉氏，内大臣费扬古之女。雍正九年（1731）
九月"己巳，皇后那拉氏崩，册谥曰孝敬皇后"②。

乾隆元年（1736）"上孝敬皇后尊谥曰孝敬恭和懿顺昭惠佑天翊圣
宪皇后"③。乾隆二年（1737），与世宗合葬泰陵。

嘉庆四年五月戊辰，加 ambalinggū（庄肃）；嘉庆二十五年（1810）
十二月"癸巳，加上孝敬宪皇后、孝圣宪皇后、高宗纯皇帝、孝贤纯皇
后、孝仪纯皇后尊谥"④，加 elhe nelhe（安康）。

hiyoošungga　enduringge，gosingga iletu，lergiyen　fulehun，jirun
　孝　　　　圣　　仁慈　显现　大量　恩惠　敦

hūwaliyasun，unenggi　fujurungga，gosin cibsonggo，abka　be gingguleme
和、和平　诚　懿（端庄）仁　穆　天　把　恭敬

enduringge be eldembuhe，hūwangheo。
圣　把（照耀）章　皇后

孝圣慈宣康惠敦和诚徽仁穆敬天光圣宪皇后。

此乃世宗孝圣宪皇后之谥号，"孝圣宪皇后，钮祜禄氏，四品典仪凌

① 《清史稿》卷一〇《高宗本纪一》，第348—349。
② 《清史稿》卷九《世宗本纪》，第331页。
③ 《清史稿》卷一〇《高宗本纪一》，第346页。
④ 《清史稿》卷一七《宣宗本纪一》，第620页。

柱女。……高宗即位，以世宗遗命，尊为皇太后，居慈宁宫。……四十二年正月庚寅，崩，年八十六。……国有庆，屡加上，曰崇德慈宣康惠敦和裕寿纯禧恭懿安祺宁豫皇太后。既葬，上谥。嘉庆中，再加谥，曰孝圣慈宣康惠敦和诚徽仁穆敬天光圣宪皇后"①。

乾隆四十二年（1777）正月"辛卯，尊大行皇太后谥号为孝圣宪皇后，推恩普免钱粮一次"②。乾隆四十二年三月壬午，上谥："孝圣慈宣康惠敦和敬天光圣宪皇后。"

嘉庆四年（1799）五月戊辰，加 unenggi fujurungga（诚徽），"（嘉庆二十五年十二月）癸巳，加上孝敬宪皇后、孝圣宪皇后、高宗纯皇帝、孝贤纯皇后、孝仪纯皇后尊谥"③，加 gosin cibsonggo（仁穆）。

七　高宗皇后谥号

hiyoošungga　yongsunggo,　gungnecuke　dahashūn,　nelhe　elgiyen,　jilangga
　　孝　　　礼仪　　　恭　　　　顺　　　康　　裕　　慈善
gosingga,　tob　gingguji　ulhisu　mergen,　abka　de　wehiyeme,　enduringge　be
　仁慈　庄　　恭　　　敏　　贤慧　天　　把　　扶助　　　圣　　把
eldembuhe, yongkiyangga, hūwangheo.
（照耀）章　　完全　　　皇后
孝仪恭顺康裕慈仁端恪敏哲翼天毓圣纯皇后。

此乃高宗孝仪纯皇后谥号，"孝仪纯皇后，魏佳氏，内管领清泰女。……四十年正月丁丑，薨，年四十九。……仁宗立为皇太子，命册赠孝仪皇后。嘉庆、道光累加谥，曰孝仪恭顺康裕慈仁端恪敏哲翼天毓圣纯皇后。"④ 嘉庆四年（1799）四月乙未，上谥号"孝仪恭顺康裕慈仁翼天毓圣纯皇后"。嘉庆二十五年（1820）十二月癸巳，加 tob gingguji（端恪），道光三十年（1850）五月壬辰，加 ulhisu mergen（敏哲）。

hiyoošungga　erdemungge,　unenggi　tob,　jiramin　cibsonggo,　gosin　fulehun
　　孝　　　贤（有才德）　诚　直正　敦　　穆　　仁　　恩惠
fujurungga　gungnecuke,　nelhe　ijishūn,　abka　de　aisilame,　enduringge　be
懿（端庄）　恭　　　　康　　顺　　天　　帮助　　　圣　　把

<hr />

① 《清史稿》卷三一六《后妃传·世宗孝圣宪皇后》，中华书局1976年版，第8914—8915页。
② 《清史稿》卷一四《高宗本纪五》，第508页。
③ 《清史稿》卷一七《宣宗本纪一》，第620页。
④ 《清史稿》卷三一六《后妃传·高宗孝仪纯皇后》，第8918页。

yendebuhe，yongkiyangga hūwangheo。
　　鼓励　　　完全　　　皇后

孝贤诚正敦穆仁惠徽恭康顺辅天昌圣纯皇后。

此乃高宗孝贤纯皇后谥宝，"高宗孝贤纯皇后，富察氏，察哈尔总管李荣保女。高宗为皇子，雍正五年，世宗册后为嫡福晋。乾隆二年，册为皇后"①。

乾隆二年（1737）"册立孝贤纯皇后"②。十三年（1748）三月"丙午，上亲定大行皇后谥曰孝贤皇后"③。嘉庆四年（1799）四月乙未，上谥："孝贤诚正敦穆仁惠辅天昌圣纯皇后"，嘉庆二十五年（1820）十二月癸巳加 fujurungga gungnecuke（徽恭）。道光三十年（1850）五月壬辰，加 nelhe ijishūn（康顺）。

八　仁宗皇后谥号

hiyoošungga　　nemeyen，　tob　hūwaliyasun，　gosin　doronggo，　jilan
　孝　　　淑（柔顺）　庄　　和、和平　　仁　庄重（端）慈善
fujurungga，jiramin elgiyen，genggitungga ciran，abka be eldembume，enduringge
懿（端庄）厚隆重　裕　　昭　　肃　　天　（照耀）章　　圣
be wehiyehe，sunggiyen hūwangheo。
把　扶助　　睿　　　皇后

孝淑端和仁庄慈懿敦裕昭肃光天佑圣睿皇后。

此乃仁宗孝淑睿皇后谥宝，此宝满文为玉箸篆字，汉字为篆字。

"仁宗孝淑睿皇后，喜塔腊氏，副都统、内务府总管和尔经额女。……嘉庆二年二月戊寅，崩，谥曰孝淑皇后，葬太平峪，后即于此起昌陵焉。道光、咸丰累加谥，曰孝淑端和仁庄慈懿敦裕昭肃光天佑圣睿皇后。"④

嘉庆二年五月己未，赐谥："孝淑皇后。"

道光元年三月丙寅，上谥："孝淑端和仁庄慈懿光天佑圣睿皇后"，道光三十年五月壬辰，加谥 jiramin elgiyen（敦裕）。

---

① 《清史稿》卷三一六《后妃传·高宗孝贤纯皇后》，中华书局 1976 年版，第 8916 页。
② 《清史稿》卷八八《礼志七》，第 2632 页。
③ 《清史稿》卷一一《高宗本纪二》，第 397 页。
④ 《清史稿》卷三一六《后妃传·仁宗孝淑睿皇后》，第 8920 页。

同治元年，加谥 genggitungga ciran（昭肃）。

hiyoošungga hūwaliyasun, gungnecuke jilan, nelhe　erke　elhe
孝　　　和、和平　　恭　　慈善　康　豫（雄壮）康

šanggan ginggun dahashūn, gosin tob, abka de acabume, enduringge be iltulehe
成　恭敬　顺（孺）仁　正天　　相接、应　圣　把　显露

sunggiyen hūwangheo。
睿　　　皇后

孝和恭慈康豫安成钦顺仁正应天熙圣睿皇后。

此乃仁宗孝和睿皇后谥宝，孝和睿皇后，钮祜禄氏，礼部尚书恭阿拉女。"（道光）三十年春正月甲午朔，日食。……戊戌，上大行皇太后尊谥曰孝和恭慈康豫安成熙圣睿皇后。"[1]"咸丰三年，葬后昌陵之西，曰昌西陵。初尊皇太后，上徽号。国有庆，累加上，曰恭慈康豫安成庄惠寿禧崇祺皇太后。逮崩，上谥。咸丰间加谥，曰孝和恭慈康豫安成钦顺仁正应天熙圣睿皇后。"[2]

道光三十年正月己未，上谥："孝和恭慈康豫安成应天熙圣睿皇后"，道光三十年三月癸巳，加谥字 ginggun dahashūn（钦顺）。

同治元年，加谥字 gosin tob（仁正）。

九　宣宗皇后谥号

hiyoošungga cibsonggo,　nesuken　jiramin, tub doronggo, tob unenggi
孝　　穆　安（温和）厚隆重　庄重　正诚

gingguji fulehun sulfa ginggun, abka be akdabuha enduringge be ergembuhe
恭　恩惠　宽裕　恭敬　天　　使依靠　圣　把　使安逸

šanggan hūwangheo。
成　　　皇后

孝穆温厚庄肃端诚恪惠宽钦孚天裕圣成皇后。

此乃宣宗孝穆成皇后谥宝，"宣宗孝穆成皇后，钮祜禄氏，户部尚书、一等子布颜达赉女。……（嘉庆）十三年正月戊午，薨。宣宗即位，追册谥曰孝穆皇后。……咸丰初，上谥。光绪间加谥，曰孝穆温厚庄肃端

①　《清史稿》卷一九《宣宗本纪三》，中华书局 1976 年版，第 708 页。
②　《清史稿》卷三一六《后妃传·仁宗孝和睿皇后》，第 8921 页。

诚恪惠宽钦孚天裕圣成皇后"。① 道光三十年，上谥："孝穆温厚庄肃端诚
孚天裕圣成皇后。"同治元年，加谥字 gingguji fulehun（恪惠）。光绪元年
五月，加谥字 sulfa ginggun（宽钦）。

hiyoošungga gemungge, jilan ginggun, onco gosingga, tob hingsengge elhe
　孝　　　　全　　慈善　恭敬　宽广　仁　正　悫　安
fulehun, unenggi ulhisu, abka de acaname, enduringge be jiramilaha
恩惠　　诚　　敏　天　　符合　　圣　把　优待推崇
šanggan hūwangheo。
成　　　　皇后

孝全慈敬宽仁端悫安惠诚敏符天笃圣成皇后。

此乃宣宗孝全成皇后谥号，"孝全成皇后，钮祜禄氏，……（道光）
二十年正月壬寅，崩，年三十三。宣宗亲定谥曰孝全皇后，葬龙泉峪。咸
丰初，上谥。光绪间加谥，曰孝全慈敬宽仁端悫安惠诚敏符天笃圣成皇
后"。② 道光三十年，上谥"孝全慈敬宽仁端悫符天笃圣成皇后"。同治元
年，加谥字 elhe fulehun（安惠）。光绪元年五月加谥字 unenggi ulhisu
（诚敏）。

hiyoošungga cibsen, nelhe jilangga, fujurungga genggitungga, tob fulehun,
　孝　　　静　　康　慈善　懿（端庄）　　昭　庄　恩惠
tob gosin, abka de aisilame, enduringge be wehiyehe, šanggan hūwangheo。
庄　仁　天　　帮助　　圣　把　扶助　　成　皇后

孝静康慈懿昭端惠庄仁弼天抚圣成皇后。

此乃宣宗孝静成皇后谥宝，"孝静成皇后，博尔济吉特氏，刑部员外
郎花良阿女。……咸丰五年七月，太妃病笃，尊为康慈皇太后。越九日庚
午，崩，年四十四。上谥，曰孝静康慈弼天抚圣成皇后，不系宣宗谥，不
祔庙。……穆宗即位，祔庙，加谥。光绪、宣统累加谥，曰孝静康慈懿昭
端惠庄仁和慎弼天抚圣成皇后"③。咸丰五年（1855）八月"庚子，上大
行皇太后尊谥曰孝静康慈皇后"④。同治元年（1862）重新上谥"孝敬康
慈端惠弼天抚圣成皇后"，加 fujurungga genggitungga（端惠）。同治二年

① 《清史稿》卷三一六《后妃传·仁宗孝和睿皇后》，第 8922 页。
② 《清史稿》卷三一六《后妃传·宣宗孝静成皇后》，中华书局 1976 年版，第 8922—8923 页。
③ 《清史稿》卷三一六《后妃传·宣宗孝静成皇后》，第 8922—8923 页。
④ 《清史稿》卷二〇《文宗本纪》，第 735 页。

（1863）四月"庚申，上孝静成皇后尊谥曰孝静康慈懿昭端惠弼天抚圣成皇后"。① 加谥字 fujurungga genggitungga（懿昭）。

光绪元年五月，加谥字 tob gosin（庄仁）。宣统元年四月二十四日，加谥字"和慎"。

hiyoošungga　olhoba，ulhisu　doronggo，mergen　ijishūn，hūwaliyasun
　孝　　　　慎　　　敏　　　端　　　哲　　　顺　　 和、和平

fujurungga　unenggi fulehun，jirun gingguji，abka be eldembume erdemungge be
懿（端庄）　诚　 恩惠　　 敦　 恭　　 天　　　　使光亮　　圣　　把

wehiyehe，šanggan hūwangheo。
扶助　　　成　　　皇后

孝慎敏肃哲顺和懿诚惠敦恪熙天治圣成皇后。

此乃宣宗孝慎成皇后谥号，孝慎成皇后佟佳氏。"乾隆五十六年八月，高宗行围威逊格尔，上引弓获鹿，高宗大喜，赐黄马褂、花翎。嘉庆元年，娶孝穆成皇后。……十三年正月，孝穆成皇后薨，继娶孝慎成皇后。"②

道光十三年（1833）七月壬辰，赐谥："孝慎皇后"，道光三十年，上谥："孝慎敏肃哲顺和懿熙天治圣成皇后。"同治元年，加 unenggi fulehun（诚惠）。

光绪元年五月加 jirun gingguji（敦恪）。

十　文宗皇后谥号

hiyoošungga jekdun，jilan elhe，onco urgungga，hūwaliyasun ginggun abka
　孝　　　贞　　 慈善　安 宽广　　吉福　　和、和平　恭敬　天

be dursulehe，enduringge de aisilaha，gosin iletu hūwangheo。
把　模仿　　 圣　　　帮助　　仁　显　　皇后

孝贞慈安裕庆和敬仪天祚圣显皇后。

此乃文宗孝贞显皇后谥号，慈安皇太后，钮祜禄氏，文宗后。光绪七年（1881）三月甲子，"除锦州官田租赋。……辛未，慈安皇太后不豫，壬申，崩于钟粹宫。癸未，上大行皇太后尊谥曰孝贞慈安裕庆和敬仪天祚

---

① 《清史稿》卷二一《穆宗本纪一》，第778页。
② 《清史稿》卷一七《宣宗本纪一》，中华书局1976年版，第617页。

圣显皇后"①。光绪七年（1881），上谥"孝贞慈安裕庆和敬仪天祚圣显皇后"。宣统元年（1909）四月二十四日，加"诚靖"。

hiyoošungga erdemu, nemeyen fulehun, unenggi ijishūn, jilan tob
孝　　　德　　淑（柔顺）恩惠　　诚　　顺　　慈善　庄

gingguji olhoba, abka be gingguleme enduringge be wehiyehe, iletu hūwangheo.
恭　　慎　　天　把　恭敬　　　圣　把　扶助　显　　皇后

孝德温惠诚顺慈庄恪慎恭天赞圣显皇后。

此乃文宗孝德显皇后谥号。咸丰十一年（1861）十二月"己巳，上孝德皇后尊谥曰孝德温惠诚顺慈庄恭天赞圣显皇后"②。光绪元年（1875）五月，加 gingguji olhoba（恪慎），宣统元年（1909）四月二十四日，加"徽懿"。

hiyoošungga kobton, jilan hūturi, tob karmangga, nelhe ujingga genggiyen
孝　　钦　　慈善　福庄　卫　康颐　昭

sulfangga, tob unenggi, jalafungga gungnecuke, kobton fengkin, wesihun taifin,
裕　庄　诚　　长寿的　　恭　钦　　献　兴盛（高）熙

abka de adabuha, enduringge be yendehe, iletu hūwangheo.
天　　辅助　　圣　把　兴起　显　　皇后

孝钦慈禧端佑康颐昭豫庄诚寿恭钦献崇熙配天兴圣显皇后。

此乃文宗孝钦显皇后谥宝。孝钦显皇后，叶赫那拉氏，安徽徽宁池广太道惠征女。孝钦显皇后生穆宗，"三十四年十月，慈禧太皇太后后德宗一日崩，……谥曰孝钦显皇后，葬定东陵"③。宣统元年（1909）正月二十二日，上谥："孝钦慈禧端佑康颐昭豫庄诚寿恭钦献崇熙配天兴圣显皇后。"

十一　穆宗皇后谥号

hiyoošungga sultungga, saicungga ijishūn, nemeyen olhoba, mergen
孝　　哲　　嘉　　顺　淑（柔顺）慎　　贤

genggiyen, abka be temgetulehe, enduringge be iletulehe, filingga hūwangheo.
昭　　天　　宪　　圣　　　显露　毅　皇后

---

① 《清史稿》卷二三《德宗本纪一》，第 868 页。
② 《清史稿》卷二一《穆宗本纪一》，中华书局 1976 年版，第 774 页。
③ 《清史稿》卷九二《礼志十一》，第 2706 页。

孝哲嘉顺淑慎贤明宪天彰圣毅皇后。

此乃穆宗孝哲毅皇后谥宝，"穆宗孝哲毅皇后，阿鲁特氏，户部尚书崇绮女。同治十一年九月，立为皇后。……光绪元年二月戊子，崩，梓宫暂安隆福寺。……宣统加谥，曰孝哲嘉顺淑慎贤明恭端宪天彰圣毅皇后"①。光绪元年（1875）五月"戊申，上嘉顺皇后尊谥曰孝哲嘉顺淑慎贤明宪天彰圣毅皇后"②。宣统元年（1909）四月二十四日，加谥字"恭端"。

第三节　词义补释

通过对清代帝后满文谥号的对译与解释，并参阅满文辞书，笔者发现不少可以增补满语辞书里封谥词语的词义，而且还可以增补封释词汇。

一　补词义

gosingga，释为仁，仁慈，封谥用语：慈。

补：封谥用语：翼。

doro，释为道。

补：封谥中还可以翻译为：德。如 doro be amban obuha：弘德。

hūwaliyasun，本是和谐友好的意思，作为封谥用语除了和、雍之外，还可以译为：温。

mergen，其本"贤、贤惠、智慧；技艺高超；封谥用语：淑、睿"之意。封谥中可翻译为"哲"。

sultungga 为"哲"，还可以翻译为"淑"，如：mergen fujurungga，淑懿。

boljonggo 本为"有规矩，合乎常理的；封谥用语：恂"。在封谥中，还可译为"俭"，如：gungnecuke boljonggo，恭俭。

dacun 为"刀快、锋利、锐利，敏捷果断，英俊豪迈，封谥用语：

---

① 《清史稿》卷二一四《后妃传·穆宗孝哲毅皇后》，中华书局 1976 年版，第 8930—8931 页。

② 《清史稿》卷二三《德宗本纪一》，第 853—854 页。

果”之意。作为封谥用语，还可译为“英”，如：dacun sultungga，英哲。

tob 为“正、公正；封谥用语：庄”之意，作为封谥用语，还可以译为“端”，如：tob ulhisu，端敏。

filingga 为“天生有福的”，作为封谥用语，译为“毅”，如：filingga hūwangdi，毅皇帝。

kemungge 乃“有限的，有定量的，有节制的；适度的，恰如其分的，封谥用语：简”。作为封谥用语其还可译为“宪”，如：unenggi kemungge，诚宪。

nesuken 乃“温良的，和顺的，温顺的，温雅的；安详的，安然的，素然的，雍容的；安静的，安宁的，平稳的，稳重的”之意；用于封谥时则为“康、温”之意。除此之外，还可译为“淑”，如：jilangga nesuken，慈淑。

genggiyen 为“清、清澈、光明、明亮；光明、透彻、清楚；天亮、天明”等意，作为封谥用语其可译为“文、昭”。此外，genggiyen 还可译为“穆”，如：nemgiyen gengiyen，温穆；也可译为“明”，如：mergen genggiyen，贤明。

elhe，乃安、平安，安定的意思。作为封谥用语为：康。其还可以译为：靖。tob elhe，端靖。

ambalinggū 为“雄伟的，宏伟的，壮丽的，魁伟的；昂然的，轩昂的，庄重的；大方的”之意。作为封谥语，可译为“景”，还可译为“穆”，如：kemengge ambalinggū，宪穆。

gingguji 作为封谥语，译为“恭”。此外，还有“恪”的意思，如：hūwaliyasun gingguji，和恪。

iletu 为“明显的，显而易见的；公然的；（小孩）大方”之意。作为封谥用语，可译为“显”，此外还可译为“宣”，如：iletu fulehun，宣惠。

lergiyen 为“巨大的，庞大的，宏大的；宽的，宽广的，开阔的；宽宏大量的”之意。作为封谥等处用语，可译为“弘”，此外还可译为“康”，如：lergiyen fulehun，康惠。

fujurungga 为“有文采，丰采，风姿，懿美，幽雅；庄重，魁伟”之意。作为封谥等处用语，可译为“懿”，此外还可译为“徽”，如：unenggi fujurungga，成徽。

jiramin 为“厚，浓厚”之意。作为封谥用语，可译为“厚、敦”，此外还可译为"惇",如:jiramin cibsonggo,惇穆。

doronggo 为"有理的,有道理的;有礼的,有礼貌的;庄重的,端庄的;老实的,稳重的"之意。作为封谥用语,除了可译为"履、礼"之外,还可以译为"肃",如:tob doronggo,庄肃;ulhisu doronggo,敏肃。

onco 为"宽阔的,宽广的,广阔的;宽宏大量的,宽容的"之意。作为封谥等处用语,可译为"宽",此外还可以译为"裕",如:onco urgungga,裕庆。

urgungga 为"吉福禧;封谥:禧"之意。此外,在封谥处还可译为"庆",如:onco urgungga,裕庆。

二　补封谥词汇

mukdembuhe 乃是 mukdembumbi(使升起、使隆起、使拱起)的过去时形式,作为封谥,译为"景"。

yendebuhe 乃是 yendebumbi(使火燃气,始兴旺,激励鼓励)的过去式,作为封谥,译为"兴"。

deribuhe 乃是 deribumbi 的过去时形式,作为封谥用语,译为"肇"。

iletulehe 乃是 iletulembi(显露、出名、昭彰)的过去时形式,作为封谥用语,译为"显"。与形容词 iletu 意义相同。

hafumbuha 是 hafumbumbi(转达,转告,通告;翻译;沟通,串;彻底;疏通;使通晓)的过去时形式,作为封谥用语,译为"宣"。

kulu 为"健壮、强壮"之意,作为封谥用语,翻译为"毅",如:kulu sunggiyen,毅睿。

yongkiyangga,yangkiyambi(及)(使完成、使圆满;使齐全),在封谥中译为"纯",如:yongkiyangga hūwangdi,纯皇帝。

algišambi 乃"张扬、扬言"之意,algiša 作封谥用语时,翻译为"宣",如:gosin algiša,仁宣。

wesihun 为"兴盛,繁盛;贵,尊贵"之意,在封谥中可译为"徽",如:gulu wesihun,纯徽。

yongsunggo 作封谥用语,译为"仪",如:hiyoošungga yongsunggo,孝仪。

ginggun 为"敬、恭敬"之意,作封谥用语,译为"钦",如:sulfa

ginggun，宽钦。kobton 也为"钦"之意。

cibsen 为"静、安静"之意，作封谥用语，译为"静"，如：hiyoošungga cibsen，孝静。

jekdun 为"贞"之意，作封谥用语，也译为"贞"。

hūturi 为"福，福气"之意，作封谥用语，译为"禧"，如：jilan hūturi，慈禧。

karmangga 为"卫"之意，作封谥用语，译为"佑"，如：tob karmangga，端佑。

ujingga 作封谥用语，译为"颐"，如：nelhe ujingga，康颐。

sulfangga 为"裕、从容的"之意，作封谥用语，译为"豫"，如：genggiyen sulfangga，昭豫。

jalafungga 为"长寿的"之意，作封谥用语，译为"寿"，如：jalafungga gungnecuke，寿恭。

第二章

文臣武将赐号考释

在满语中涌现了大量的 darhan（达尔汉）、baksi（巴克什）、baturu（巴图鲁）等赐号，它们是统治者赐予有功之臣的荣誉称号，但是也有学者认为"莫勒根"与"巴图鲁"加在人名之后只是表示尊称。① 为了进一步厘清这些赐号的内涵和价值，兹将这些相关的满语赐号作一系统的阐释。

第一节　darhan（达尔汉）

darhan（达尔汉）乃古代民族官衔，见于鄂尔坤碑文。达尔汉，亦作"达儿罕""答剌罕"，原为漠北游牧民族的武职官员之称，始见于"蠕蠕"（公元 4—5 世纪的柔然）。② 《北史》卷九八《蠕蠕传》载："西魏文帝乃以孝武时舍人元翌女称为化政公主，妻阿那瓌（蠕蠕可汗）兄弟塔寒，又自纳阿那瓌女为后，加以金帛诱之。"③ 据韩儒林先生考证，此塔寒乃官称，而非人名。公元 6 世纪西突厥与罗马通使时，就已经出现此官称。④ 不同的是，darhan（达尔汉）在不同的时代有不同的称呼，如新旧《唐书》《突厥传》中作"达干"，《辽史》中作"达剌干"，而在元末明初陶宗仪所著的《辍耕录》中作"答剌罕"。兹按时间发展顺序将 darhan

---

① 孙静：《满族形成的再思考——清中期满州认同意识研究》，博士学位论文，复旦大学，2005 年，第 36 页。

② 韩儒林：《穹庐集》，人民出版社 1982 年版。

③ （唐）李延寿：《北史》卷九八《蠕蠕传》，中华书局 1974 年版，第 3264 页。

④ 东罗马史家弥南（Menander）：《残史》第二八章所载，东罗马使臣归时，可汗遣使臣名 tarkhan 之号者，偕之归。参见［法］沙畹《西突厥史料》，中华书局 1903 年版，第 239 页。

（达尔汉）语义的演变进行梳理。

一　清以前的 darhan（达尔汉）

（一）唐代的"达干"

"达干"乃突厥武职称谓，《新唐书》载"突厥阿史那氏，盖古匈奴北部也。居金山之阳，臣于蠕蠕，种裔繁衍。至吐门遂强大，更号可汗，犹单于也，妻曰可敦。其地三垂薄海，南抵大漠，其别部典兵者曰设，子弟曰特勒，大臣曰叶护、曰屈律啜、曰阿波、曰俟利发、曰吐屯、曰俟斤、曰阁洪达、曰颉利发、曰达干，凡二十八等，皆世其官而无员限"①。由此可知，"达干"乃突厥二十八等大臣中的一级而已。

关于达干的主要职责，《旧唐书》载："时有阿史德元珍，在单于检校降户部落，尝坐事为单于长史王本立所拘絷，会骨咄禄入寇，元珍请依旧检校部落，本立许之，因而便投骨咄禄。骨咄禄得之，甚喜，立为阿波达干，令专统兵马事。"② 可知，唐代达干的职责乃专司兵马之事。达干一词之前还多冠以"莫贺""阿波"等字，笔者推断此乃"达干"等级之标志。

另据韩儒林先生考证，"回鹘官号多承袭突厥之旧"③。所以达干作为官称，还曾出现在回鹘族将领之中。唐代宗永泰元年（765），在泾阳与郭子仪结盟的回鹘将领七人中有五人具有达干的称号。在《旧唐书》、《新唐书》中关于达干朝贡的记载颇多，兹不缀述。

（二）辽代的"达剌干"

"达干"在辽代被称为"达剌干"，会同元年（938）十一月，"于是诏以皇都为上京，府曰临潢，……剌史为节度使，二部梯里已为司徒，达剌干为副使，麻都不为县令，县达剌干为马步"④。此乃辽太宗耶律德光即位后，对辽的官职称谓进行了改革。由"改达剌干为副使，县达剌干为马步"可知，在此之前达干作为官职仍存在，并且还有等级的存在，"达剌干"和"县达剌干"即是最好的证明。

①　《新唐书》卷二一五上《突厥传上》，中华书局 1975 年版，第 6028 页。
②　《旧唐书》卷一九四上《突厥传上》，中华书局 1975 年版，第 5167 页。
③　南京大学元史研究室编：《韩儒林文集》，江苏古籍出版社 1985 年版，第 18 页。
④　《辽史》卷四《太宗本纪下》，中华书局 1975 年版，第 45 页。

从辽圣宗统和八年（990）六月"阿萨兰回鹘于越，达剌干遣使来贡"①的记载来看，此时回鹘"达干"这一官职称谓已经变为"达剌干"了。1075 年玛合木·喀什噶里（mahmud al—kašghari）《突厥语辞典》，将"tarxan"一词训释为"司令"。②

关于"马步"与"县达剌干"的关系，《辽史·国语解》载："麻普，即麻都不，县官之副也，初名达剌干。"③可知，县达剌干乃辅佐县令的副官，相当于县丞的角色，"马步"乃麻普、麻都步的音译。"达剌干，县官也，后升副使。"④

县达剌干，乃县官之副，县丞之角色。由此可以推测，此时的县达剌干不仅握有掌兵马之权，而且具有处理政务的权力。

（三）元代的"答剌罕"

到了元代，"达拉干"被译为"答剌罕"。在元太祖铁木真时期，就已经将"答剌罕"作为封号赐予有功之臣。

《元史》载："召烈台抄兀儿，初事太祖时，有哈剌赤、散只儿、朵鲁班、塔塔儿、弘吉剌、亦乞烈思等，居坚河之滨忽兰也儿吉之地，谋奉扎木合为帝，将不利于太祖。抄兀儿知其谋，驰以告太祖，遂以兵收海剌儿阿带亦儿浑之地，尽诛扎木合等。惟弘吉剌入降。太祖赐以答剌罕之名。"⑤

"曾祖启昔礼，始事王可汗脱斡璘。王可汗与太祖约为兄弟，及太祖得众，阴忌之，谋害太祖。启昔礼潜以其谋来告，太祖乃与二十余人一夕遁去，诸部闻者多归之，还攻灭王可汗，并其众，擢启昔礼为千户，赐号答剌罕。"⑥

通过上面的记述，可知弘吉剌以入降太祖而得"答剌罕"名号，而启昔礼则以告密擢升千户，并得"答剌罕"名号。

到了元太宗窝阔台统治时期，"达剌罕"名号还可世袭。如《元史》

① 《辽史》卷七○《属国表》，中华书局 1975 年版，第 1141 页。

② 喀什噶里：《突厥语辞典》（Mahmud al—kashghari, Divn Lughat at-Turk），布劳克曼索引本，即《中古突厥语辞汇》（Cbrokelmann, Mitteltürkischer Wortschatz），第 198 页，布达佩斯—莱比锡，1928 年。此出处转引自南京大学元史研究室编：《韩儒林文集》，江苏古籍出版社 1985 年版，第 41 页。

③ 《辽史》，中华书局 1975 年版，第 1537 页。

④ 同上。

⑤ 《元史》卷一二三《召烈台抄兀儿传》，中华书局 1976 年版，第 3022 页。

⑥ 《元史》卷一三六《哈剌哈孙传》，第 3291 页。

载："月朵失野讷卒，子乞赤宋忽儿，在太宗时袭爵，赐号答剌罕。"①

元宪宗蒙哥 1251 年六月即位，"邢州有两答剌罕言于帝曰：'邢吾分地也，受封之初，民万余户，今日减月削，才五七百户耳，宜选良吏抚循之。'帝从其言"②。由此可知，蒙哥时期的"答剌罕"已经有封地食邑，所以邢州的两达剌罕因自己的封地不断被削减而诉求于蒙哥汗。

元世祖即位，诸王叛乱，掠劫河西诸城，"麦里以为帝初即位，而王为首乱，此不可长，与其弟桑忽答儿率所部击之，一月八战，夺其所掠扎剌亦儿、脱脱怜诸部民以还。已而桑忽答儿为霍忽所杀，帝闻而怜之，遣使者以银钞羊马迎致麦里，赐号曰答剌罕，寻卒"③。

在元世祖时期，答剌罕如同爵位亦可承袭。"哈剌哈孙威重，不妄言笑，善骑射，工国书，又雅重儒术。至元九年，世祖录勋臣后，命掌宿卫，袭号答剌罕。自是人称答剌罕而不名。"④ 由此可见，在元世祖时期，"答剌罕"这一名号在一定程度上取代了功臣的名字，成为身份的一种标志。

不仅如此，元世祖时答剌罕还被封给从军的死士。《元史》载："至元十七年（1280）七月，诏江淮诸路招集答剌罕军。初平江南，募死士愿从军者，号答剌罕，属之刘万户麾下。"⑤

在元代，"达剌罕"还有"得自由"之意。《南村辍耕录》记载，世皇取江南，大军次黄河，苦乏舟楫。后得一老者相助，顺利渡河。"帝欲重旌其功，对曰'富与贵悉非所愿，但得自在足矣。'遂封为达剌罕，与五品官印，拨三百户食之。"⑥

由此可知，在元代，"达剌罕"名号主要赐予有功之臣及死士，而且得此号者还将获得封地食邑。有了封地食邑，获"达剌罕"名号者，就不用再为生计奔波，故而"达剌罕"衍生出了"自由"之义。

（四）明代的"答儿罕"

在明代王士琦的《三云筹俎考》卷二解释"打儿汉"为："凡部夷因

①　《元史》卷一二四《哈剌亦哈赤北鲁传》，中华书局 1976 年版，第 3047 页。

②　《元史》卷四《世祖本纪一》，第 57—58 页。

③　《元史》卷一三二《麦里传》，第 3210—3211 页。

④　《元史》卷一三六《哈剌哈孙传》，第 3291 页。

⑤　《元史》卷九八《兵志一》，第 2518 页。

⑥　（元）陶宗仪：《南村辍耕录·大军渡河》，王雪玲点校，辽宁教育出版社 1998 年版，第 16 页。

本管台吉阵前失马，扶救得，生或将台吉阵中救出者，加升此名。如因救台吉自身阵亡，所遗亲子或孙酬升此名。亦有各色匠役手艺精能造作奇异器具升为此名。"① 可见，在明代时，要想获得"打儿汉"赐号就必须有卓越的军功和技艺的特长。

《白史册》载："答儿罕：在明代蒙古封建社会中亦指军功勋位而言；一次立功者赏赉，二次立功者赐'答儿罕'号。"由此可知，"在明代蒙古族中，对建立军功的勇士，亦颁给此（答儿罕）号"②。

二　清代的 darhan（达尔汉）

到了清代，"答儿罕"变为"达尔汉"，亦作"达尔罕""打儿罕""打喇汉"。满语 darhan（达尔汉）系借自蒙语，义为"神圣的"。能得此赐号者，一般为"平民或奴隶因军功及其他勋劳而被主人解放之人，此种人可以免除徭役赋税，并享受一些特权"③。

三　darhan（达尔汉）的权利

关于答儿罕享有的特权，瑞典学者多桑认为："凡有答剌罕之号者，豁免一切赋税，独有其战利品全部，随时可入见其主，犯八罪不罚，惟在九次犯罪后始罚之。"④ 除此之外，答剌罕还有"宴饮乐节如宗王仪"（饮酒时许"喝盏"）；允许宿卫佩带箭筒；围猎时猎获的野物归自己独有；出征时抢掠的财物归自己独有；免除赋税；无须获得允许，随时可入宫禁；自由选择牧地等特权。⑤

"darhan"一词不仅蒙古语、满语中有，而且突厥语中也有，"答儿罕"在突厥语中译为"自由"⑥。有的学者认为，"答剌罕"或"塔儿罕"，在蒙古突厥语中除了"自由人""不受管辖的人"之义，还有圣洁、

---

① 王士琦：《三云筹俎考》卷二《夷语详说》，明万历刻本，第 24 页。
② 韩儒林：《蒙古答剌罕考》，韩儒林：《穹庐集》，上海人民出版社 1982 年版。
③ 商鸿逵、刘景宪、季永海等：《清史满语辞典》，上海古籍出版社 1990 年版，第 50 页。
④ 见多桑：《多桑蒙古史》（上），冯承钧译，中华书局 2004 年版，第 42 页。
⑤ 关于答儿罕的权利，韩儒林：《穹庐集——元史及西北民族史研究》，上海人民出版社 1982 年，第 18—51 页中有专门论述，可以参见。
⑥ 《试用突厥语方言词典》，[苏] 拉德洛甫Ⅲ1629。

不可侵犯等义，如"答剌罕·地区"（禁区）、"答剌罕·乌拉"（圣山）、"答剌罕·事业"（神圣事业）、"答剌罕·祖国"（神圣祖国）① 等词语。《蒙汉大字典》对达尔汉的解释为：

darxan：

［形］①神圣的；②荣誉的；

［名］①荣誉称号，〈史〉（达尔罕，旧时被免除徭役赋税的人）

　　　②旧旗名，在哲蒙。

有清一代"达尔汉"有免赋税的特权。如《清史稿》中便载有"阿赖莽努特氏，世居喀尔喀部。太宗时，挈其孥来归，隶蒙古正黄旗。尝奉使阿禄部，降其部长，上嘉其能，赐号'达尔汉'，免赋役"②。

综上所述，"达尔汉"源自突厥武职称谓，后逐渐演变为一种赐号。从语义的角度分析，满语 darhan（达尔汉）赐号，仅是继承了前代"答剌罕"作为名号及免除赋税的义项，随着时代的发展，而摒弃了"自由"及"能工巧匠"的义项，语义在缩小。

第二节　baturu（巴图鲁）

一　清代以前的 baturu（巴图鲁）

"巴图鲁"一词，在宋代就已经出现，当时称"八都鲁"。《宋史》载："明年，友闻引兵扼仙人关，谍闻北兵合西夏、女真、回回、吐蕃、渤海军五十余万大至，……北兵果至，万出逆战，敌将八都鲁拥万余众，达海帅千人往来搏战，矢石如雨。"③ 这里所说的北军是由西夏、女真、回回、吐蕃、渤海等族构成，将领是哪一民族，是人名还是赐号似乎也很难分清。

此外，《宋史》还有一条记载："回鹘爱里八都鲁帅壮士百余、老稚百一十五人、马二百六十匹来降，创'飞鹘军'"④。此处的"八都鲁"乃是回鹘人将领，但"八都鲁"是人名、官职还是赐号仍不明确。这些

---

① 额尔登泰、乌云达赉：《蒙古秘史校勘本》，内蒙古人民出版社 1991 年版，第 278 页。僧格：《蒙古古代狩猎文化研究》，民族出版社 2004 年版，第 288—296 页。

② 《清史稿》卷二二九《阿赖传》，中华书局 1976 年版，第 9286 页。

③ 《宋史》卷四四九《忠义传·曹友闻》，中华书局 1975 年版，第 13235—13236 页。

④ 《宋史》卷四一二《孟珙传》，第 12377 页。

记载虽不能辨别当时巴图鲁是人名还是名号，但可以说明"八都鲁"至少在宋就已经出现是毋庸置疑的。

在《元史》中有很多关于"八都儿""把都儿""拔都儿""八都鲁"的记载，这些都应该是 baturu（巴图鲁）的同名异译形式。《元史》所载"巴图鲁"大概分为赐名和赐号两类。兹将两类分别做一介绍：

（一）赐名"拔都儿"

据史书载，元代统治者多赐给英勇之人"拔都儿"名字。

"完者拔都，钦察人，（至元）十二年（1275），与宋将孙虎臣战于丁家洲，大败之。进武义将军。从大军战于杨子桥及焦山，克常州，攻泰州新城，俱有功。宋平，入觐，帝谓左右曰：'真壮士也。'赐名拔都儿，赐金符。"①

"杭忽思，阿速部长也。太宗兵至其境，杭忽思率众来降，赐名拔都儿，佩金符，领其部众。"②

通过元世祖忽必烈对完者拔都"真壮士"的褒奖可知，"拔都儿"具有英勇、雄壮的意思。

（二）赐号"拔都儿"

元代统治者不仅将"拔都儿"作为荣誉，赐予英勇有功之人，而且还作为一种名号赐予有功之臣。

"李庭，小字劳山，本金人蒲察氏，金末改称李氏，家于济阴，后徙寿光……（至元）八年春，真除益都新军千户，赐号拔都儿。"③

据笔者查检，李庭乃《元史》所载第一个被赐号"拔都儿"的人。自此以后，"拔都儿"的赐号频频出现，如完颜石柱④和伯颜⑤皆因军功得号"拔都儿"。

"拔都儿"作为名号赐予英勇之人在元代史书中较为普遍，兹不赘述。

二　清代的 baturu（巴图鲁）

满语"baturu"一词借自蒙古语"baturu"（英雄），汉语音译为"巴

---

① 柯劭忞：《新元史》，中国书店 1988 年版，第 667—668 页。
② 同上书，第 672 页。
③ 同上书，第 640 页。
④ 同上书，第 687 页。
⑤ 同上书，第 871 页。

图鲁""把图鲁""巴兔鲁",乃"与汉语的'英勇''英雄'相对应的"。① baturu(巴图鲁)名号,是清代较为常见的赐号。因其主要表彰武勇之士,故而又有"勇号"之称。

《御制清文鉴》解释 baturu:

jurgan giyan be jafafi hoo seme, yabume gelerakū sengguwerakū be baturu sembi。jai hoton fekuhe niyalma de baturu colo bembi。geli cooha dain de fafuršame juleri dosire niyalma be, inu baturu haha sembi。

译:怀有道义,毫不畏惧地称为巴图鲁;给投城的人勇号;行伍中奋勇前进的人,称为勇士。

《清文总汇》解释 baturu:"勇强之勇,勇冠三军之勇,勇将即 baturu haha 也。"由此可知,"巴图鲁"是"baturu"的音译,"巴图鲁,满洲语,勇也,旧作霸突鲁。"②

baturu(巴图鲁)赐号,自清太祖努尔哈赤开始,一直贯穿于有清一代。为了研究方便,笔者按时间顺序,将清代得巴图鲁名号者列成《满语巴图鲁赐号表》附于文后。

第三节　baksi(巴克什)

明代东北地区的女真人,尚武力善骑射,但其文化程度较为落后。后金政权建立后,统治者意识到了文臣对巩固政权的重要性,便吸纳了一批有知识、能书写的女真人进入统治集团,这些文人即后金(清)最初的文官,他们主要从事翻译汉文书籍、缮写文书、办理交涉、记注军政大事等工作。统治者赐其号曰"baksi"汉语为"巴克什"。

一　清代以前的 baksi(巴克什)

"baksi 系汉语'博士'一词音译"③,兹以"博士"一词为源,追溯其语义演化过程。

---

① 赵阿平:《满族语言与历史文化》,民族出版社 2006 年版,第 129 页。
② (清)英廉等:《钦定日下旧闻考》,译语总目,四库全书本,第 626 页。
③ 商鸿逵、刘景宪、季永海等:《清史满语辞典》,上海古籍出版社 1990 年版,第 24—25 页。

（一）唐代以前的"博士"

《说文》中解释"博"曰："大通也。从十尃。尃，布也，亦声。"《荀子·修身篇》亦载："多闻曰博"，可见"博"多与见多识广有关。至于"士"字，《说文》认为"士，事也"，《白虎通·爵》也认为只有"通古今，辩然不"才能称之为"士"。可见，博与士的本义乃指多闻多见，知识广博，通于古今的人。

博士，最早乃官职名称，"六国时有博士，秦汉相承，诸子诗赋、数术、方技都立博士。西汉属太常。汉武帝建元五年置五经博士，晋置国子博士"①。可见秦汉时期的博士都是术有专攻的人。由此可知，唐代以前，"博士"一词乃朝廷所设一官职名称。

（二）唐宋时期的"博士"

唐有太学国子诸博士和律学博士、算学博士、医学博士等，都为教授官。但随着时代的发展，"博士"一词的义项逐渐发生了变化，它除了表示职官名称外，还有了其他的含义。如《封氏闻见记》记载："唐李季卿宣慰江南，陆鸿渐来见，亲执茶器，口道茶名。李命取钱三十文酬劳煎茶博士。"② 由此可知，唐代江南俗称卖茶人为博士，"博士"已不再是职官的专有名称，从事某项技术，且技艺娴熟者也可以称之为"博士"。

宋代，"博士"一词继承了唐代"博士"的"从事某项技术，且技艺娴熟者"的含义，且对技艺是否娴熟没有严格的规定，对其界定也更加宽泛。如《东京梦华录》所载："凡店内卖下酒厨子。谓之茶饭量酒博士。"③ 可见，宋代时也将普通的卖酒之人称为"博士"。

综上所述，"博士"乃古代所设的专掌某一技艺的职官名称，由于当时社会生产力水平比较低，脑力劳动和体力劳动刚刚分离，知识文化掌握在少数人的手里，这部分人又大多都处于统治阶层，故而求知的人都拜谒在他们的门下，故而出现了"学在官府"的局面。这部分有知识有文化的人往往具有双重的身份，对其称谓也就有两种，一是官职称谓即博士；二是老师、先生。随着社会生产力的提高，掌握一定技艺的人逐渐增多，各

---

① 参阅王国维《观堂集林》四，中华书局 1959 年版，第 174—178 页。

② （唐）封演：《封氏闻见记》，卷六《饮茶》，赵贞信校注，中华书局 2005 年版，第52 页。

③ （宋）孟元老：《东京梦华录》，邓之诚注，中华书局 1982 年版，第 73 页。

行业都出现了行家能手，故而这些技艺娴熟的人也被称为博士。通过上述的材料可知，到了唐宋时期，随着社会的变迁，作为官职称谓专有名词的"博士"的义项已经发生了变化，不仅指职官而且还指娴熟或者掌握某种技术的人。

（三）元明时期的"把势"

元代乃蒙古族所创立的统一王朝，在元代历史中曾频繁出现过"把势""把式"等词语。"把势，也叫'把式'。乃行家，内行、武艺"之意。① 学者认为"把式"是汉语"博士"的返借词。"所谓返借词，简单地说，是指被借出去的词成为对方的一个新符号后，又从对方语言中借回来。这种词我们把它叫作返借词。"② "把式"是"蒙古语将'博士'借入后，读作"伯克西"（bagxi），意指老师、师傅、先生等。经过一段时间使用后，汉语又把它从蒙古语中借回来，读作'把式'或'把戏'"③。

"把势"一词，现代学者顾学颉在其《元曲释词》中解释道："把势"条下引《玉壶春》〔梁州第七〕说"若是我老把势，展旗幡，立马停骏，着那俊才郎，倒戈甲，抱头缩颈，俏勤儿卸袍盔，纳款投降"。接着解释说，"'把势'是指专精一种技术，手艺或有能耐的人"④。《玉壶春》乃是元代的一部杂剧，全称《李素兰风月玉壶春》。由此说明元代"把势"一词与前代"博士"一词密切的渊源关系。

明代"把势"一词在民间有了更广泛的运用和传播，且至少在明代末年，"把势""博士"就有"武艺""老内行"之义。如明英宗正统年间的陆容所撰《菽园杂记》载"磨工也叫博士"⑤。吴承恩所撰《西游记》中说："那魔是几年之魔，怪是几年之怪？还是个把势，还是个雏儿？"显然，"把势"一词与"雏儿"相对，表示魔、怪行道的深浅。明末冯梦龙辑纂《喻世明言》卷三九的《汪信之一死救全家》中有："自小学得些枪棒拳法在身，那时抓缚衣袖，做个把势模样，逢着马头聚处，使几路空拳……一般有人喝采。"其中的"把势"一词描写了主人公卖艺之

---

① 《辞源》，第二册，卯127，商务印书馆1979年版，第1219页。

② 李作南、李仁孝：《内蒙古汉语方言中的返借词》，《内蒙古大学学报》2007年第4期，第17页。

③ 同上书，第18页。

④ 顾学颉、王学奇：《元曲释词》，中国社会科学出版社1984年版，第38—39页。

⑤ （明）陆容：《菽园杂记》，佚之点校，中华书局1985年版。

时表现出对枪棒拳法的精通模样，以换取他人的认可与喝彩。

在明代王士琦的《三云筹俎考》中，就有"榜实，是写番字书手"①的记载，由此可知，"榜实"在明代还指能书写外族文字之人。

（四）清代的"把式"

到了清代，"把势"一词既有对前代含义的继承，指娴熟某一技艺或武艺的人，又由于语言本身的发展变化呈现出新的样貌。如清代康熙时林佶的《全辽备考》载："辽以东皆产鹰，而宁古塔尤多设鹰把势十八名（以流人子弟或奴仆为之兼衙门行杖）。"②"把势"一词，这里是指辽东地区娴熟于打鹰者的武技名目，是对前代该词含义的继承。乾隆时期福格的《听雨丛谈》中则云"榜式"犹如"武臣之巴图鲁也"③。这种变化和比附的产生也不奇怪，满人及其祖先往往多以打猎为生，把重视武技，能文能武者都称为"把势""榜式"或"巴克什"。现在北方人（包括北方汉族人）仍称调鹰、艺花者为"鹰把势""花把势"，就是沿袭了这个叫法的。

二　baksi（巴克什）

baksi（巴克什）是满族入关前赐给文臣的一种美号。《清文总汇》解释曰："baksi：先生，乃尊称前辈贤哲之人。"《清文补汇》解释为："先生、乃尊称前辈贤者之辞。"《清文鉴》释为"儒"，为汉语"博士"一词之借音。《清稗类钞选》"满文"条中有"太祖因命额尔德尼榜式……制国语，创立满文"语，其下注释说："榜式一作榜式，又作帮实……能书者之称也……国初，内三院满洲大学士谓之榜式，汉军大学士亦称榜式。"④"国初文臣皆呼巴克什"。⑤由此可知，满族人所谓的巴克什"亦作巴克式、榜示、榜什、榜识、帮实。"⑥乃指"能书写的""有知识的人"。

---

① （明）王士琦：《三云筹俎考》，明万历刻本，第24页。
② 林佶：《全辽备考》，辽海丛书本1985年版。
③ （清）福格：《听雨丛谈》，中华书局本1997年版，第181页。
④ 徐珂：《清稗类钞选》，书目文献出版社1984年版。
⑤ 《清朝文献通考》，"选举考"九，浙江古籍出版社2000年版。
⑥ 商鸿逵、刘景宪、季永海等：《清史满语辞典》，上海古籍出版社1990年版，第24—25页。

　　福格的《听雨丛谈》载："国初直文馆者，掌文字，学问优赡，则赐
号巴克什。"① 纵观有清一代被赐予"巴克什"名号者，多为兼通满、蒙、
汉文的博学之士，是整个文职人员中的佼佼者。清代的"巴克什"名号
主要流行于太祖、太宗两朝。有的学者认为太祖、太宗两朝的"巴克什"
可分为两种：一种乃是文职人员的统称；另一种则是作为赐号来使用。②
"这些人中前者管理钱粮账目，记录文案档册，教授文化知识；后者创制
满文，翻译汉文典籍，通使往来。他们对后金（清）政权的巩固与壮大
起到了重要作用。"③

　　baksi（巴克什）这一名号，最早见于明万历十九年（1591），最早获
得巴克什赐号的是阿林察④。"天聪五年（1631）七月，改巴克什为笔帖
式，本赐名者仍之。"⑤ bithe 乃"满文书、文"之义，bithesi 乃是由名词
词根 bithe－和词缀－si 组合构成的派生名词。如：usin（田）——usisi
（农夫）；sejen（车）——sejesi（车夫）皆是由物变为从事此类事物的主
体。关于此种名词构词方式刘景宪、赵阿平等《满语研究通论》⑥ 中有所
详述。

　　在女真文中，"吏、书记"读"必忒黑．失 bitхə- ʃï"⑦。明代王士琦
《三云筹俎考》载："笔写气，是写汉字书手。"⑧《清通志》中对笔帖式
源流演变有明确记载："盖即金元女直令史译史，蒙古笔且齐之职，而其
原实沿历代令史遗制。"⑨ 蒙古语"笔且齐"或"必阇赤"，意为儒士之
意，一说为"博士"的音译。笔帖式从蒙古语"必阇赤"而出，始为学
士之义，后乃为小书记官之名。⑩

---

① （清）福格：《听雨丛谈》，中华书局 1997 年版，第 181 页。
② 张丹卉：《论满族文化先驱——巴克什》，《史学集刊》2004 年第 1 期，第 21—22 页。
③ 张丹卉：《论后金时期的"巴克什"群体》，《社会科学辑刊》2003 年第 3 期，第 132
页。
④ 《清史稿》卷二二三《杨吉砮传》，中华书局 1976 年版，第 9139 页。
⑤ 蒋良骐：《东华录》卷二，中华书局 1980 年版，第 30 页。
⑥ 刘景宪、赵阿平等：《满语研究通论》，黑龙江朝鲜民族出版社 1997 年版，第 100 页。
⑦ 金启琮：《女真文辞典》，文物出版社 1984 年版，第 209 页。
⑧ （明）王士琦：《三云筹俎考》，明万历刻本，第 24 页。
⑨ 《清通志》卷六四，浙江古籍出版社 2000 年版，第 7141 页。
⑩ ［日］稻叶君山：《清朝全史》第十九章《国史编纂及文馆之设立》，但焘译订，社会科
学文献出版社 2006 年版，第 70 页。

顺治五年（1649）复进刚林三等阿思哈尼哈番，赐号"巴克什"，此乃最后一个得号 baksi（巴克什）者。自此 baksi（巴克什）作为一种赐号，退出了清代历史的舞台。

本篇小结

本篇主要从皇室名号和文臣武将赐号两方面，对满语名号的语义及其演变进行了阐释。在皇室名号语义阐释部分主要对皇帝的满语年号、君主称谓及帝后谥号的语义进行了描述。在对皇室名号进行描述的同时，不仅增补了部分满语名号的语义，而且还增补了封释词汇。文臣武将赐号部分，主要对 darhan（达尔汉）、baturu（巴图鲁）、baksi（巴克什）赐号的起源、语义的发展演变过程进行了粗略的考释。

第四篇

满语名号与生态环境

著名语言学家罗常培先生在《语言与文化》一书中阐述了语言和文化的密切关系，认为从对语言的考察中可以推溯过去的文化遗迹，可以发现民族的文化程度、民族迁徙的踪迹等，尤其提出可以从姓氏和别号看民族来源和宗教信仰。① 满语名号作为满语的重要组成部分自然也和满族文化有着密切的关系。而且，"东北地区是我国满族生存的特定的自然空间，这一空间所有的自然环境特性与社会环境特性构成了满族生存的具体环境。满族的生境是满族社会运作的产物，是民族特有文化的当然组成部分"②。具体而言，一个民族赖以生存的环境，不仅包括与其物质生活息息相关的自然生态环境，而且还包括与其他民族间相互接触、交往、融合的人文生态环境。因此，本篇将从生态环境维度切入来研究满语名号，展现语言视角中独特的满族自然环境、人文生态环境。

---

① 罗常培：《语言与文化》，北京出版社 2004 年版。
② 江帆：《满族的生态与民族文化》，中国社会科学出版社 2006 年版，第 5 页。

第一章

满语名号与自然环境

一个民族的自然环境与社会环境决定了该民族的生活方式、习俗及信仰。满族从肃慎氏始就在我国东北的"白山黑水"之间世代生息、繁衍。东北的山脉众多，土地肥沃，森林茂密，禽鸟野兽、山珍特产遍布山林。东北丰富的自然资源成为满族先民们的衣食之源、生存之本。"满族及其先民在从自然环境中获取资源的同时，也不断加深了对生态环境的认识"。① 语言在人类社会中起着重要的工具作用，"语言是所有人类活动中最足以表现人的特点的，是打开人们心灵深处奥秘的钥匙，是人们表达思想的至高无上的工具，是维系民族的纽带，是历史的宝库。"② 所以满族先民对于生存自然环境的认识，在有清一代满语名号中就有所体现。

第一节　满语名号与满族的自然环境

文化是人类所创造的一切物质和精神的总和。自然环境是人类生存的基础，同时也是文化赖以生存和发展的基础，在一定程度上影响着文化的发展。语言具有文化性，语言本身就是一种文化。语言与文化有着密不可分的关系，语言是文化的轨迹，文化是语言的内蕴。正如拉法格所言："任何文明语言中的词都保留着原始人林莽生活的痕迹。"③ 满族发源于白山黑水之间，丰富的自然资源不仅是满族先民生活的天然宝库，茂密的山

---

① 赵阿平：《满族语言与历史文化》，民族出版社 2006 年版，第 11 页。
② 马京：《语言人类学的学科建设和本土化问题》，《广西民族研究》2000 年第 3 期，第 36 页。
③ 拉法格：《革命前后的法国语言》，商务印书馆 1962 年版，第 2 页。

林也成为灵禽野兽栖息的乐园。满族及其先民在采集、打猎的过程中，逐渐对某些动物有所认识，对其秉性有所了解，这些了解和认识充分反映在其语言之中。

一　baturu（巴图鲁）赐号与满族的自然环境

baturu（巴图鲁）乃英勇、英雄之意，在有清一代 baturu（巴图鲁）赐号中，出现了诸多以灵禽走兽为喻体的 baturu（巴图鲁）赐号，这些赐号充分反映了满族先民所生存的生态环境。

（一）以灵禽为喻体

有清一代的 baturu（巴图鲁）赐号多以灵禽为喻，具体如：

cecike baturu（车齐博巴图鲁），cecike 乃小雀之雀乃总名，cecike baturu 译为"像雀一样的英雄"。

gasha baturu（噶思哈巴图鲁），gasha 义为"鸟"。gasha baturu 译为"像鸟一样的英雄"。

nacin baturu（纳亲巴图鲁），nacin 义为"鸦鹘似海青，打野鸭等鸟者"。① nacin baturu 译为"像鸦鹘一样的英雄"。

šongkoro i baturu（硕翁科罗巴图鲁），šongkoro 义为："海东青，即白海青出东海"②，šongkoro i baturu 可译为"像海东青一样的英雄"。

鸦鹘和海东青是满族先民的一种捕猎工具，满族十分重视这些灵禽，康熙就曾作《海东青》诗曰："羽虫三百有六十，神俊最数海东青。"清人吴振臣在《宁古塔纪略》中写道："鹰第一等名海东青，能捉天鹅，一日能飞二千里。"③ 因为海东青和鸦鹘非常勇猛、威武、顽强善战，而这正与满族先民所希冀的民族精神不谋而合，在名号中以此为喻也就不足为奇了。不仅如此，满语中对鹰雕类词语的分类也极为细致，在《五体清文鉴》中，④ 关于鹰雕的专有词语近 50 个。满语中之所以对鹰雕类飞禽分的如此细致，正是因为长时间与这些飞禽的接触和对它们的持续关注，使满族先民们深悉了它们的习性。正如马清华所言"凡文化上重视的事

① （清）志宽、培宽：《清文总汇》卷三，光绪丁酉荆州驻防刻本，第 6 页。
② 同上书，第 85 页。
③ （清）吴振臣：《宁古塔纪略》，丛书集成初编，商务印书馆 1935 年版，第 14 页。
④ 《五体清文鉴》，民族出版社 1957 年版，第 4221—4139、4821—4828 页。

项或文化上特色的事项，一般区别细致，类义词多；反之倾向于概括，用词较少"①。满语赐号中反复以这些灵禽、鹰雕作为喻体，充分反映了渔猎生活方式在满族文化中的被认同感。

（二）以飞虫为喻体

东北草木繁茂，资源丰富，不仅是诸多灵禽的栖息之地，而且也是飞虫活动的场所。在东北茂密的丛林间，蜂虫飞蚁随处可见，这些蜂虫飞蚁不仅为大自然增添了生机，而且还成为满族先民生活的重要组成部分。在长期的渔猎生活中，满族先民对这些虫蚁的习性、功用有了更加深刻的认识，如某些飞蚁具有药用价值，弱小的蜜蜂还可以酿蜜。与此同时，满族先民还发现某些蜂蚁还具有较强的自我保护和攻击外敌的能力，所以这些蜂蚁也被满族人民作为喻体来喻指英雄。在清代的 baturu（巴图鲁）赐号中，就有 horon baturu（霍銮巴图鲁），horon，《清文总汇》解释为："威、势、武、威武、蝎蜂尾尖之毒、力量如好膏药，箭翎硬之力量也"，霍銮巴图鲁则译为"威武的英雄"。"蝎蜂尾尖之毒"应为 horon 的本义，"威武"乃其引申义，它反映了满族先民在茫茫林海中采集、打猎时，曾与蜂蝎有所接触并对其尾尖之毒有一定的认识，故而以蜂蝎来比喻英雄。满族人还常用群蜂的声音来形容战争中嘈杂的声音，如"太祖见两军之矢如风发雪落，声如群蜂，杀势冲天"②。

（三）以走兽为喻体

满族人不仅以灵禽及蜂蚁作为英雄的喻体，而且还以许多走兽作为 baturu（巴图鲁）的喻体。

sati baturu（萨泰巴图鲁），sati《清文总汇》解释为"大公熊、即大公羆"。萨泰巴图鲁则译为"像大公熊、大公羆一样的英雄"。

buha baturu（布哈巴图鲁），buha《清文总汇》解释为："公绵羊"。buha baturu 译为"像公绵羊一样的英雄"。

综上所述，满族无论以飞禽走兽作为英雄的喻体，还是以蜂蚁作为英雄的喻体，都是满族先民所居住自然环境在语言中的直接反映，是满族原始生存环境的遗留。正如丁石庆所言"游牧民族的隐喻、表征形式异常奇特。其构思独特，创意精巧，并紧贴游牧文化生活。其中往往以动植物

---

①　马清华：《文化语义学》，江西人民出版社 2006 年版，第 36 页。

②　《大清满洲实录》，华文书局 1969 年版，第 158 页。

作为喻体，或比喻其表体、性格，或表征其特征、作用"①。比喻不仅是一种语言，更是人们认识和理解这个世界的一种方式。

　　满族先民居住在森林植被茂密的山野之中，斧头是其生活中必不可少的工具。suhe i baturu（苏赫巴图鲁）封号的出现就是最好的证明，suhe《清文总汇》解释为："大斧子、解说了、值解了、烧的纸做的金银元宝、脱衣之脱"，suhe i baturu 即"像斧子一样的英雄"。满族先民之所以用斧头来喻指英雄，是源自他们对斧头锋利、锐利的特性及其在人民生活中重要性的认识。

二　满族人的祭树风俗

　　植物崇拜普遍存在于我国传统的社会之中，"早在夏商周时期人们就以树木为社神，《淮南子·齐俗训》中就有'夏后氏其社用松，周人之礼，其社用栗'的记载。《白虎通·社稷》引《尚书·逸篇》云：'大社唯松，东社唯柏，南社唯梓，西社唯栗，北社唯槐。'"② 由此可见，汉族人民在很久以前就有祭松、栗、柏、梓、槐等树木的习俗。

　　长时期生活在山林之中的满族先民对自然界各种树木的习性也有较为深刻的了解，尤其是对柳树、榆树顽强的生命力有着深刻的认识。时至今日，满族人民还保持着祭柳、祭榆的祭祀习俗，这些习俗是满族先民对当时生活环境认识的遗留。同时也某种程度上暗示了在时间的流逝中满族先民生产生活方式的改变，就像格罗塞所说："事实上，从动物装饰到植物装饰的过渡，是文化史上最大的进步——从狩猎生活到农业生活的过渡——的象征。"③ 作为一种悠久的文化传统，对树木的祭祀依旧留存在满族人民的生活中。因祭祀神词具有私密性，故而仅以笔者调查的牡丹江宁安地区满族尼玛察（杨氏）家族和另一家族的树祭的神词为例进行说明。

　　因时间久远，杨氏家族祭祀树神的满文神谕已经佚失，仅留有用汉语音转的神谕：

　　阿尼亚×× 　比亚　撒因伊能一　尼玛察哈拉　固布齐穆昆德　佛多

---

　　① 丁石庆：《游牧民族语言的文化维度与认知范畴》，《伊犁师范学院学报》2010 年第 3 期，第 5 页。

　　② 李烨：《东北满族祭柳仪式的文化思维与文化价值》，《吉林师范大学学报》2010 年第 6 期，第 12 页。

　　③ ［德］格罗塞：《艺术的起源》，商务印书馆 1937 年版，第 149 页。

豁 玛玛雅萨朱勒哩 安初喝烟波 多博霍 恩都哩 木可 波 多博霍 博耶 占出浑 努勒 阿拉哈 多博霍 乌尔戈一烟波 雅路非一 僧一波 突其克 固布齐 穆昆一 班吉勒 恩都哩 雅萨 朱勒希 乌能一 赛堪一 给孙 白布非 布尔嘎 乌鲁肯 呼那 阿青戈呀么 讷莫因 海拉莫 突其克 阿木把凌吾一 班吉勒 恩都哩 佛多豁 玛玛 尼玛察哈拉 穆昆一 格勒恩 尼亚尔玛 希尼 雅萨 朱勒哩 尼亚库拉莫 扎尔巴哩非 穆昆 一 尼亚尔玛 费克萨克 色莫 沃莫西 得克吉克 尔赫太费因 。

笔者对上述神谕进行了音转整理，其大致如下：

moo wecere gisun（祭树语）

× × aniya × × biya sain inenggi nimaca hala gubci mukūn de fodoho mama yasai juleri ancu hiyan be doboho, enduri muke be dobuho, beye jancuhūn nure arame doboho, ulgiyan be yarufi senggi be tucike, gubci mukūn i banjire enduri yasa julesi unenggi saikan i gisun baibufi burga uhuken haihū acingiyame nemeyen hairame tucibufi ambalinggū i bajire enduri fodoho mama nimaca hala mukūn i geren niyalma sini yasa juleri niyakūrame jalbarifi mukūn i niyalma fiksak seme omosi dekjike elhe taifin。

译：某年某月某吉日，尼玛查家族全体成员，把香、水、甘酒及生猪敬献在佛多妈妈面前，尼玛察族人虔诚地跪祈柳枝般娇柔婀娜的伟大生育神保佑族人枝繁叶茂、子孙昌盛。

满族的柳神祭祀常和小孩的"换索"结合起来进行。换索也称"戴索""换锁"，"索"有连绵不断之意，"锁"有锁牢之意，所以满族的"换锁"主要是祈祷祝愿儿童福禄绵长、幸福吉祥的一种祈福形式，也是企盼家族人丁兴旺的一种形式，常和柳神祭祀结合到一起。

换锁仪式一般在祭祀的第二天之后，瓜尔佳氏族的换锁仪式是上午在西南角放上一张供桌，桌上供放一碗台喜玛饽饽、一碗水团子、黄花鱼三条、安楚香一碟、净水一盅、白酒一盅、米酒一盅、白纸五张、色纸三张、绸布一缕、红绒绳一缕。把红绸条和红绒绳搓在一起就是长条索绳。把长条索绳装在妈妈口袋里，擦玛达让小擦玛把三枝柳枝插在供桌之后，再把三色纸条用黏团子黏挂在柳枝上为"佛花"（即跳神求福立起柳枝祭祀）。

达萨满单腿跪在西炕上，从神上请下妈妈口袋，从口袋中抽出绸条索及一缕麻，放在西炕上的供桌上，合族叩头。达萨满在东北角围换锁儿童绕三圈，问儿童姓氏、乳名、年龄、住址等，儿童回答后，给儿童戴索。戴索一般是男左女右。把索的另一头拴在柳枝上，儿童叩头，礼成。礼毕，把索放在妈妈口袋中，送挂在南面的木楞上，妇女们可以抢柳枝上的色纸、祭桌上的饽饽、鱼等供品，名曰抢福、禄、寿吉祥物，柳枝送到江中。

满族的换索仪式，象征着祖孙如柳枝之繁，如柳叶之茂，每年祭祀都要为儿童换索。满族遗留下来的树神祭，充分表现了满族人对柳树、榆树的顽强生命力、繁殖力的认识。榆树、柳树本身具有耐寒、耐旱的特性，落地便能生根。在长期的狩猎生活中，满族人对于榆树和柳树这种顽强的生命力有了深刻的认识，加之榆树、柳树在生活中有着重要的作用。榆树条柳树条不仅可以编筐，而且遇到饥荒时榆树钱、柳树芽还可以充饥，所以在满族人的心目中，柳树神就是保佑全族人丁兴旺、枝繁叶茂的生育神。祭树风俗不仅是满族精神信仰文化的遗留，也是满族先民对自然环境认识的镜像。

宁安地区满族家族的祭祀活动中，一直保留着树祭的风俗，树祭的目的主要是祈祷佛多妈妈保佑族人子孙繁盛。

三 满族自然生态环境与满语摹声词

语言与文化水乳交融，密不可分，语言是文化的载体，文化是语言的内蕴。在构成民族文化的各种领域中，语言最具民族性，最能体现民族的特点。正如赵阿平所言："任何民族语言都负荷着该民族深厚的文化内涵，表现出民族文化的民族特征。尤其是语言中的语义系统，是该社会集团成员把握、认识世界的集中反映。因此，特定的文化与特定的语言之间，有着深刻的历史和现实的内在联系。"[①] 因此，语言不仅是人们思维、交流的工具，更是人类文化最重要的载体。而民族语言也就成为了研究民族文化的活化石，其发展演变生动形象地体现了民族物质经济文化的变迁。

陈澄的《东塾读书记》载："天下事物之象，人目见之，则心有意。意欲达之，则口有声。意者，象乎事物而构之者也。声者，象乎意而宣之

---

① 赵阿平：《满族语言与历史文化》，民族出版社2006年版，第11页。

者也。声象乎意者，以唇舌口气象之也。"陈澄论述中所涉及的"声象乎意者"指的就是摹声词。摹声词即"表示人或事物发出的各种声音的词"①，是语言构成不可或缺的部分。毋庸置疑，摹声词也是满语的重要组成部分。满语摹声词从结构上而言主要有单音节结构、复音节结构两类。巧妙地运用满语拟声词可以使语言表达更加生动形象，使人如闻其声、如临其境。不仅如此，满语的拟声词还反映了满族先民的自然生态环境及其社会经济生活方式。兹以《五体清文鉴》中有关的摹声词为基础，试从以上两个方面对满语的摹声词进行阐释。

（一）满语摹声词的构成

"摹声词又称拟声词或象声词，是模仿人、事物或自然界各种声音的词"②。

摹声词是满语词汇的重要构成部分之一。音节是听觉能感受到的最自然的语音单位，满语的摹声词，从其构成来看，可以分为单音节结构和复音节结构两种。

1. 单音节结构

单独一个音节构成的拟声词，称为单音节结构摹声词。如：

guuje：唤鹰声	cu：逐猫犬声	shuwara：猛拔刀声
dura：众人说话声	a：轻视人的声	fora：抽食面粉声
kara：打呼声	haka：咳痰声	ora：呕吐声
oka：干呕声	ha：哈冻声	bu：吹物声
miyang：小儿乍哭声	kera：打嗝声	gai：喊声
kunggura：众人跑声	tor：马喷鼻声	kuuwara：物拖地声
kuutu：步履声	kahuura：咬牙声	

2. 复音节结构

由两个音节构成的拟声词，称为复音节结构摹声词。此类拟声词又可以分为叠音结构和非叠音结构两种形式。

（1）叠音结构

叠音结构的拟声词，即重复同一个音节所构造的摹声词。如：

---

① 季永海、刘景宪、屈六生等：《满语语法》，民族出版社1986年版，第277页。

② 刘景宪、赵阿平、赵金纯：《满语研究通论》，黑龙江朝鲜民族出版社1997年版，第355页。

tang tang：伐木声

gang gang：狗急连叫声

miyar miyar：獐狍鹿羔急叫声

gang gang：鹅鸣声

guuwar guuwar：鸭蛙鸣叫声

giyar giyar：猴叫声

for for：马鼻喘息声

miyar miyar：羊羔寻母声

dong dong：手鼓声

pak pik：众小爆竹声

šeo šeo：风声不断

sar sar：落叶声

kalara kalara：铜铁乱碰声

tok tok：木鱼声

bung bung：吹海螺声

jir jir：促织齐鸣声

（2）非叠音结构

非叠音结构拟声词，即由两个不同音节构成的摹声词。

ho hoi：稳兽声

a si：逐鸡鸟声

to ke：敲空木声

ta ke：敲实物声

kūwata kiti：掷硬物声

taka tika：着棋声

o e：小儿学话声

ung wang：鼻音

katur kitur：嚼冰声

kesera seme：嚼硬物声

shung shang：睡着出气声

ho ha：叹声

hei hai：哭韵

miyara mira：众小儿哭声

ko ka：喉堵声

kuura kara：喉堵声

cura cara seme：药信点着声

要说明的是，因为摹拟词经常与助动词 seme 连用来充当句子成分。①所以将 cura cara seme 归为复音词中。

（二）满语拟声词的文化内涵

"文化是为社会成员共同拥有的生活方式和为满足这些方式而共同创造的事事物物，以及基于这些方式而形成的心理和行为"②，语言具有文化性，作为一种特殊的文化现象，其不仅是人类交际的重要工具，而且是文化的载体和凝聚体。语言与文化是相互影响、相互制约的关系，语言是文化的载体，文化是语言的管轨。民族语言是民族文化的"活化石"，忠实地记录着该民族文化的方方面面。"语言，主要是它的词汇，是人类编织文化世界，当然包括其物质层次的丝线；从语言棱镜，主要是它的词汇

---

① 季永海、刘景宪、屈六生等：《满语语法》，民族出版社 1986 年版，第 279 页。

② 邢福义：《文化语言学》，湖北教育出版社 2000 年版，第 8 页。

系统中，可以观察到文化物质层次的种种迹象。"①

拟声词是满语词汇不可或缺的重要部分，其不仅是满族人民表达情感的媒介，也是反映满族先民所处的自然生态环境及其社会生活方式的一面镜子。兹以满语的摹声词为例，试分析满族先民居处的生态环境及经济生活方式。

1. 拟声词与满族的生态文化

任何事物的产生都离不开其赖以生存的环境，语言也不例外。作为一种文化现象的语言，它不可能脱离一定的环境而存在，可以说，任何语言都是在一定的人文生态环境中产生的，其本身也是人文生态环境的重要组成部分，是一个民族精神文化传播的主要途径，反映了一个民族的生态文化。生态环境是人们生存的基础，也是一种文化形成的基础。人们对事物的分类细度深受环境的影响，一般而言，"希见于日常生活的自然事物，分类偏疏。反之，分类偏细。对气候、地貌、生态等自然事物的处理都体现着这一倾向。"② 自然环境与生活关系的密切程度在一定程度上也影响着人们对事物的分类细度。也正如斯钦朝克图所言："每一个部落和族群对自己从事的传统经济和所处环境的名称具有最丰富的描述。"③

满族发源于东北的白山黑水之间，长期生活在崇山峻岭之中，故而其拟声词中有关于冰水树木、鸟兽虫鱼的摹声词相对较多，且分类较细。

（1）关于水、冰、木、落叶声音的摹声词

①关于木的拟声词

hūwasar：干枯草木声　　kūwas：砍木断声　　kūwang：敲木声

kayak：干木折声　　kayak kik：大木折声　　to ke：敲空木声

tang tang：伐木声　　tak tik：砍木声

②关于水的拟声词

tao：水点声　　hūwalar：涉水声　　pucok：物落水声

pacong：物落水声　　konggor：倒水声　　fotar：水滚声

tao tio：水点滴声

① 邢福义：《文化语言学》，湖北教育出版社2000年版，第110页。
② 马清华：《文化语义学》，江西人民出版社2006年版，第47页。
③ 斯钦朝克图：《蒙古语五畜名称与草原文化》，载《论草原文化》（第六辑），内蒙古教育出版社2009年版，第123页。

③关于冰的拟声词：

katur kitur：嚼冰声　　　　　　　　kafur kifur：踏冰雪声

cing cang：凿冰声

④关于落叶的拟声词：

sar sar：落叶声　　　　　　　　hūwasa hisa：踏落叶声

sak sik：甲叶响声　　　　　　　sir siyar：树叶草梢声

（2）关于鸟类、兽类的摹声词

（1）鸟鸣类摹声词：

jar jir：晨鸟噪声　　　　　　　　betur：大鸟忽飞声

giyar giyar：群鸟急飞声　　　　　guur gar：群鸟飞鸣声

jak jik：群鸟飞鸣声　　　　　　　batar pitar：群鸟齐飞声

jingjing jangjang：群鸟春鸣声　　pitir：鱼鸟挣跳声

per par：虫鸟起翅声　　　　　　　kiyar：生鹰叫声

gang ging：群鹰飞鸣声　　　　　　gon gan：天鹅鸬鹚鸣声

gar gir：群鸦啼声　　　　　　　　ber：鹑鸟忽飞声

gūng gang：雁鸣声　　　　　　　　jang jing：雀相寻声

gūli gali：黄鹂噪声　　　　　　　kotor katar：群雉齐飞声

giyar gir：禽雏唤母声　　　　　　jor jar：群雀齐噪声

gūwar guuwar：睢鸠相鸣声

（2）猛兽类摹声词：

kur：虎兽相据声　　　or：虎猛叫声　　　fosok：兽猛起声

fasak：兽猛起声　　　　　　　miyar miyar：獐狍鹿羔急叫声

giyar giyar：猴叫声　　　　　　kūwas：兔鹘击物声

mung mang：牛吼鹿鸣声　　　　miyang ming：狍鹿羊羔叫声

shuwar：蟒蛇急过声

（3）虫蝇等摹声：

jir jir：促织齐鸣声　　　jir jir：草虫屡鸣声　　war：蛤蟆虫叫声

sar sar：蚱蜢飞声　　　　jir：草虫声　　　　　yang ing：蚊蝇飞声

war ir：蛤蟆虫青蛙齐叫声

　　可见，在满语拟声词中，反映自然生态环境的词占了大多数，其中主要有木声、水声、冰声、落叶声、鸟叫声、野兽叫声、虫蝇叫声几大语义场。在这些摹声词中，关于灵禽类的摹声词所占比重较大，这说明满族先民对灵禽的观察较细。

不仅如此，在满语动词中，关于灵禽鸣叫的表述方式也较多，如：

guwembi：鸟鸣	jilgambi：鸟啼	koksimbi：母鸡野鸡鸣
kengsimbi：可鹄鸣	germbi：乌鸦鸣	gūwarimbi：蝦蟆虫叫
caksimbi：喜鹊噪	tongsimbi：布谷鸟鸣	jilgimbi：珠顶红鸣
turgimbi：斑鸠鸣	songgombi：水鹅鸟鸣	jorgimbi：虫鸟群鸣
šulimbi：鸟雀噪	kohodombi：雉秋鸣	hūyambi：鹰鹠鸣
jorgindumbi：众雀噪		

由这些描述鸟鸣叫的动词分类程度，一定层面上也说明了满族先民对鸟观察的细致程度。

在茫茫的自然宇宙和熙熙攘攘的人群中，能够发出声音的事物难以数计。满语中的拟声词却基本上形成了以水、木、冰、鸟、兽等声音为主的几类语义场。这些语义场，充分反映了满族先民所生存的自然环境，反映了满族先民对环境的依赖与认识。正如张公瑾、丁石庆所言："每一种语言的词汇中都有很多语义场，当我们分析某个语言中的众多语义场时，常遇到一些为该语言所独有而别的语言没有的语义场，如僧伽罗语言中有六十多种香蕉的名称，它们构成了一个特殊的语义场，达斡尔语中不同季节不同部位的狍子皮的名称，也构成一些特殊的语义场，……这些特殊的语义场，表明一个民族的一种文化特质。一个民族中最典型的文化特质，常常是我们探索这个民族文化特点的入口处"①。满族先民过着游牧狩猎生活，因长期密切接触自然界各式各样的灵禽走兽，所以他们对动物声音的感知比以农业为主的汉民族人民更加敏感，区分更细。

（二）拟声词与满族社会生活方式

1. 渔猎经济

渔猎经济不仅在满族早期社会中占有较为重要的地位，而且在清朝建立后，渔猎仍是社会经济发展的重要组成部分，渔猎生产组织"juhiyan"（牲厂）的存在即是最好的例证。在满语中，渔猎摹声词的丰富，在一定程度上源于满族先民们发达的渔猎生产与技术。白山黑水间茂密的森林是一个天然的宝库，为满族先民的渔猎生活提供了保障。在满语词汇中，随处可以见到如下的摹声词：

_____

① 张公瑾、丁石庆：《文化与语言学教程》，教育科学出版社 2004 年版，第 119 页。

gūi gūi：唤兔鹘声   wel wel：唤狗声   ho hoi：稳兽声

guuje：唤鹰声   ja ja：赶狐兔声   a si：逐鸡鸟声

cu：逐猫犬声   ja ja：雀被擒斗声   kiyar kir：骚鼠等物拒人声

kiyar kir：鹰拒人叫   ha：雕狼鹘拒人声

可见，在渔猎经济生活中，通过对动物的细心观察，满族人民逐渐掌握了其生活习性，并能模仿其叫声，这样就更加便于进行渔猎活动。犬是满族先民狩猎时的忠实助手，是满族经济生活中的重要组成部分。因此，犬被人们神化并予以崇拜。朝鲜李民寏《建州闻见录》中记载："犬则胡俗以为始祖，切不宰杀。我国人（朝鲜人）有挟狗皮者，大恶之。"①

满族乃狩猎养狗之民族，故其对犬充满了崇敬之情。在长期的狩猎中，与狗结成了相互依赖的关系，并熟知狗的秉性，因而对于狗的叫声分类也较为细腻：

loombi：狼狗号叫声   gūmbi：狗恶叫声

giyang：狗急叫声   gang gang：狗急连叫声

ger：狗龇牙叫

满族人对狗叫声细腻的分类不仅体现在摹声词上，而且还体现在狗叫的动词上：

gingsimbi：狗哼哼   gūwambi：狗叫   gūwanumbi：众狗齐叫

kerkimbi：狗怒连叫   giyangsimbi：狗挣叫

2. 畜牧经济

畜牧业生产是满族社会经济生活中的重要组成部分。白山黑水之间广阔繁茂的草原、富饶的山水，为满族的畜牧业提供了良好的条件。满族社会驯养的牲畜较多，马牛羊骡、猪鸡鸭犬皆有。马的用途广泛，无论是狩猎还是战争都离不开马，因此马是游牧民族生活中不可或缺的组成部分。满族的畜牧业中也以马为盛。据赵阿平先生《满族语言与历史文化》一书的统计，在《五体清文鉴》中有关于马的种类、形态、毛色、肢体、牧养、使用等词汇竟多达 449 个。

不仅如此，马在满族人生活中的重要性及满族人对马的观察细度，还反映在满语的摹声词中。在满语中，关于马的摹声词分类较细：

---

① （朝鲜）李民寏：《建州闻见录》，潘喆、李鸿彬、孙方明《清入关前史料选辑》（第三集），中国人民大学出版社 1991 年版，第 472 页。

hunng hiyong：肥马群行声　　　　　kunggur：众马行声

kete kata：马蹄踏石声　　　　　　　hiyor hiyar：马眼岔喷鼻声

for：马眼岔喷鼻声　　　　　　　　　tor：马喷鼻声

pes pas：马蹄磕绊声　　　　　　　　for for：马鼻喘息声

满族的畜牧业经济，在摹声词中不仅表现在关于马的摹声词划分上，而且满语中还有关于羊、驴、牛、鹅、鸡、鸭等其他动物的摹声词，如：

miyarimbi：羊叫　　　　　　　　　　ang：驼驴叫声

miyar miyar：羊羔寻母声　　　　　　mung mang：牛吼鹿鸣声

miyang ming：狍鹿羊羔叫声　　　　　hūlambi：鸡鸣

gang gang：鹅鸣声　　　　　　　　　koko：鸡鸣声

gūwar gūwar：鸭蛙鸣叫声　　　　　　jor：鸡犬群叫声

从语言的角度来解读历史文化是一个有效而庞大的课题，笔者不揣孤陋，以满语摹声词为切入点来研究满族早期的文化，由小见大，虽然分析不够细致，挖掘也尚待深入，但还是希望能抛砖引玉，希望能传达一种语言尤其是少数民族语言研究的方法和思路。

第二节　满语名号与满族的狩猎生活方式

自然环境不仅是人们衣、食、住、行的基础，而且在一定程度上也决定了一个民族的生活方式。语言来自于人们的生产和生活，必然反映人们的生产和生活。满族先民生活于广袤的白山黑水之间，渔猎是其早期的主要生活方式。

满族渔猎制度对清代的政治军事制度有着直接的影响，清代实行的八旗制度就是在牛录的基础上形成的。《满洲实录》卷三载："前此，凡遇行师出猎，不论人之多寡，照依族寨而行。满洲人出猎开围之际，各出箭一枝，十人中立一总领，属九人而行，各照方向，不许错乱，此总领呼为牛录（原注华言大箭）厄真（华言主也）。"由此可知，niru（牛录）的本义为"大箭"，后派生为由大箭持有者自愿结合的十人围猎群体。不仅如此，满族还将狩猎的经验运用到战争之中，据《清太祖朝老满文原档》载，"淑勒昆都仑汗说：'昔日于战争，狩猎之时，法令严禁喧闹。战争时若闹嚷，敌人即知觉了。行猎时若闹嚷，声音出来山谷应之，野兽即惊走而各处逃避。应该预先教谕众兵丁使其切记实行。将五牛录编为一队，行则一处行，止则依次下马，攻战时一齐进攻，穿厚甲执长枪、大刀的人在前面进攻，穿轻网子甲执弓箭的人，自后面射击。另选精兵骑马伏于他处守护，战而不胜处相助进攻，如此则无战不胜了。'"① 可见，满族军队为了便于管理，将狩猎的方式引入到了战术之中，采用"五牛录"编队的方式，极大地提高了战争的成功率。

满族的狩猎文化同其他文化一样也体现在满语名号中。在满语名号中，满族狩猎生活方式主要体现在马与箭两个方面。

一 morin（马）

马最具灵性，无论是从运输角度，还是从作战角度来讲，马都是游牧民族不可或缺的家畜。万历四十七年（1619），朝鲜人李民寏发现建州女真的畜牧业十分发达。"六畜惟马最盛，将胡之家，千百为群；率胡也不下十数匹。"② 正因如此，在满语的名号中，诸多名号用字与马息息相关。

（一）满语名号与马

在满语名号中，cira（肃）、doronggo（履、礼）、hebengge（愉、翁）、niyancangga（锐气）、hūdun（速）等词的满语语义来源与汉语的语义来源不同，这些词的语义来源皆与马密切相关，兹分别进行阐述。

1. cira（肃）

cira 在名号中其译为"肃"，如：cira falingga be：肃毅伯。《御制清文鉴》对 cira 有四种解释：

①umai ba burakū be，cira sembi。

译：不浇水的地。

②niyalma i boco fiyan be，cira sembi。luwen ioi bithede，gisun be kimcimbime，cira be cincilambi sehebi。

译：人的脸色，《论语》："察其言，观其色。"

---

① 广禄、李学智译注：《清太祖朝老满文原档》（第二山是字老满文档），第7—8页，台湾：中央研究院历史语言研究所1973年版。

② （朝鲜）李民寏：《建州闻见录》，潘喆、孙方明、李洪彬《清入关前史料选辑第三辑》，中国人民大学出版社1991年版，第472页。

③yaya hūwaitaha akdun be, cira sembi。

译：把结实健壮的统一称为壮。

④hūsun etuhun morin be, cira sembi。geli angga etuhun morin be, inu angga cira sembi。

译：有劲的马称为壮，另嘴壮的马也称为壮。

在《清代满蒙汉文词语音译对照手册》中 cira 也有四个义项：

①严密；②气色；③拴得紧；④强壮。

《清文总汇》对 cira 的解释为："马嘴硬之硬；颜、脸之色；严、紧松之紧；摔跤一点空不给人；力量强壮的马。"

《满汉大辞典》将其分为名词与形容词进行解释：

［名］①面孔，脸面。②气色，脸色。

［形］①硬的，坚硬的，紧固的。②紧的，发紧的，紧绷绷的。③结实的，强壮的，健壮的。④严密的，严谨的。⑤严格的，严厉的，严肃的。⑥肃，封谥等处用语。

满族本为狩猎民族，在 cira 这几个义项中，其本义乃"有劲的马、嘴壮的马"。其他的健壮、脸色等语义应该都是在此基础上衍生出来的。

汉语的"肃"乃"持事振敬也。《广韵》：恭也。敬也。戒也。进也。疾也。按训进者，羞之假借。训疾者，速之假借。皆见礼。……会意。战战兢兢也"①。

由此可见，满语"肃"与汉语"肃"的义项是不同的，汉语"肃"的来源和满语"肃"并不一样，与马没有关联。

2. doronggo（履、礼）

doronggo 在名号中译为"履、礼"，如 doronggo ambalinggū（端庄）、doronggo cin wang（礼亲王）。

《御制清文鉴》解释 doro 和 doronggo 为：

①an kemun dorolon kooli be, doro semebi。

译：把所有的礼仪规则称为礼。

②ujen jingji niyalma be, doronggo sembi。geli giyan de acabume yabure be, inu doronggo sembi。jai nomhon morin be, inu doronggo sembi。

译：稳重的人称作淳，有道理的行为称作淳，老实的马也称为淳。

---

① （清）段玉裁：《说文解字注》，上海古籍出版社 1981 年版，三篇下，二十一，第 117 页上。

　　《清代满蒙汉文词语音译对照手册》解释为：①有道理的；②端庄；③马稳重。

　　《清文总汇》解释 doro 为：道、礼、理。

　　《满汉大辞典》解释为：①有理的，有道理的。②有礼的，有礼貌的。③庄重的，端庄的。④老实的，稳重的。⑤履，封谥等处用语。⑥礼，封谥等处用语。

　　由 doronggo 的这几个义项可以推知，doronggo 的最初本义应该是形容马老实的，但是随着社会环境的变化后来逐渐引申为老实地遵守一切规章制度、礼仪制度即符合礼仪规范的。

　　《康熙字典》载："《说文》礼，履也，所以事神致福也。《释名》礼，体也。得其事体也。《韵会》孟子言礼之实节文斯二者，盖因人心之仁义而为之品秩，使各得其叙之谓礼。又姓。《左传》卫大夫礼孔。《徐铉曰》五礼莫重於祭，故从示。豊者，其器也。"①

　　段玉裁《说文解字注》则注曰："履：足所依也。履依叠韵。古曰屦，今曰履，古曰履，今曰鞵（鞋），名之随时不同而已。"据考证"汉以后曰履，唐以后曰鞋。引申之训践。如君子所履是也。又引申之训禄。诗福履绥之。毛诗传曰：履禄也。又引申之训礼。"②

　　上述满语的 doronggo（礼）的意义与汉语"礼"的解释之间有着很大的差别，汉语的"礼"应源自祭祀的事神致福，而满语的 doronggo（礼）却源自狩猎文化，其与祭祀毫无关系。

　　3. hebengge（愉、翕）

　　满语 hebengge 在名号中，译为"愉，翕"。《御制清文鉴》解释为：

　　①yaya baita be enculerakū，emu gūnin i yabure be，hebengge sembi。ši jing ni siyoo ya i cang di fiyelen de，ahūn deo hebengge oci，hūwaliyasun urgun bime sebjen sehebi。

　　译：凡事认真地去做叫作愉。《诗经·小雅·常棣》："兄弟既翕，和乐且湛。"

　　②julhū dahara morin be，hebengge sembi。

　　译：马随手（即马能随着缰绳走）叫作愉。

---

① 《康熙字典》，成都古籍书店影印本 1980 年版，午集下示部，页十二。
② （清）段玉裁：《说文解字注》，上海古籍出版社 1981 年版，八篇下，三，第 402 页下。

《清代满蒙汉文词语音译对照手册》解释为：①有商量；②马随手。

《新满汉大词典》解释为：①好商量的，易于接受他人意见的；②马随手；③封谥用语：翕、愉。

通过几个义项的比较，"马随手"这个义项是 hebengge 的本义。

段玉裁认为汉语"翕"乃"起也。《释诂》、《毛传》皆云：翕合也。许云起也者，但言合则不见起。言起而合在其中矣。翕从合者，鸟将起必敛翼也"[1]，而"愉"则为"欲知之儿。《广韵·混韵》注曰：心思求晓事"[2]。

愉："服也。"《康熙字典》载："愉，音腴从心俞声。《玉篇》悦也颜，色乐也。《礼·祭仪》必有愉色。《论语》愉愉如也。注：愉愉和悦之貌。又《尔雅·释诂》乐也。《诗·唐风》他人是愉。注：安闲之乐也。又《尔雅·释诂》服也。注：谓喜悦而服从也。"[3]

由此可知，满语的 hebengge（愉、翕）与汉语的愉、翕在解释上有很大的区别，满语 hebengge 的义项更加凸显了满族狩猎文化的本色。

在满语名号中，不仅上述的封谥词语体现了满族狩猎文化的本色，而且其他名号用字的本义也体现了满族狩猎的生活方式。

4. niyancangga（锐气）

niyancangga baturu（年昌阿巴图鲁），niyancangga，《清文总汇》解释为："马牲口走不乏耐长路、狠壮健不乏不衰者、绸缎布等物硬挣不软、有锐气者。"

《清代满蒙汉文词语音译对照手册》解释 niyancangga 为："练长"、"耐长"。

niyancangga 的本义应该是马牲口走不乏耐长路，按照逻辑推理，耐长路即健壮、强健。健壮、强健表现出来的就是锐气。

5. hūdun（速）

hūdun baturu（瑚敦巴图鲁），hūdun，《清文总汇》解释为"马走跑得快、快、速"。《清代满蒙汉文词语音译对照手册》中解释为："快"、"急快"。

---

[1]　（清）段玉裁：《说文解字注》，上海古籍出版社 1981 年版，四篇上，二十，第 139 页上。

[2]　同上书，十篇下，三十一，第 505 页下。

[3]　《康熙字典》，成都古籍书店影印本 1980 年版，卯集上心部，第 13 页。

niyancangga 和 hūdun 的本义都是用来形容马的，也从侧面反映了马在满族人民生活中的重要性。

（二）满族的拴马祭

马在满族的日常生活中发挥着重要的作用，所以马在满族人的心目中有着重要的地位。满族人的"拴马祭"就是满族人重视马的一个重要表现。关于满族人的祭马活动，乾隆年间的福格在《听雨丛谈》卷十一的"满洲字"中有"祭马神"的相关记载，"今满洲祭祀，有祭马祖者，或刻木为马，联络而悬于祭所，或设神像而祀"①。满族向祖先致祭，要进行 morin hūwaitame weceku（拴马祭），这缘于马在满族先民狩猎生活中的重要地位。时至今日满族的祭祀仍然保持着拴马祭这个仪式，这既是对祖先的敬仰，也是马在满族人心目中地位的体现。

拴马用的马为神马，此马是家族人共同拴的，在平日里不准乘骑，在拉车的时候禁止妇女乘坐，逢年过节以单槽饲养，并给予好的饲料。神马一般要选三四岁口白色或兔黑色的长鬃长尾的去势的公马或儿马。在祭祀开始时，穆昆达（mukūn da）与达擦玛（da cama）检查室外马槽，派人刷洗马毛，换新的笼头，并在马尾拴以红色布条。在摆好供品后，擦玛扎腰铃跳神，鼓手打鼓往屋里请马，马头必须朝向佛爷板。祭祀之人要手捧香碟熏马，马打了响鼻后用小槽给马献食、献酒，诵祈语。兹选取《宁古塔瓜儿佳氏祭祀神册》中"拴马祭"神词，以示说明。

因时代久远，宁古塔瓜尔佳氏现在保留的神谕都为满文的汉语音转，其原文如下：

恩都哩 倭车库 伊 科斯 得 伊斯布，胡图哩 波 尚纳布，特勒 阿尼雅嘎，倭斯浑 伊 哈哈 昂噶 阿拉扎哈，雅路勒 冒林 波 杨瑟 赛恩 阿察布 倭车勒 阿木孙 波 博乐戈莫 佛歪达非，赛恩 伊能给 波 索兆非，倭车库 波 给英古勒莫 倭车莫，吾尔滚恩 色波真恩 阿哩莫 该开一。②

译：enduri weceku i kesi de isibu, hūturi be šangnabu, tere aniyangga, wesihun i haha angga aljaha, yalure morin be yangse sain acabu wecere amsun be belgeme faidafi, sain inenggi be sonjofi, weceku be gingguleme wecembi,

---

① （清）福格：《听雨丛谈》，汪北平点校，中华书局 1999 年版，第 220 页。
② 关明琨藏：《瓜尔佳氏祭祀神谕》，民国十一年（1922）。

urgun sebjen alime gaiki。

译：聚众神之福，赐予属某某的男孩，遇见了好的骑马，摆放好祭肉，择取良辰吉日，把神仙敬祭，请神喜悦地接受。

在祭马的祈语过后，引马头朝外，达擦玛领马奔向大槽，将马身上酒杯取下，马祭就结束了。"拴马祭"虽然是祭祀祖先的一部分，但其不仅反映了马在满族人们心目中的地位，而且也反映了马在满族先民生活中的重要作用。

二　niru（箭）

满族的先祖可以追溯到先秦时期的肃慎氏，肃慎氏自先秦时期就善制箭，其"楛矢石砮"闻名中原。箭在满族先民的渔猎生活中具有重要的作用，不仅是游牧民族渔猎的工具，也是自我防御和对外征战的武器。满族最早为游牧兼畜牧的部落共同体，在这种生活方式下，善骑善射便成为满族的重要特征之一。满语中，关于箭的词语较多，主要有："doroi niru（大礼披箭）、dokjihiyan niru（尖披箭）、teksin niru（齐披箭）uhūma niru（月牙披箭）、hente niru（插披箭）、fasilan niru（燕尾披箭）、dolbi niru（小披箭）、tatame niru（抹角披箭）、ijifun niru（梳脊披箭）、sudu niru（无哨披箭）、jangga niru（哨子披箭）、hanggai niru（锈铁披箭）、sisi niru（榛子哨披箭）、tasha gabtara niru（射虎披箭）、tasha gabtara selmin niru（射虎弩箭）"[①] 等，可见其分类之细。

在满语名号中，mergen（智、贤、哲、睿）、mangga（壮）、bolgo（淳）、dacun（果）、semerhen（弓棚）等诸多名号用字与箭密切相关，兹分别进行阐释。

（一）mergen（智、贤、哲、睿）

mergen（墨尔根）亦作墨儿根、默儿根、莫尔根、墨勒根、莫尔棍，也用作名号，如 mergen tondo cin wang（睿忠亲王）、mergen cin wang（睿亲王），其义为智、贤。《御制清文鉴》解释为：

①abalara de goibure fulu, butara de bahara labdu, geren ci lakcaha niyalma be, mergen sembi。

译：打猎中，获取猎物多，出众的人，称为 mergen。

① 孙浩洵：《满语官职称谓研究》，硕士学位论文，黑龙江大学，2012 年。

②sure dacun niyalma be，mergen sembi。geli abalara de gurgu goibure sain，buthašara de bahara labdu niyalma be，inu mergen sembi。

译：聪明敏捷的人，称为 mergen。打猎中箭法准、打到猎物多的人，也称为 mergen。

《清文总汇》解释为："贤圣之贤、智、围场射着的多，捕捉拿的多，比众出群之人。"

在《清代满蒙汉文词语音译对照手册》中解释为"善猎人、智"。

《满汉大词典》解释 mergen 为：

［形］①聪明的，聪慧的，聪颖的，贤哲的，明智的。②巧的，能干的，能说会道的。③神明的，非凡的。④睿，封谥等处用语。

mergen 本义为"围场射着的多，捕捉拿的多，比众出群之人"，充分反映了狩猎生活在满族先民生活中的地位。

由此可知，满语名号"贤"、"智"一词的本义源于狩猎生活。在狩猎中，获取猎物多的人被誉为聪明的人，后来引申为智。汉语"贤：多财也。才各本作财，今正。贤本多财之称。引申之凡多皆曰贤。人称贤能，因习其引申之义而废其本义矣。《小雅》：'大夫不均，我从事独贤'。传曰：'贤，劳也'，谓事多而劳也。故孟子曰：'我独贤劳'。戴先生曰：《投壶》：某贤于某若干纯。贤，多也"①。mergen 贤的这一义项和汉语贤的本义是一致的，稍有不同之处在于，汉语中"贤"一词随着社会的演变，由具体实义"财富"，引申为专指德行高尚之人。

（二）mangga（壮）

mangga 在封谥用语中译为"壮"。《御制清文鉴》解释为：

①beri cira，durun hocikon，sindara bolgo，goire fulu be，gabtara mangga sembi。ši jing ni jeng fung ni da šu ioi tiyan fiyelen de，šu gabtara mannga，geli tuwancihiyara faksi sehebi。

译：弓拉得圆满，射得干净利落。《诗经·郑风·叔于田》："叔善射忌，又良御忌"。

②beri hūsun etuhun be，mangga sembi。erdemu，hūsun niyalma ci lakcaha be，mangga sembi。geli muterakū hamirakū baita be，inu ere baita mangga seme。geli yaya teng seme fili jaka be，inu mangga sembi。

---

① （清）段玉裁：《说文解字注》，上海古籍出版社 1981 年版，第 179 页下。

译：弓的力量强大称为 mangga；德、力量超出常人的称为 mangga；弓紧称为弓硬；东西的价格贵；做不到的事情，坚固的东西皆称 mangga。

③yaya jaka hūda wesihun be，mangga sembi。

译：东西价格贵叫作 mangga。

④uhuken de bakcilaha gisun。yaya fili fisin jaka be mangga sembi。

译：与软相对，一切密实的东西称作硬。

⑤morin gaiha bargiyaha，beri daraka sindaha mahala goibuha giru urui sain be，niyamniyara mangga sembi。

译：善骑马，射箭准的称为射马箭能手。

《清文总汇》解释 mangga 为："弓硬之硬、难、能干、强、刚、狠、价钱贵、说那人好那物件好、事情难易之难、坚硬、才勇出群者、好硬、射箭弓硬样好。"mangga baturu（莽阿巴图鲁），即为"能干的、刚强的英雄"。

《清代满蒙汉文词语音译对照手册》中解释为：①烦难；②善射；③弓硬；④刚强；⑤贵；⑥硬。

汉语中的"壮"，有如下解释："《说文》大也。又强也，盛也。《尔雅·释天》八月为壮。《易·卦名》震上乾下，大壮。《礼·曲礼》三十曰壮。《月令》仲冬之月，冰始壮。又《史记·赵后传》：额上有壮发。师古曰：俗呼圭头是也。又《前汉·食货志》：贝有五种，一曰壮贝。又伤也。郭璞曰：淮南呼壮为伤。又医用艾灸，一灼谓之壮。又侧羊切，音庄。亦姓。《晋语》：赵简子问贤人，得壮驰兹。"①

由此可知，满语中的 mangga（壮）源于渔猎生活中对弓矢的描述，而汉语中却不见其解，义项明显不同。

（三）bolgo（淳）

满文 bolgo（博勒果，又作博尔果）用作名号译为"淳"，如 bolgo bodohonggo cin wang（淳度亲王）、bolgo janggin（克洁将军）、bolgo giyūn wang（淳郡王）。

bolgo，《御制增订清文鉴》解释为：

①洁净、射箭手干净利落、清、声响、封谥用语：淳。

②yabun hanja gūnin doosi akū be，bolgo sembi。

---

① 《康熙字典》，成都古籍书店影印本 1980 年版，丑集中士部，十二。

译文：品行清廉，心不贪婪者曰 bolgo。

《清代满蒙汉文词语音译对照手册》解释为：①洁净；②干净；③清；④声清。

《满汉大词典》解释 bolgo 为：①洁净的，清洁的，洁白的，干净的，清净的。②（行为）纯正的，廉洁的，纯洁的。③（长相）清秀的，漂亮的，俊美的，俊俏的。④（说话发音）悦耳的，清晰的。⑤（动作）干净利索的。⑥工整的，精细的，美观的，整齐的。⑦淳，封谥等处用语。⑧清，封谥等处用语。

《康熙字典》"淳，……清也，朴也。张衡《思玄赋》何道真之淳粹兮。注：不浇曰淳。又沃也。《周语》王乃淳濯饗醴。班固《幽通赋》黎淳耀于高辛兮。又兵车之耦曰淳。《左传·襄十一年》郑伯赂晋侯，广车軘车淳十五乘。又鹹也。《左传·襄二十五年》楚蒍掩为司马表淳卤。注：淳卤，埆薄之地。《正义》淳卤，地薄，故表之，轻其赋税。又淳淳，流动貌。《庄子·则阳篇》祸福淳淳。《集韵》朱伦切，音谆。渍也，沃也。《周礼·冬官》《考工记》钟氏淳而渍之。注：淳，沃也。又主尹切，音准。布帛广幅也。与纯通。《周礼·地官》质人壹其淳制。注：淳作纯"。①

《说文解字注》中云："清，……清，朖也。澄水之儿。朖者，明也。澄而后明，故云澄水之儿。引申之凡洁者曰清。凡人洁亦曰清"②。

（四）dacun（果）

满语 dacun 也被应用到名号中，如 dacun baturu（达春巴图鲁），dacun giyanggiyan gung（果毅公）。

dacun，《御制清文鉴》解释为：

①yaya jeyengge jaka be lekfi sacire faitarade dara sainningge be dacun sembi。

译：一切有刃的物件磨锋利后，拦腰斩断的东西，称为 dacun。

②baita sita de ušan faššan akū，yabun gisun de kengse lasha bedacun sembi。

---

① 《康熙字典》，成都古籍书店影印本 1980 年版，巳集上 水部，十七。
② （清）段玉裁：《说文解字注》，上海古籍出版社 1981 年版，十一篇上二，九，第 550 页上。

译：对于事物不牵扯精力，行为言语果断的称为 dacun。

③gele yaya jeyengge geli gurgu gulibure sain be，inu gala dacun seme gisurembi。

译：另外，一切锋利的东西，手段敏捷的，也称为果。

《清文总汇》解释为："锋芒、凡锋刃快利之快、言刚决行果断、射箭做物手快之快。"

《清代满蒙汉文词语音译对照手册》解释为："快"、"敏捷"。

在汉语中，"果。木实也。……引申假借为诚实勇敢之称"。[1]

在汉语中，"敏，疾也。《释诂》《毛传》同。……《释诂》敏，拇也。谓敏为拇之假借。拇、足大指也。古作母。"[2] 汉语的"疾，病也。析言之病为疾加，浑言之则疾亦病也。按经传则多训为急也、速也。此引申之意"。[3]

由此可见，满语的 dacun（敏、果）的语义来源与汉语敏果的语义来源有明显的不同，满语的 dacun（敏、果）语义来源于渔猎的弓箭文化，而汉语"敏"、"果"却来源于疾病。

（五）semerhen（弓棚）

在满语名号中还出现 semerhen baturu（色默尔亨巴图鲁），semerhen 义为：支的布绸等物棚子、摇车上苫□的蓆棚、人睡觉用的弓棚子。

《清代满蒙汉文词语音译对照手册》解释为："一心"、"弓棚"。

满族人用弓的形状来描述睡觉用的棚子，称其为弓棚，并将这种弓棚作为名号赐给有功之臣，这不仅从侧面反映了弓棚在满族先民生活中的重要性，而且也反映了满族先民的渔猎生活和弓矢文化。

满族的马文化和弓矢文化不仅体现在满语名号上，而且还体现在满族的人名之上。在满族中，有许多人以马和弓矢命名。在《清语人名译汉》[4] 中，以马命名的人名：阿尔图（artu：三岁的马）、乌纳罕（unahan：一岁的马驹）、希拉哈（sirga：银合马）、墨凌阿（moringga：骑马）、德伦（delun：马的鬃毛）、齐齐哩（cikiri：玉眼马）、诺默欢（nomhon：

---

① （清）段玉裁：《说文解字注》，上海古籍出版社 1981 年版，第 249 页上。

② 同上书，第 122 页上。

③ 同上书，第 348 页上。

④ 奕赓：《清语人名译汉》，佳梦轩丛书著本。

驯良的马)、康希礼(kangsiri：马鼻梁子)、赛布鲁(saiburu：马之小走儿)、莽喀喇(mangkara：玉面马)、拖时(tosi：玉顶儿马)。以箭命名的人名,如:噶那达(ganada：鸭嘴箭)、喇都(ladu：箭筒)、鈇麟(fulin：尖头箭)。

满语名号中诸多源自马与箭的词汇,充分说明马与箭在满族先民生产、生活中的重要作用。对于以狩猎为主的满族先民来说,箭和马是他们获取食物的工具,是他们战胜敌人,保卫家园的依恃,是他们安身立命的根本,所以在其文化和语言中频繁出现也是自然的了。

综上所述,满语名号充分反映了满族先民所生活的自然环境和狩猎生活方式。

第二章

满语名号与社会环境

　　无论哪个民族，都不能在孤立中求得发展，与其他民族、地域的交往是社会、种族发展的必要条件，是国家进步的动力之一。中华文化是中国各族人民在不同的历史时期，通过不断接触、交往、融合而形成的。"文化有一个特点，一旦产生，它就要传播，在民族内传播，有传到民族地区以外去，这就形成了文化的交流。"① 中华民族"多元一体文化"的文化格局并非单属于某一个民族，而是"你中有我，我中有你"的多民族文化的融合体，这也符合文化传播的特点。

　　格里姆曾说："我们的语言就是我们的历史。"② 一个民族与其他民族间的文化交流，首先体现于民族的语言文字之间。民族语言中借词的轨迹，不仅是民族间文化相互交往的缩影，而且也是民族间相互交往的"活化石"。

　　满族肇兴于我国东北地区，这一地区自古以来就是诸多少数民族聚居之地，当时的东北地区除了女真人之外，还有蒙古族、汉族、朝鲜等其他民族。满族在长期发展的过程中，不断与上述各民族接触、交往，故而满语名号中不仅有相当数量的蒙古语、汉语借词而且还有一些与蒙古语、藏语和汉语搭配的名号，这些名号在一定程度上反映了满族与其他各民族间的文化交流。

第一节　满族与蒙古族的文化交流

　　满族与蒙古族在生活方式及风俗习惯上极为相似，满族与"蒙古语

---

　　① 季羡林：《中外文化交流漫谈》，北京大学出版社1996年版，第1—2页。
　　② ［德］格里姆：《论语言的起源》，维金采夫《19世纪和20世纪语言学史：概要和目录》，莫斯科出版社1960年版，第1—6页。

言居处不同而衣冠骑射相同之国也"。① "满洲之俗，同于蒙古者衣冠骑射，异于蒙古者语言文字。"② 当时流行 "四十万蒙古，三万女真"③ 的说法。据《辽夷略》载，当时仅在辽东地区的蒙古诸部就有甲骑数十万，由此可知当时女真与蒙古的实力对比，因此，无论从风俗上的趋同性还是从政治、军事实力上的现实对比，蒙古各部都是女真领袖努尔哈赤联络抗明的主要同盟者。"努尔哈赤主要通过订立盟约、联姻、恩养投奔辽东的蒙古族、提高投奔后金王公的政治地位、吸收他们参与后金政权、优礼尊崇喇嘛教等措施来巩固满蒙联盟"。④

在蒙古诸部中，最早与满洲发生关系的是科尔沁部，"甲午年（明万历二十二年，1594）蒙古科尔沁部明安贝勒、喀尔喀部劳萨贝勒始遣使往来，于是蒙古的各部长遣使往来不绝"⑤，援其作战，世其封爵。蒙古族在女真抗明战争中的作用日益重要，成为女真的重要帮手，同时，女真为了表示对蒙古族的重视，也开始大量册封爵位。"蒙古诸部开始改变鄙视建州女真的观念，从此努尔哈赤掌握了改善与蒙古诸部关系的主动权，这是满蒙关系发生根本性转变的重要标志，是有清一代满蒙关系的奠基石。"⑥

明万历四十年（1612）努尔哈赤娶蒙古科尔沁部明安贝勒之女博尔济锦氏为妻，命皇太极 "以礼亲迎，大宴成婚"⑦。科尔沁部成为蒙古诸部第一个与建州女真建立联姻关系的封建王公。自此以后，满蒙联姻延续近300年，成为清代政治史上的一道独特的风景线。

女真与蒙古族人民犬牙相错而居，彼此之间的文化交往源远流长。努尔哈赤以明代东北一酋长的身份统一东北一隅，为满族与其他民族的交往奠定了一定的政治基础。努尔哈赤制定的联蒙政策，自此后 "善待蒙古，结为姻亲，联为羽翼，资彼之力，建立巩固的满蒙联

①　（清）魏源：《圣武记》卷一《开国龙兴记》，韩锡铎，孙文良点校，中华书局1984年版，第1页。

②　（清）福格：《听雨丛谈》，汪北平点校，中华书局1999年版，第1页。

③　（清）魏源：《圣武记》，韩锡铎，孙文良点校，中华书局1984年版，第96页。

④　张羽新：《努尔哈赤对蒙古族的政策》，《满族研究》1988年第2期，第21—25页。

⑤　《大清太祖满洲实录》，华文书局股份有限公司1969年版，第100页。

⑥　余梓东：《论清代民族关系格局的形成与发展》，《中央民族大学学报》2007年第6期，第61页。

⑦　《清太祖实录》卷四，子岁春正月丙申条，中华书局1985年版，第52页。

盟，是后金—清的基本国策之一"①，这一国策进一步促进了满族与蒙古族之间的文化交流。这种文化交流充分体现在满语的名号中的蒙语借词之中。

借词乃是民族间相互接触、交往的过程中相互借用的词语，是民族间文化交往的活化石。正如戴昭铭先生所言"民族文化交流的先导是语言，没有语言和语言间的翻译就无法进行文化交流。语言的借入过程中也为译语一方带来了外族文化"②。满族与蒙古族在长期历史发展过程中，相互接触和交往，并在两种文化交互影响下形成了诸多相互借用的词语，兹做具体阐释。③

darhan（达尔汉），系借自蒙古语，义为"神圣的"。万历三十七年（1609）"冬十二月，复命扈尔汉将千人伐渥集部，取滹野路，收二千户以还，太祖嘉其功，赉甲胄及马，赐号'达尔汉'"④。此乃文献记录最早的 darhan（达尔汉）名号者。

daicing（戴青）："系借自蒙语，义为善战的、尚武的。汉义为有道德的神圣的善战的。"

doro i darhan joriktu（多罗达尔汉卓礼克图，又作多罗打儿汉着力格兔。）joriktu（卓礼克图）："系借自蒙古语，义为勇敢的、大胆的、意志坚强的、坚毅的。汉义为有道德的神圣的勇敢的。"

guyeng baturu（古英巴图鲁）。guyeng（古英）借自蒙语，义为：（马驴等牲畜眼上长的）赘疣。

hošo i erke cuhur（和硕额尔克楚虎尔贝勒）cuhur（楚虎尔）：借自蒙语，义为斑斓的、斑驳的。

daicing（戴青）：借自蒙语，义为"善战的、尚武的"。

hošo i joriktu（和硕卓礼克图，亦作合硕着力格兔）joriktu（卓礼克图）"借自蒙语，义为"勇敢的、大胆的、意志坚强的、坚毅的"。

jinong（济农）借自蒙语。初用于明宣德八年（1433）。明人记载中写作"吉能"、"吉襄"。济农为专予蒙古王公的赐号。

---

①　周远廉：《清朝兴起史》，吉林文史出版社 1986 年版，第 299 页。

②　戴昭铭：《文化语言学导论》，语文出版社 1996 年版，第 27 页。

③　此部分蒙古语的解释均出自《清史满语辞典》和《蒙汉词典》。

④　《清史稿》卷二二五《扈尔汉传》，中华书局 1976 年版，第 9188 页。

mergen（墨尔根，亦作墨儿根、默儿根、莫尔根、墨勒根、莫尔棍），借自蒙古语，汉义为"贤、智、贤明、睿、神枪手"。

mergen taiji（墨尔根台吉）："台吉，为蒙古语借用汉语'太子'一词的音译，为清代前期蒙、回部封爵世职之一。汉义为聪明的台吉。"

cing baturu（青巴图鲁），cing（青）："借自蒙古语，汉义为诚、诚心的。"

tabunang（塔布囊），"系借自蒙古语，原为明代蒙古人对于同成吉思汗后裔女子结婚者的称号，亦即驸马、郡马、额驸等总称"。《光绪会典》卷六十四载"台吉、塔布囊又分四等，一等秩视一品，二等秩视二品，三等秩视三品，四等秩视四品"。

bardam baturu（巴尔丹巴图鲁）：bardam 蒙古语，其义为"骄傲的，傲慢的，自傲的，自恃的，矜夸的，有仗恃的"。

bürin baturu（布隆巴图鲁）：bürin 蒙古语，其义为"全的，完全的，全然的，十足的；整的，整个的，全部的，充分的"。

jaɣalduɣan baturu（扎勒丹巴图鲁）：jaɣalduɣan 蒙古语，其义为"讼事，诉讼，词讼，控告，控诉，官司"。

eyeber baturu（额依巴尔巴图鲁）：eyeber 蒙古语，其义为"和平的"。

čidaltai baturu（库奇特巴图鲁）：čidaltai 蒙古语，其义为"有劲的，力气大的；有能力的，有能耐的，有本领的"。

ermekei baturu（额勒莫克依巴图鲁）：ermekei 蒙古语，其义为"强悍的，剽悍的，勇敢的，无畏的，刚强的，刚毅的"。

tusatai baturu（图萨泰巴图鲁）：tusatai 蒙古语，其义为"有益的，有益处的，有利的，有用的，有好处的，有出息的"。

urmas baturu（乌尔玛斯巴图鲁）：urmas 蒙古语，其义为"兴趣，兴致，兴头，情绪，锐气"。

ibegel baturu（伊博格巴图鲁）：ibegel 蒙古语，其义为"保佑，庇佑，庇护，保护"。

ejerkeg baturu（额哲尔克巴图鲁）：ejerkeg 蒙古语，其义为"专制的，专横的，霸道的，独裁的，好称霸的，侵虐成性的"。

sergüleng baturu（色尔固楞巴图鲁）：sergüleng 蒙古语，其义"聪明的，聪敏的，灵敏的，伶俐的，机灵的，精明的"。

除上述外，根据季永海先生《清代赐号考释》一文考证，以下 baturu（巴图鲁）赐号亦属于借自蒙古语：

瑚尔察巴图鲁，瑚尔察蒙古语，其义为"机警"。

库木勒济特依巴图鲁，库木勒济特依蒙古语，其义为"有教养的、有教育的"。

伊德克勒巴图鲁，伊德克勒蒙古语，其义为"信条、信用"。

额埒斯图巴图鲁，额埒斯图蒙古语，其义为"有沙漠的"。

库木勒济特依巴图鲁，库木勒济特依蒙古语，其义为"有教养的、有教育的"。

霍春巴图鲁，霍春蒙古语，其义为"力量"。

"东北女真地区从大蒙古国开始建立起就处于蒙古势力范围之内，虽然在明初的一段时间内明朝的势力推进到整个女真故地，但 15 世纪中期至 16 世纪中后期努尔哈赤崛起之前，女真各部或处于被蒙古征服（如脱脱不花可汗时期），或在其政治压力下进行供赋（如图们札萨克图汗时期）的状态，在政治和文化上难免不受蒙古的影响"①。纵观 baturu（巴图鲁）赐号中的这些蒙古语借词，其词义主要集中在勇猛、果敢这一语义场上，这说明满族在与蒙古族的长期交往过程中，主要吸纳了蒙古族骁勇善战的尚武文化因素。

不仅如此，宁安瓜尔佳氏中华民国十五年二月制的神册中即有 monggo enduri（蒙古神）的神位。据笔者调查，现在宁安地区满族祭祀的神位中都有 monggo sefu（蒙古师傅）。

第二节　满族与汉族的文化交流

清代统治者能够在马上取得天下，但却不能够在马上治理天下。在后金政权建立和发展的过程中努尔哈赤虽然任用了范文程、李永芳、洪承畴、祖大寿等一批汉族的有识之士，但因满族与汉族的民族属性不同、文化各异，所以清代统治者心中对汉人仍存有芥蒂。如天命六年（1621）十一月，努尔哈赤曾明确表示"得辽东后，本欲设诸申官员们管理，但

---

① 哈斯巴根：《清早期扎尔固齐官号探究——从满蒙关系谈起》，《满语研究》2011 年第 1 期，第 72 页。

恐尔等因与新附之民语言不通而受劳苦，故令汉官管理之"①。但是随着统治的需要，对汉人的这种态度到了皇太极时期有所转变，为了缓和民族矛盾，适应统治的需要，皇太极在一定程度上突破本民族的狭隘性，调整了努尔哈赤统治后期疏远汉官、汉将和将俘获的汉族人强迫为奴的政策，停止了筑城等劳役使民"专勤南亩，以重本务"；强调"满汉之人，均属一体"②，废除了一些民族不平等的条例，缓和了民族矛盾。满族入关后，清世祖在顺治五年（1648）八月着意谕示礼部："方今天下一家，满汉官民皆朕臣子，欲其各相亲睦，莫若使之缔结婚姻，自后满汉官民有欲联姻好者听之。"③ 这一政策不仅缓和了满汉之间的民族矛盾，而且进一步促进了满汉民族的融合。满族入关后，为了保证旗人的生计实行了圈地运动，激化了满汉民族间的矛盾，康熙八年（1669）下诏停止圈地，并要求将之前所圈占的土地退回原主："比年以来，复将民间房地，圈给旗下。以致民生失业，衣食无资，流离困苦，深为可悯。嗣后永行停止，其今年所圈房地，悉令还给民间。"④ 到康熙二十四年（1685 年）彻底革除了圈地弊政，缓和了满汉之间的民族矛盾。

满族在与汉族长期交往的历史过程中，深受汉族文化的影响，满语中出现了诸多的汉语借词，这些借词多为直接借词，即音义一起借用。在满语的名号中亦有所体现。如有清一代后妃的庙号，追谥太祖以前的兴祖（yendebuhe mafa）、景祖（mukdembuhe mafa）、显祖（iletulehe mafa）皆为满文意译，自太祖（taidzu）以后庙号皆为汉文的音译。兹从君主称谓、baturu（巴图鲁）赐号等角度揭示满汉文化和语言的交流情况。

一　满语君主称谓

满语君主称谓主要有 abkai jui（天子）、hūwangdi（皇帝）、han（君）、tumen se（万岁）、dergi（皇上）、ejen（主）、dele（皇上）、enduringge ejen（圣主）、genggiyen ejen（明君）共九个。兹从满语称谓中

---

① 中国第一历史档案馆编，中国社会科学院历史研究所译注：《满文老档》，中华书局1990年版，第264页。

② 《清太宗实录》卷一，天命十一年八月丙子条，中华书局1985年版，第26页。

③ 《清世祖实录》卷四〇，顺治五年八月壬子条，中华书局1985年版，第320页。

④ 《皇朝政典类纂》卷12《田赋》，转自白寿彝《中国通史》第十卷上，上海人民出版社1996年版，第207页。

的汉语借词和满语称谓的变化来阐释满族与汉族间的文化交流。

（一）满语君主称谓中的汉语借词

在上述九个满语君主称谓中，abkai jui（天子）、hūwangdi（皇帝）、han（君）、tumen se（万岁）、dergi（皇上）、dele（皇上）等是借自汉语的。其中皇帝是音译借词，其他皆为借义借词，兹分别对其做进一步阐释。

1. abkai jui（天子）

中国古代封建王朝最高统治者被称为天子。"天子"一词早在周代时就已经出现，是周分封诸侯国的公侯对西周统治者的称谓。周朝以降，"天子"一词便成为中原封建王朝最高统治者的专有称谓。

由此可知，满语的"abkai jui"是借自汉语的借义借词，是清代君主对中原君属称谓的继承。之所以称封建王朝的最高君主为"天子"，主要源于古代社会"天赋君权""天命神授"的观念。

2. hūwangdi（皇帝）

"皇"与"帝"最初是分开来讲的。《说文解字》分别将两者解释为"皇，大也。从自。自，始也。始皇者，三皇，大君也。自，读若鼻，今俗以始生子为鼻子"。与"帝，谛也。王天下之号也"。

满语的 hūwangdi 一词的音和义均借自汉语，皇帝与天子都是对封建社会最高统治者的称谓。

3. tumen se（万岁）

汉语"万岁"一词成为皇帝专属称谓可追溯到汉武帝时期，《史记》中有"呼万岁者三"与"三称万岁"的记载。在汉语中"万岁"一词主要有两个含义：

一是人们表达内心喜悦的欢呼语，如："因烧其券，民称万岁"。[1] 二是封建社会最高统治者的代名词。如："入行营，大学士等进贺表，王公百官毕贺。留牧蒙古王等迎驾行礼，喀尔喀札萨克等集营东门请瞻觐，皆稽首呼万岁。"[2]

可见，满语君主称谓 tumen se 明显是取封建社会最高统治者的含义，是汉语"万岁"的义译借词。"万岁"并非是满语所有，而是继承中原王

---

① 何建章：《战国策注释》，中华书局 1990 年版，第 382 页。
② 《清史稿》卷九〇《礼志九》，中华书局 1976 年版，第 2659—2660 页。

朝的君主称谓。努尔哈赤在继汗位时，只是"八旗诸贝勒大臣依次庆贺元旦，各向汗行三叩首"①。此时并没有呼万岁，而明永乐帝夺取皇位时，则是"群臣备法驾，奉宝玺，迎呼万岁"②。在《明史》中关于皇帝"登基仪"也明确指出："即位日，先告祀天地。礼成，即帝位于南郊。丞相率百官以下及都民耆老，拜贺舞蹈，呼万岁者三。"

4. genggiyen ejen（明君）enduringge ejen（圣主）

"明君"即贤明的君主，是满族入关后继承而来的君主称谓。中原王朝很早就有关于"明君"一词的记载，如《史记》中记载：壶遂曰："孔子之时，上无明君，下不得任用，故作《春秋》，垂空文以断礼义，当一王之法。"③可见，genggiyen ejen（明君）是借自汉语的义译借词。

"圣主"在汉语中出现也较早，《汉书》载："臣闻圣主言问其臣而不自造事，故使人臣得毕其愚忠。唯陛下财幸！"④ enduringge ejen（圣主）也是借自汉语的义译借词。

满语 enduringge ejen 与 genggiyen ejen 一样也是继承前代含义而用满语拼写而成的借义词，汉义为"圣主"。

5. dergi（上）dele（上）

中原王朝在很早就使用"上"这一君主称谓，如《史记》载："上问博士曰：'湘君何神？'博士对曰：'闻之，尧女，舜之妻，而葬此。'"⑤其中的"上"指的就是秦始皇。自此以后直至清代"上"这一君主称谓一直被历代封建统治者所沿用。在清代汉文资料中其也频繁出现，如：上语之曰："吾识尔，尔辽阳无赖萧子玉也。吾非不能杀尔，恐贻大国羞。语尔巡抚，勿复相诈。"⑥ "丙戌，左翼都统总兵官、一等大臣费英东卒，上临哭之。"⑦ 这两处引文中的"上"皆指清太祖努尔哈赤。

（二）君主称谓的变化

在上述满语君主称谓中，君主称谓 han（汗）的称谓主要见于清前

---

① 《满文老档》，中华书局 1990 年版，第 44 页。
② 《明史》卷五《成祖本纪一》，中华书局 1974 年版，第 75 页。
③ 《史记》卷一三〇《太史公自序》，中华书局 1982 年版，第 3299 页。
④ 《汉书》卷四八《贾谊传》，中华书局 1962 年版，第 1735 页。
⑤ 《史记》卷六《秦始皇本纪》，中华书局 1982 年版，第 176 页。
⑥ 《清史稿》卷一《太祖本纪》，中华书局 1976 年版，第 8 页。
⑦ 同上书，第 12 页。

期，如清太祖早年一直以 kundulen han（昆都仑汗，谦恭汗）、genggiyen（庚寅汗，清明汗）等为称，入主中原后，君主称谓逐渐变为皇帝、皇上了。如：

sure kundulen han i cooha：yehei juwan uyun gašan be（sucufi）efulefi gajiha manggi：yehei gintaisi buyanggu：nikan gurun i wanli han de habšame：hadai gurun be dailame efulefi gaiha。①

其意为："聪睿恭敬汗之兵攻取叶赫十九村庄以后，叶赫之金台石、不扬古讼于明国之万历可汗：征哈达国，破而取之。"②

天命元年，努尔哈赤称汗，"额尔德尼巴克什在汗的左前方站立，上尊号称为：'天任命的抚育诸国的英明汗。'"③

"汗"一词，《御制清文鉴》解释为：

gurun be uherilehe ejen be，manju monggo han seme tukiyembi。

译：满洲、蒙古国之共主，称作汗。

可知"满语"han"（汗、君主）一词，借自蒙古语 gaxan"汗、君主"。"汗"是我国北方游牧民族对其首领的最高称号，而在金代，女真人称其首领为"固伦你王"（gurun i wang）。这说明"满语 han 一词为非满语固有词汇，是在同蒙古族的交往过程中借入该词的"④。满族在入关前亦曾是渔猎民族，所以其称君主为"汗"就不难理解了。

满语的 hūwangdi（皇帝）是借自汉语的君主称谓，是汉语皇帝的音译。满族入关后，受中原文化的影响，其君主称谓也逐渐变为皇帝了，汗的使用越来越少。有清一代君主庙号如 taidzu dergi hūwangdi（太祖高皇帝），taidzung genggiyen šu hūwangdi（太宗文皇帝）等皆用皇帝而非汗。臣下也逐渐对君主称皇帝，如："hūwangdi banitai amba hiyoošungga kidume gūnirengge mohon akū ofi。我皇帝大孝性成，思慕无已。"⑤

君主称谓由汗到皇帝，说明满族在入关以前作为狩猎民族，仍保有很强的民族特色，其君主仍像其他少数民族首领一样称汗。入关后，随着与汉民族不断地接触和交往，逐渐接受了中原文化，加之自身统治的需要，

① 《旧满洲档》（二），台北故宫博物院影印 1969 年版，第 79—80 页。

② 赵志强：《清代中央决策机制研究》，科学出版社 2007 年版，第 19 页。

③ 《满文老档》，中华书局 1990 年版，第 44 页。

④ 邰利明：《满语中的蒙古语借词》，硕士学位论文，黑龙江大学，2010 年，第 17 页。

⑤ 庄吉发：《雍正朝满汉合璧奏折校注》，文史哲出版社 1984 年版。

君主称谓便随之而改变了。

二 baturu（巴图鲁）赐号的变化

baturu（巴图鲁）赐号贯穿于整个有清一代，baturu（巴图鲁）赐号语序的汉语化及汉语借词比例不断提高都是满族受汉民族文化影响的真实写照。

（一）语序的变化

关于满语中 baturu（巴图鲁）赐号语序的变化，试取不同时期清代纂修的本纪予以说明。下面两则材料都是记载明神宗万历二十一年癸巳（1593 年）努尔哈赤击败九部联军不久的事，较早的清史本纪记载如下：

"……anagan i omšon biya de, taidzu sure beile eidu baturu, gagai jargūci šongkoro baturu ilan amban de minggan cooha unggifi neyen i fodohoi šancin be kafi, inenggi dari afame, ilaci biya de hoton afame gaifi seowen seksi be wafi, cooha bederehe。"

"闰十一月，太祖淑勒贝勒派了额亦都巴图鲁、噶盖扎尔固齐、硕翁科罗巴图鲁，领一千兵，围了讷殷的佛多和山砦。每天攻打，第三月攻下了城，杀了搜稳、塞克什后回兵"。①

当时努尔哈赤尚未称汗，仅以美称淑勒贝勒为称号。扎尔固齐是从蒙古语借来的职官名称，具有断事官之意。硕翁科罗乃海东青之意。由此可知，"早期满洲部落中常见在一些美号与职称之前再冠上一个形容词，以强调某人功绩伟大或地位崇高，'如阿尔哈图土门贝勒'（argatu tumen beile）（计略多端的贝勒），'墨尔根戴青'（mergen daicing）（聪睿的统治者）等等，凡是用这种特殊称号的人就不用再提起其人的本名了，因为这种特殊称号在同一时期只有一个人可以使用，除非这人死亡或另有特殊称号时，别人才能使用这种专称"②。

到雍乾时代编纂本纪的时候，满文记载却作如下的说法了：

"……anagan i omšon biyade, han baturu eidu, jargūci gagai, šongkoro

---

① 《满洲实录》卷二"三将围攻佛多和山城"，转引自陈捷先《满文清本纪研究》，明文书局 1981 年版，第 119 页。

② 陈捷先：《满文清本纪研究》，明文书局 1981 年版，第 120 页。

baturu anfiyanggū be cooha gaifi, neyen i fodoho alin i šancin be afame ungggi-hede etehe, terei ejen seowen sekei de waifi bederehe。"

"闰十一月，汗派遣巴图鲁额亦都、扎尔固齐噶盖、硕翁科罗巴图鲁安费扬古领兵攻占纳殷部的佛多和山的山寨，杀了山寨之主搜稳、塞克后撤兵"。

可见，到了雍乾时期，人名放于称号之前的方式如 eidu baturu, gagai jargūci šongkoro baturu 一变而为人名放于美称之后的方式了，如 baturu ei-du, jargūci gagai。后者的形式完全失去了满语原有的形式，而变为汉语的称呼形式了。

（二）baturu（巴图鲁）赐号中的汉语借词

福康安，满洲镶黄旗人。因屡有战功，乾隆三十八年封号嘉勇巴图鲁，此乃汉语借词构成 baturu（巴图鲁）赐号之肇始。自乾隆以后汉语借词构成的 baturu（巴图鲁）赐号，便一发不可收拾。自乾隆以后汉语借词构成的 baturu（巴图鲁）赐号的情况大概如下：

乾隆朝可辨别的 baturu（巴图鲁）赐号共 48 个，汉语借词构成的 baturu（巴图鲁）赐号 11 个，约占 22.92%；

嘉庆朝可辨别的 baturu（巴图鲁）赐号共 19 个，汉语借词构成的 baturu（巴图鲁）赐号 11 个，约占 57.89%；

道光朝可辨别的 baturu（巴图鲁）赐号共 13 个，汉语借词构成的 baturu（巴图鲁）赐号 9 个，约占 69.23%；

咸丰朝可辨别的 baturu（巴图鲁）赐号共 111 个，汉语借词构成的 baturu（巴图鲁）赐号 56 个，约占 50.45%；

同治朝可辨别的 baturu（巴图鲁）赐号共 81 个，汉语借词构成的 baturu（巴图鲁）赐号 67 人，约占 82.71%；

光绪朝可辨别的 baturu（巴图鲁）赐号共 18 个，汉语借词构成的 baturu（巴图鲁）赐号 10 个，约占 55.55%。

由此可见，baturu（巴图鲁）赐号以乾隆朝为界，可分为前后两个时期，前期以 hūdun baturu 瑚敦（呼敦）巴图鲁（像马一样快的英雄）、šongkoro i baturu 硕翁科罗巴图鲁（像海东青一样的英雄）、sati baturu 萨泰巴图鲁（像大狗熊一样的英雄）等赐号为主，后期则以继勇巴图鲁、进勇巴图鲁、鼓勇巴图鲁等汉语借词构成的 baturu（巴图鲁）赐号为主，清代自乾隆后每一朝汉语借词构成的 baturu（巴图鲁）赐号比例都在

50%以上。

　　我们可以结合满族社会的发展历史来解释这一现象，有清一代实行"国语骑射"制度，满语曾被作为国语，直至乾隆以后满语才逐渐衰微，故而在清代前期满语 baturu（巴图鲁）赐号中蒙古语借词构成 baturu（巴图鲁）赐号占有的比例较高。到了后期随着与汉民族的不断接触，受中原文化的影响日深，汉语借词构成的 baturu（巴图鲁）赐号也就逐渐增多。满族的先世生活于白山黑水之间，作为游牧民族长期从事着渔猎活动，故而对自然事物有深刻了解，所以多以自然界中的动物作为喻体比喻英雄，直观且形象。到了后期随着满族对中原文化的接受，baturu（巴图鲁）赐号的构成也逐渐接受了汉文化的表达方式。

三　满语年号用字体现了对中原文化的"宪象"

　　从满语年号的释字来看，其释字多与中原王朝历代年号相同。天、崇、德、康、熙、雍、正、乾、隆、光、咸、宣、同字，在清以前的封建王朝年号中，曾大量出现过。

　　有清一代的 13 个年号，每个年号 2 个字，共 26 个字，除去光、治、天三个重复的字，满语年号释字仅 23 个，其中有 15 个字都曾在清以前的年号中出现过。其中乾字出现的频率最高，达 16 次；正字次之，达 9 次，嘉字出现 8 次。这一现象说明，清代满语年号的释字深受中原历代王朝年号用字的影响。

　　清代满语年号蕴含着独特的含义，不仅展现了满族的天命观，而且反映了统治者对天下太平的企盼。满语年号的释字还充分体现了其对中原文化的宪象。

四　汉语返借词 baksi（巴克什）

　　"博士"一词作为职官，早在战国时期就已经出现，许慎的《五经异义》载："战国时，齐置博士之官。"自此以后，"博士"一词便被广泛使用。各民族的频繁交往、不断融合创立了中华民族"多元一体"的文化，故而在中华民族的诸多民族语言中"博士"一词也多有借入。不仅维吾尔语、蒙古语、满语等阿尔泰语系语言中有此词，而且汉藏语系中的藏语中也有，兹将其做一简单概述。

（一）维吾尔语中的 bahsi（巴何色）

维吾尔族的先民是回纥人，他们主要使用突厥文。在古代维吾尔语里有 bahsi（巴何色）。"《古代维吾尔文献选》一书所附《古维语简明词典》中就有'巴何色'（bakxi, baksi, baoisi, bahsi）一词，义为'师傅，教师'"①。

现代维吾尔语里没有 bahsi 这个词，仅有 bahxi（巴何西），bahxi（巴何西）有三个义项：

①［名］巫师，巫医，神汉；

②［名］放鹰者，用鹰打猎的人，猎手（用鹰捕猎物的人）；bahxi lik kilmak（巴何西里克 克里马克）；

③ bahxi（巴何西），教师，大师（表示尊重别人）。

由此可见，现代使用的 bakxi 的义项比古代多出了巫师和放鹰者两个义项。

不仅如此，现代的维吾尔语中还有两个表示巫神、巫师的词，其分别是 dahan（大汗）、perhun（皮尔昏）。

dahan（大汗），其意思是：巫神、巫师。如：dahan lik（大汗里克）：巫师行业 。dahan lik kilmak（大汗里克 克里马克）：行巫术，当巫师，施巫术。据考察，dahan（大汗）应该是源自阿拉伯语和波斯语。

perhun（皮尔昏）为名词，意思是"巫师"。perhun lik kilmak（皮尔昏 里克 克里马克）是名词，其中 perhun lik 是"巫术"之意，perhun lik kilmak 是行巫术、跳神的意思。据考察，perhun（皮尔昏）应该是源自波斯语。

在维吾尔语中，perhun（皮尔昏）同 bahxi（巴何西）的意思是"请巫师求鬼神保佑"。perhun lik（皮尔昏 里克）同 bahxi lik（巴何西里克）的意思是"行巫术、跳神"。

维吾尔族信仰颇为复杂，在其发展历史上不仅信仰过萨满教，而且还信仰过祆教、道教、摩尼教、景教、佛教等，故而 bakxi 巫师、神汉的义项应源自维吾尔族人古时对萨满教的信仰。直至 10 世纪，蒙古察哈台汗国时，伊斯兰教排挤了佛教，成为维吾尔族人的主要宗教。在维吾尔族中，阿拉伯文也便逐渐取代了回鹘文的主导地位，随着维吾尔人对伊斯兰

---

① 谢友规：《"把势（式）"考》，《语言与翻译》1985 年第 4 期，第 43 页。

教的信仰，在与周边民族不断交往的过程中，大量的阿拉伯语、波斯语便被借入到了维吾尔语之中。据学者统计，在维吾尔语的词汇中，阿拉伯语和波斯语借词的数量占 40% 左右。[①]

正因为维吾尔族的信仰不断随着时代而变化，故而其词汇中也与时俱进地出现了 bahxi、dahan、perhun 等词汇。时至今日，维吾尔族民间仍有被人民称为"巴何西""皮尔昏"称谓者，其主要从事着为人相面、占卜以及为人驱邪治病的活动。另外，在维吾尔族民间还有一种为人驱邪祛病时所跳的"皮尔昏"舞蹈，此舞和满族萨满为人驱邪祛病时所跳的"大神"的性质一样，这些都是萨满教信仰在维吾尔族生活中的遗存。

（二）哈萨克语中的 bahsi（巴何色）

哈萨克语与维吾尔语有着亲缘关系，是满—通古斯语系突厥语族重要的一支，在古代的维吾尔语中有 baksi，在现代维吾尔语中却没有，而在现代哈萨克语里却有 bahsi（巴何色）一词，意思是：巫师。

（三）汉藏语系中的 paksi（巴格西）

baksi 一词不仅出现在阿尔泰语系语言中，而且还出现在汉藏语系的藏语中，"博士"一词在"藏语借用后，读作'巴格西'（paksi），意为'教授'、'有学问的人'。如喇嘛教学制中的'拉然巴格西'、'曹然巴格西'、'度让巴格西'等，都是对喇嘛教经学有研究、教授喇嘛教经学的人的尊称"[②]。

满语的 baksi、蒙古语的 pakiei、古维吾尔语中的 bakxi、baksi、baoisi、bahsi 及哈萨克语的 baksi，这些词相互往返借用，其间关系到底如何？有学者提出满语的 baksi，乃借自于蒙古语的 pakiei，蒙古语的 pakiei 乃是借自于汉语的"博士"一词，后来被汉语返借回来变为"把式"的观点（"巴克什"一词不仅出现在满语中，蒙古语里直到现在，还有"巴克西"一词，就是"把势"的原词，是"老师"的意思。可见，满语的巴克什是借自蒙古语的。正如有的学者所言"'博士'一词，被蒙语借用，叫作〔pakiei），意思是"老师"。又被汉语搬回来，就是"把式"，意思是擅长

①　马启成、丁宏：《中国伊斯兰文化类型与文化特色》，中央民族大学出版社 1999 年版，第 159 页。

②　李作南、李仁孝：《内蒙古汉语方言中的返借词》，《内蒙古大学学报》2007 年第 4 期，第 17 页。

某种手艺的人（如：车把式、花儿把式、武把式、老把式……）和贬义的"把戏"（如小把戏、鬼把戏、耍把戏……）"①。但是面对诸多民族中的 baksi 一词，我们仍然难以判定"把式"作为汉语中的一个返借词，到底返自哪个民族。虽然我们不能厘清 baksi（巴克什）一词确切的来龙去脉，但是这种诸民族间共有的借词却反映了各族文化的相互影响与交融，是民族交往的"活化石"。

第三节　满族与藏族的文化交流

有清一代的满语巴图鲁名号中，不仅有借自蒙古语、汉语构成的 baturu（巴图鲁）赐号，而且还出现了借藏语构成的 baturu（巴图鲁）赐号。藏语借词构成的 baturu（巴图鲁）赐号反映了满族与藏族的文化交流。

一　清与西藏关系的确立

"明末清初，青海厄鲁特蒙古统治了西藏，而西藏则是蒙古族宗教信仰的圣地。故此，蒙古族和藏族有着密不可分的政治、社会、思想文化方面的联系"②，所以清政府能否处理好满藏间的民族关系就显得尤为重要。

清朝政府与西藏有所联系应始自清太宗皇太极。"崇德四年（1639），在蒙古王公的建议下皇太极派人进藏联系，致书第悉藏巴汗和'掌佛法大喇嘛'，请他们派高僧前来传教。崇德七年（1642）十月，伊拉古克三到达盛京。上亲率诸王贝勒大臣出怀远门迎之。还至马上率众拜天，行三跪九叩头礼毕，进马馆，上御座。伊拉古克三呼土克图等朝见，上起迎。"③

1644 年清军入关的同时，顺治特遣使前往西藏迎请五世达赖喇嘛，并致书告知固始汗。顺治八年（1651），顺治帝再次派遣多卜藏古西等至西藏，请五世达赖喇嘛进京。顺治九年，五世达赖喇嘛阿旺罗桑嘉措应顺

① 张清常：《语言学论文集》，商务印书馆 1993 年版，第 358 页。
② 张羽新：《清政府与喇嘛教》，西藏人民出版社 1988 年版，第 42 页。
③ 《太宗文皇帝实录》，中华书局 1985 年版，卷六十三，第 858 页。

治皇帝的邀请，率领蒙藏官员侍从三千人朝觐并于该年十二月抵达北京，顺治十年三月离京。和硕承泽亲王奉命在代噶（内蒙古凉城）召蒙古外藩王公贝勒等于此与达赖喇嘛相会，册封五世达赖喇嘛的满、汉、蒙、藏四种文字的金册金印。金印全文是"西天大善自在佛所领天下释教普通瓦赤喇怛喇达赖喇嘛之印"。故有的学者认为"顺治皇帝册封五世达赖喇嘛阿旺罗桑嘉措之后，达赖喇嘛的封号和其在西藏政治上的地位才正式确定下来。从此，历代达赖喇嘛都须经中央政府的册封遂成为制度"①。清朝初年，清政府实行以蒙治藏间接管理制度的弊端逐步暴露，"清朝政府遂改为政教合一的摄政制度和中央政府的直接管辖制度，有效地维护了西藏社会的稳定"②。

康熙五十九年（1720）清朝出兵入藏，驱逐准噶尔军，护送七世达赖在拉萨"坐床"，受到僧众的欢迎；后来又陆续平定了罗卜（布）藏丹津叛乱、阿尔布巴叛乱、珠尔默特那木扎勒叛乱以及平定大小金川叛乱等，维护了藏区的社会稳定秩序，并击退了廓尔喀的入侵，巩固了西南边疆，维护了国家主权。清世宗胤禛于雍正五年（1727）初设"驻扎西藏办事大臣"，统掌前藏和后藏之军政，有效地加强了中央政府对西藏的统治，进一步密切了中央与西藏地方的关系。乾隆五十八年（1793）颁布了《钦定西藏章程》（又称《藏内善后章程二十九条》），使西藏地方事务的管理步入法制化和规范化的轨道。

二　baturu（巴图鲁）赐号中的藏语借词

藏语借词构成的 baturu（巴图鲁）赐号首见于乾隆三十七年（1772）。第一个藏语借词构成的 baturu（巴图鲁）名号是赐给小金川人木塔尔的 rtsam pa（赞巴巴图鲁）③。木塔尔乃小金川头人作乱时投奔清朝之降将，因其作战勇猛，诚恳为清效力，而得号赞巴巴图鲁。

乾隆朝赐号中出现了 3 个藏语借词构成的 baturu（巴图鲁），除了 rtsam pa（赞巴巴图鲁）外，还有 bstan pa baturu（丹巴巴图鲁）、glang

---

① 黄玉生、车怀明等：《西藏地方与中央政府关系史》，西藏人民出版社 2005 年版，第 120 页。

② 余梓东：《论清代民族关系格局的形成与发展》，《中央民族大学学报》2007 年第 6 期，第 65 页。

③ 《清史稿》卷三三三《木塔尔传》，中华书局 1976 年版，第 10995 页。

chen baturu（朗亲巴图鲁）。这两个藏语借词构成的 baturu（巴图鲁）赐号分别是赐给满洲正黄旗人和隆武和满洲正蓝旗人库勒德的。

glang chen（朗亲）：义为"大象"。

bstan pa（丹巴）：义为"教，宗教"。

有清一代，不仅在乾隆朝的 baturu（巴图鲁）赐号中出现了藏语借词，而且在咸丰年间 baturu（巴图鲁）赐号中也出现了洽希、色固和莽贲三个藏语借词。

色固、洽希及莽贲的含义分别是：

se gol（色固），义为"弹指"。

cha yig（洽希）、cha tshig（恰次），义为"对联"。

dpe bzang（莽贲），义为"模范"。

baturu（巴图鲁）赐号中出现藏语借词的现象，仅出现在乾隆和咸丰两个时期。

三　rtsam pa（糌粑）的文化内涵

"糌粑"是藏族人民所食的主要食品。rtsam pa（糌粑）义为：豆麦等粮食炒磨而成的炒面。糌粑的主要原料是青稞（又称裸大麦，藏语"乃"），根据原料的不同，"糌粑可以分为乃糌（即青稞糌粑）、散细（即去皮豌豆炒熟后磨成的糌粑）、毕散（即青稞和豌豆混合磨成的糌粑）等"①。糌粑是藏族人民的主食。糌粑饮食不仅是藏族人民饮食的精华，更是藏族人民的象征。

青藏高原地势高寒，作物的生长期较短，糌粑的主要原料青稞是青藏高原的主要作物。"其在青藏高原种植的历史可以追溯到距今 3500—4000年前。西藏山南地区的昌果沟遗址出土的青稞碳化粒就是一个证明"②，"史称藏族先民曾以野生青稞为食，公元前 2 世纪前后，引为家种，逐渐成为藏族人民的主要粮食"③。气候的严寒，不利于青藏高原农业的发展，因此畜牧业是藏族的主体经济形式，而糌粑不仅营养丰富，而且具有携带

①　贡保草：《试析藏族糌粑食俗及其文化内涵》，《青海民族学院学报》2003 年第 1 期，第 61 页。

②　索朗卓玛：《藏族食具分类与文化内涵》，《西藏艺术研究》2010 年第 4 期，第 45 页。

③　贡保草：《试析藏族糌粑食俗及其文化内涵》，《青海民族学院学报》2003 年第 1 期，第 61 页。

方便的优点，所以成为藏族人民的主要饮食。糌粑不仅是藏族人民的主食，而且还寄托了藏民们的精神。在藏族中不仅流传着得到青稞种子的美丽传说，而且人们还用糌粑来阐释生活中的道理。如藏族流行着这样的民歌：

"幸福时三甜从未尝一口，困苦时干糌粑从未断顿。

话想好了再说，糌粑嚼好了再咽。

父母的忠告，不遇挫折不明白；糌粑的香味，不到嘴里不知道。

红糖好吃不耐久，糌粑不甜能充饥。

男勤女劳，糌粑滚蛋蛋；男懒女惰，债主挤破门槛。

青稞面越磨越细，道理儿越说越明。

说过的话语在心里，吃过的糌粑在肚里。

讽刺谴责诬陷他人行为的：糌粑自己吃了，空袋推给别人"。①

糌粑是藏族人民日常生活中不可或缺的食物，"糌粑已不单单是藏民族的一种饮食民俗，而是藏民族饮食文化的集中反映，蕴含着藏族人民的历史、文化发展及其所积淀的心理、观念、伦理、道德、信仰等内涵。"②

炒面便于携带，也曾是满族人们征战中的主要食物，在史书中也多有记载。但是炒面并未成为满族主要的饮食，这与满族人民所生活的环境、社会生产方式有很大的关系。了解了藏族人与糌粑的关系，清朝统治者赐予小金川人"赞巴"的理由就不言自明了，它是清朝统治者尊重藏族人民精神文化信仰的重要体现。

清王朝是以满族封建统治者上层为主体建立的中国封建君主专制政权中最后出现的一个少数民族统治的新兴王朝。清朝统治者能否处理好其与各民族间的关系，关系到国家的长治久安。随着入关前后社会环境的变化，清代统治者最终形成了前期军事上主要依附蒙古，后期政治上主要依附汉族的民族关系格局。正如有的学者所言"满蒙汉'联盟关系'是有清一代满族统治者为笼络蒙古族封建王公和汉族地主阶级，在处理民族关系中奉行不替的宗旨，也是清朝统治者在全国范围内建立长达二百六十七

---

①　贡保草：《试析藏族糌粑食俗及其文化内涵》，《青海民族学院学报》2003 年第 1 期，第 61 页。

②　同上。

年有效统治过程中贯彻始终的一项基本国策。"① 在清代这一民族政策的指引下，各族人民不断相互接触和交往，最终走向融合，形成了多元一体的中华民族。清代满语名号不仅是清代民族政策的一面镜子，而且也是满族与其他各民族间不断交往、融合的"活化石"。

本篇小结

　　本篇主要从满语名号与自然环境和社会环境两方面对满语名号与生态环境关系进行了阐释。

　　满语名号与自然环境部分，通过对满语名号语义的分析，对满族先民所生活的自然环境和满族先民的游牧生活方式进行了阐释。满语名号与自然环境方面，主要从以灵禽、走兽、为喻体的 baturu（巴图鲁）赐号及满族生活中的比喻角度进行阐释。满语名号与满族的游牧生活方式方面，通过满语名号语义分析了马与箭在满族人民生活中的重要性。进一步将满语名号的语义与汉语语义进行对比，更加凸显了满语名号语义的民族特色。

　　满语名号与社会环境部分，满语名号中的汉语、蒙古语及藏语借词构成的 baturu（巴图鲁）反映了满族与汉族、蒙古族及藏族间的文化交流。

---

　　① 中国北方民族关系史编写组：《中国北方民族关系史》，中国社会科学出版社 1985 年版，第 398 页。

第五篇

满语名号与社会制度文化

名号是统治者赐予兄弟子侄和奖赏有功之臣的荣誉称号，名号制度不仅是奖赏制度的重要表现形式，同时也是政治制度的重要组成部分。每个朝代的名号制度都有其发展演变的过程。满洲初创伊始，努尔哈赤依附于与本族生活习俗较为相似且实力较强的蒙古各部，并用高超的政治手段妥善处理与其他民族的关系，最终战胜明朝建立了"后金"政权。努尔哈赤为了表彰兄弟子侄与功臣在建国过程中的的功绩，不仅赐予他们重金，而且还赐予他们国语（满语）名号以彰显他们的政治地位，这种制度在清入关后得到进一步的延续。兹将对满语名号制度在有清一代具体发展情况作一详细叙述。①

---

① 因 baturu（巴图鲁）赐号释义在本书第一章已分别解释并注明了出处，故而此章各阶段在涉及满语 baturu（巴图鲁）赐号的释义时不再标注出处。

第一章

满语名号制度的演变过程

满语名号制度随着清代政治的发展先后经历了太祖至太宗时的萌芽、顺治至嘉庆时的创立、道光至同治时的发展及光绪至宣统的衰亡四个阶段，兹分别进行阐释。

第一节　满语名号制度的萌芽

入关前的太祖、太宗时期是清代满语名号制度的肇始时期。兹分别对太祖、太宗时期满语名号情况及其特点进行阐述。

一　太祖时期

有清一代文臣武将的赐号多萌芽于清太祖时期，这一时期主要有 baturu（巴图鲁）、baksi（巴克什）、darhan（达尔汉）、joriktu（卓礼克图）等赐号，这些满语赐号皆借自蒙古语。

（一）baturu（巴图鲁）赐号

baturu（巴图鲁）赐号首次出现于万历十三年（1585）。据《清史稿》载"乙酉年，因穆尔哈齐屡从征伐，赐号青巴图鲁"①。此乃有清一代有据可查的第一个武将赐号。在清太祖时期，得 baturu（巴图鲁）赐号者共有 6 人，如代善被赐予 guying baturu（古英巴图鲁），喀喇和穆克谭被赐号 baturu（巴图鲁）。

（二）baksi（巴克什）赐号

baksi（巴克什）这一满语赐号，最早见于明万历十九年（1591），得

---

① 《清史稿》卷二一五《诸王传一》，中华书局 1976 年版，第 8939—8940 页。

号者乃阿林察①。

有清一代得 baksi（巴克什）赐号者，多为兼通满、蒙、汉文的博学之士，是整个文职人员中的佼佼者。张丹卉认为"兼通满、蒙、汉语的巴克什大多是海西女真人"②。太祖至世祖时期被赐予 baksi（巴克什）名号者，主要有达海、额尔德尼等近十人。

（三）darhan（达尔汉）

darhan（达尔汉）赐号，首次出现是在万历三十七年（1609），"冬十二月，复命扈尔汉将千人伐渥集部，取滹野路，收二千户以还，太祖嘉其功，赉甲胄及马，赐号'达尔汉'"③。

（四）joriktu（卓礼克图）

joriktu（卓礼克图）赐号，首次出现于万历二十六年（1598），"太祖命偕褚英伐安楚拉库路，夜取屯寨二十，降万余人，赐号卓礼克图，译言'笃义'"④。

二　太宗时期

清太宗时期，随着国家政治发展的需要，皇太极不仅追谥先祖，而且分封兄弟子侄，清代谥号制度肇始于此。在文臣武将的赐号方面，该时期不仅继承了其父努尔哈赤时期所使用的 baksi（巴克什）、baturu（巴图鲁）等名号，而且还出现了新赐号。

（一）追谥先祖

清帝尊谥先祖，始于清太宗皇太极。"崇德元年，太宗受尊号，追封始祖为泽王、高祖庆王、曾祖昌王、祖福王，上太祖武皇帝、孝慈皇后尊谥"⑤，此乃有清一代帝后谥号之始。与此同时，皇太极分别尊都督孟特穆（猛哥铁木儿）、福满、觉昌安、塔克世为泽王、庆王、昌王和福王，并上太祖皇帝尊谥"承天广运圣德神功肇纪立极仁孝武皇帝"⑥。

---

① 《清史稿》卷二二三《杨吉砮传》，中华书局1976年版，第9139页。
② 张丹卉：《论满族文化先驱——巴克什》，《史学集刊》2004年第1期，第21页。
③ 《清史稿》卷二二五《扈尔汉传》，中华书局1976年版，第9188页。
④ 《清史稿》卷二一五《诸王传一》，中华书局1976年版，第8963页。
⑤ 《清史稿》卷八六《礼志五》，中华书局1976年版，第2583页。
⑥ 同上书，第2584页。

（二）分封亲王

崇德元年（1637）四月，清太宗为分叙诸兄弟子侄军功，始定王公以下和硕亲王（hošoi cin wang）、多罗郡王（doroi giyūn wang）、多罗贝勒（doroi beile）、固山贝子（gūsai beise）、镇国公（gurun be dalire gung）、辅国公（gurun be aisilara gung）、镇国将军（gurun de dalire janggin）、辅国将军（gurun de aisilara janggin）、奉国将军（gurun be tuwakiyara janggin）九等爵以封宗室。[①] 规定以显祖皇帝本支为宗室，伯叔兄弟之枝为觉罗。宗室束金带，觉罗束红带以示区分，在受封时"王、贝勒及王贝勒妃、夫人、公主俱给纸册授封"[②]。

（三）文臣武将的赐号

清太宗皇太极时期，对于文臣武将的封赐，不仅继承了太祖时期 baksi（巴克什）、baturu（巴图鲁）等赐号，而且还出现了 hošoci（和硕齐）、jinong（济农）、erke chur（额尔克楚虎尔）等新赐号。

1. baksi（巴克什）

baksi 乃努尔哈赤时期文臣儒者的赐号，在皇太极时期此赐号继续使用，被赐予 baksi 名号者主要有库尔禅、刚林等。此外，太祖、太宗时，额克星额、库拜、达雅齐塔布囊、龙什皆曾被赐名"巴克什"。

2. baturu（巴图鲁）

太宗朝共有吴巴海、劳萨等 17 人被赐予 baturu（巴图鲁）名号，如：满朱习礼赐号 darhan baturu（达尔汉巴图鲁）、喀克都里被赐号 gasha baturu（噶思哈巴图鲁）。从得 baturu（巴图鲁）赐号者民族来看，太宗时期得号者皆为满族。

3. 新增名号

在清太宗时期，不仅继承了太祖时期的 baturu（巴图鲁）、baksi（巴克什）等满语名号，而且还新增设了 hošoci（和硕齐）、jinong（济农）、erke chur（额尔克楚虎尔）、伟征等新的满语名号。如：

奈曼部额森伟征的儿子衮楚嗣位，称巴图鲁台吉，服属于察哈尔。因林丹汗不道，于天聪元年（1627），偕从子鄂齐尔等率属来归，清太宗归还其牧场。鄂齐尔帅卒斩察哈尔兵百余人，获牲畜百余献于清太宗，为彰显其功，清太宗给鄂齐尔号赐和硕齐。

erke chur（额尔克楚虎尔）多铎"天聪二年（1628），从太宗伐多罗特部有功，赐号额尔克楚呼尔"①。

第二节　满语名号制度的创立

顺治元年（1644），清朝在明朝降将吴三桂的带领之下大举进入山海关，并攻占京师，成为统治全国的中央政府。为了进一步适应新的政治形势，在管理实践中清政府也不断完善各项规章制度，其中也包括名号制度。在稳固统治政权后，清代领导者不断调整名号制度。顺治至嘉庆时期是满语名号制度创立时期，兹分别从帝后谥号、亲王谥号及文臣武将赐号角度对这一时期满语名号具体情况进行阐释。

一　帝后的谥号

清代帝后谥号虽始于清太宗皇太极时，但尚未形成定制。如清太祖努尔哈赤的谥号，在皇太极时期为："承天广运圣德神功肇纪立极仁孝武皇帝"。康熙元年（1662）四月丙辰，"圣祖缵业，加太祖'睿武弘文定业'六字，更庙号高皇帝"②，雍正元年八月己酉，又加"端毅"；乾隆元年三月乙巳（1736），加"钦安"："乙巳，加上太祖尊谥曰太祖承天广运圣德神功肇纪立极仁孝睿武端毅钦安弘文定业高皇帝。"③

可见，清太祖皇帝谥号用字的增加过程：在皇太极时期为15字，至康熙时期增 horonggo enduringge，šu be iletulehe，doro be toktobuha（睿武弘文定业）6字，到康熙时改 horonggo（武）为 dergi（高）；雍正时增加 ambalinggū kengse（端毅）2字；乾隆元年增加 ginggun elhe（钦安）2字，达到了24个字。

关于有清一代皇帝及皇后的加谥过程前文多有阐释，兹不一一例举。值得注意的是，此时期皇帝加谥的过程中，出现了改谥的现象，康熙皇帝

---

① 《清史稿》卷二一八《诸王传五》，中华书局1976年版，第9033页。
② 《清史稿》卷八六《礼志五》，第2584页。
③ 《清史稿》卷一〇《高宗本纪一》，第348页。

认为 dergi（高）字更能体现太祖的功绩，于是将 horonggo（武）改为 dergi（高）字，这说明此阶段的谥法制度还处于初创阶段，尚未完善。

为了彰显列祖列宗的功勋，新帝登基后不断对列祖列宗进行加谥，进而造成了谥法的繁杂与混乱。于是乾隆帝颁旨："宗庙徽称有制，报本忱恫靡穷，藉抒至情，不为恒式。"① 但乾隆遗训似乎没有起到太大的作用，至嘉庆帝时太祖努尔哈赤尊谥已加至 24 字，太宗文皇帝、世祖章皇帝、圣祖仁皇帝尊谥已加至 22 字，列后尊谥则已加至 16 字。颂美无穷而尊崇有致，为此嘉庆帝决定"凡列圣尊谥已加至二十四字，列后尊谥已加至十六字不复议加"②。自此清代帝后谥法从谥词至谥义、谥号字数等都有了明确规定，以后清代的历朝皇帝都要严格尊守这一定制。

由此可见，清代皇帝加谥制度经历了太祖、太宗时期的混乱到圣祖形成定制的过程，正如徐广源所言"清帝谥号自圣祖起，子辈初谥 20 字，孙辈加 2 字，满 22 个字，经两个阶段，越两朝形成规律"。③

纵观清代皇帝谥号，除太祖为 24 个字外，穆宗、德宗为 20 字外，其余均为 22 个字。清帝谥号第二个字为 abka（天）字，第四字为 forgon（运），除太宗第四个字为 gurun（国）字外皆同，且每一谥号之中皆有 hiyoošun（孝）字。据史书载，清代帝谥用字共 71 个："圣、神、文、武、聪、明、睿、哲、中、正、高、章、纯、懿、孝、德、诚、信、渊、献、仁、惠、宽、温、元、裕、和、顺、敦、定、宁、康、靖、景、刚、肃、威、毅、烈、义、襄、礼、庄、敬、恭、俭、钦、安、穆、端、原、厚、僖、翼、宪、度、理、齐、匡、平、直、简、质、英、敏、成、昭、宣、显、光、熙。"④

二　亲王的谥号

顺治至嘉庆时期，不仅确立了帝后谥号制度，而且清代的宗室封爵及谥号制度不断完善，兹仅以亲王名号的不断完善为例以示说明。

（一）顺治时期

清太宗崇德元年（1637）在宗室内实行了九等封爵。为了进一步完

---

① 《清史稿》卷八六《礼志五》，中华书局 1976 年版，第 2586 页。

② 同上。

③ 徐广源：《清朝帝后妃谥号浅议》，《清史研究》1997 年第 4 期，第 97 页。

④ （清）吴振棫：《养吉斋丛录》，中华书局 2005 年版，第 161—166 页。

善宗室封爵制度，顺治六年（1649），实行降封制度，在奉国将军（gurun be tuwakiyara janggin）之下又增加奉恩将军（kesi be tuwakiyara janggin），由此清代宗室形成了十等封爵。"顺治十一年（1654）题准，封亲王世子及郡王妃，给镀金银册"①。

关于宗室的谥号"顺治十二年（1655）题准，亲王以下，奉恩将军以上，薨故者，请旨给与谥号"②。另规定凡诸王贝勒文武大臣祭文碑文"由内阁撰定成式，填名给发"③。可见，在顺治时期不仅明确限制了获得谥号人员的身份等级而且规范了祭文的撰写。

据笔者统计，顺治时期共给 6 位亲王加谥，其谥字分别是 gungge（烈）、horonggo（武）、kemungge（简）、tokton（定）、ambalinggū/tob/elgiyen（庄），其中 ambalinggū/tob/elgiyen（庄）出现了 2 次。

（二）康熙时期

康熙时期，对亲王的谥字又作了进一步的规定，"康熙二年（1663）题准，贝勒以下，奉恩将军以上，薨故者，盖停题请追谥，若应与谥者，仍侯旨给赐。四年题准，贝勒以下，辅国将军以上，薨故者，应否与谥，题请上裁。九年题准，诸王薨故者，应于原号内加谥一字。其已经给谥，未留原号者，应于谥内赠书原号"。④ 辅国将军的爵位等级比奉恩将军的高，说明康熙四年与康熙二年相比，对赐予谥号的爵位等级要求是有所提高的。如顺治八年（1651），加封为康亲王的杰书，卒于康熙三十六年，谥号"良"，则被称为 nesuken nomhon cin wang（康良亲王）。

康熙十七年（1678）谕，"赐谥诸王大臣等祭文碑文，交翰林院撰拟，内阁奏阅"。可见到了康熙时期，得谥人员祭文、碑文的撰写由翰林院负责，内阁只负责审阅，与顺治时有所不同。

"凡撰拟诸王贝勒及文武大臣谥号，由宗人府礼部题准，移文内阁撰拟，奏请钦定。康熙二十年（1681）题准，亲王郡王，谥号用一字，贝勒以下、辅国将军以上，谥号用二字"⑤。至此，谥号的撰拟程序更加规范，有了具体的负责部门和流程规定，谥号用字字数也依据身份的不同有

---

① 《大清会典》（康熙朝），卷四六，清康熙二十九年内府刊本，第 2217 页。
② 《大清会典》（康熙朝），卷一，宗人府，清康熙二十九年内府刊本，第 17 页。
③ 同上书，第 50 页。
④ 同上书，第 17—18 页。
⑤ 同上书，第 50 页。

了明确的规定。

康熙时期共给 18 位亲王加谥，用字 17 个，其分别是：fulu（裕）、gulu（纯）、hafuka（通）、kicebe/ulhisu（敏）、bodohonggo（献）、fujurungga（懿）、genggiyen（昭）、fulehun（惠）、dacun/kengse（毅）、toktobuha/necihiyen（靖）、temgetulehe（宪）、hūwaliyasun（和）、nomhon（良）、gingguji（恪）、dasaha（修）、kimeciku（密）、usacuka（悼），其中 usacuka（悼）出现了 2 次。通过上面的统计分析，可知康熙时期亲王的谥号用字不断在发展，皆不重复。

（三）雍正时期

雍正即位，进一步完善宗室的爵位制度，雍正九年（1731）又规定宗室公加封"奉恩"的字样，故而镇国公、辅国公又被称作奉恩镇国公（kesi be tuwakiyara gurun be dalire gung）、奉恩辅国公（kesi be tuwakiyara gurun de aisilara gung）。

雍正时期共给 8 位亲王加谥，用字 8 个，其分别是：erdmengge/mergen（贤）、kimeciku（密）、usacuka（悼）、toktobuha /necihiyen（靖）、dasaha（修）、hošonggo/tab（端）、nemgiyen（温）、bodohonggo（度）。

在这 8 个字中，hošonggo、tab（端）、nemgiyen（温）、bodohonggo（度）、erdmengge/mergen（贤）4 字为新增用字。由此可见，此时期亲王的谥号用字在不断地完善。

（四）乾隆时期

乾隆登基后，进一步完善宗室封爵制度，乾隆十三年（1784）钦定和硕亲王（hošoi cin wang）、世子（šidzi）、多罗郡王（doroi giyūn wang）、长子（jangdzi）、多罗贝勒（doroi beile）、固山贝子（gūsai beise）、奉恩镇国公（kesi be tuwakiyara gurun be dailire gung）、奉恩辅国公（kesi be tuwakiyara gurun de aisilara gung）、不入八分镇国公（jakūn ubu de dosimbuhakū gurun be dalire gung）、不入八分辅国公（jakūn ubu de dosimbuhakū gurun de aisilara gung）、镇国将军（gurun de dalire janggin）、辅国将军（gurun de aisilara janggin）、奉国将军（gurun be tuwakiyara janggin）、奉恩将军（kesi be tuwakiyara janggin）十四等封爵，亲王嫡子封世子，郡王嫡子封长子。故《大清会典》（乾隆朝）又云"凡封爵十有四

等"①。

　　清代规定以旁支子孙袭亲王、郡王，要向上追封其三代，追谥便显得过滥，而宗室贝勒以下辅国将军以上者去世，每次均请旨是否予谥也很麻烦，因而乾隆十五年（1750）大学士又议准："追封王等概不予谥；贝勒以下兼一品职任者，仍以应否予谥请旨；其兼二品职衔以下职任者不予谥。"② 即划定了贝勒以下宗室，只有兼任大学士、尚书、左都御史、将军和都统者，死后方有资格得到谥号。

　　此外，乾隆皇帝还进一步将宗室封爵细划为功封和恩封两类，始定"世袭罔替"之制。乾隆四十一年（1776）规定："诸王袭爵，经朕酌定，由军功封晋者世袭周替，其余恩封诸王袭爵时，皆应以次递降。"③ 乾隆帝之所以这样做，有的学者认为是"为了表彰开国诸王，激励后世子孙以他们为楷模，报效朝廷，永保大清江山"④。

　　乾隆时期共给 24 位亲王加谥，用字 18 个，其分别是：dacun（毅）、kengse（懿）、fujurungga（懿）、olhošon（僖）、hairacuka（怀）、kemungge（简）、yonggo（仪）、hišengge（悫）、elhe（安）、gingule（谨）、gulu（纯）、tondo（忠）、gungnecuke（恭）、nomhon（良）、hošonggo/tab（端）、olhoba（慎）、gingguji（恪）、kicebe（勤）、ambalinggū/tob/elgiyen（庄），其中恪 4 次、勤 3 次、庄 2 次。

　　在 18 个谥字中，olhošon（僖）、hairacuka（怀）、yonggo（仪）、kemungge（简）、hišengge（悫）、elhe（安）、gingule（谨）、tondo（忠）、gungnecuke（恭）、olhoba（慎）、kicebe（勤）11 个字是新增谥字。

　　（五）嘉庆时期

　　嘉庆时期共给 8 位亲王加谥，谥字 5 个，其分别为：gungnecuke（恭）、faššangga（襄）、olhoba（慎）、gingguji（恪）、olhošon（僖），其中 gungnecuke（恭）出现 4 次，仅有 faššangga（襄）为新增谥字。

　　顺治至嘉庆时期，宗室谥号的削夺制度也基本形成。如安亲王岳乐康熙二十八年（1689 年）薨，谥曰 hūwaliyasun（和），三十九年（1700）

　　① 《钦定大清会典》（乾隆朝），摛藻堂四库全书会要本，卷一·宗人府。
　　② 程大鲲：《清代宗室亲王之封谥》，《满语研究》1997 年第 2 期。
　　③ 郭成康：《清宗室爵号考》，《满语研究》1985 年创刊号。
　　④ 程大鲲：《清代宗室亲王之封谥》，《满语研究》1997 年第 2 期。

缘事被追降为郡王，并夺谥。端重亲王博洛顺治九年（1652）卒，谥曰tokton（定），顺治十六年（1659），因其曾附和睿亲王多尔衮，被追削谥号，降为贝勒。

满族入主中原后，依照明制规定了谥法，在《钦定大清会典》上明确规定了75个字用以予谥亲王和郡王。据程大坤统计，除了显亲王衍璜和郡王绵伦谥号为谨以及另4位谥号为两个字的郡王外，其余曾获谥号的92位亲王和54位郡王谥号均出自谥法表，其谥号分别为忠、纯、贤、献、懿、庄、敬、端、恭、恪、仪、宪、温、惠、和、顺、良、裕、安、靖、哲、通、修、敏、勤、襄、密、慎、度、比、定、僖、节、介、诚、悫、简、厚、质、武、毅、烈、昭、隐、怀、哀、悼[1]。

三　文臣武将的赐号

清代自世祖顺治1644年入关直至乾嘉时期，文臣武将的满语名号制度也逐渐地完善，并形成制度。太祖、太宗时期darhan（达尔汉）、伟征、baksi（巴克什）等赐号基本退出了历史的舞台。兹将这一时期文臣武将满语名号的具体情况详述如下。

（一）baksi（巴克什）、noyan（诺颜）

顺治至嘉庆这一时期，随着清政府各项典章制度的不断完善，文臣武将赐号制度也最终确立。

清政府虽然在天聪五年（1631）七月规定"改巴克什为笔帖式，本赐名者仍之"[2]，但顺治时期的刚林[3]却是有清一代最后一个得号baksi（巴克什）者。

不仅如此，"诺颜的称号也在康熙朝中期被汗、郡王、贝勒、贝子等封爵取代"。[4] baksi（巴克什）赐号的取消，笔者认为应该与清朝推崇武功及实施学校制度是相关联的。

（二）baturu（巴图鲁）赐号

baksi（巴克什）、noyan（诺颜）等赐号在顺治至嘉庆时期退出历史

---

① 程大鲲：《清代宗室贵族的封爵与谥号》，《兰台世界》1997年第7期，第38—39页。
② 蒋良骐：《东华录》，鲍思陶等点校，齐鲁书社2005年版，第27页。
③ 《清史稿》卷二四五《刚林传》，中华书局1976年版，第9629页。
④ 商鸿逵、刘景宪、季永海等：《清史满语辞典》，上海古籍出版社1990年版，第161页。

舞台，但是武将 baturu（巴图鲁）赐号却得以保留下来，并由太祖、太宗时期单一性走向了多元性，这一特点无论是从受封者的民族，还是 baturu（巴图鲁）赐号的构成上皆有所体现。baturu（巴图鲁）赐号制度在这一时期基本定型，并成为后代封赐勇号的规范。兹将此时期 baturu（巴图鲁）赐号的情况作一阐述。

清代顺治一朝仅有两人获得 baturu（巴图鲁）赐号，其分别是满洲正红旗人沃申①和满洲正黄旗人沙纳哈②，且仅赐号 baturu（巴图鲁）。康熙、雍正两朝得号 baturu（巴图鲁）较乾隆、嘉庆时期，baturu（巴图鲁）赐号得到了完善，并成为定制，为后代所沿袭。乾嘉时期 baturu（巴图鲁）赐号制度的完善主要表现在以下几个方面：

1. 民族成分的多元性

在清代太祖、太宗时期，得 baturu（巴图鲁）赐号者皆为满族。自乾隆以降，baturu（巴图鲁）赐号获得者的族属出现了多元化的趋势，baturu（巴图鲁）赐号不再为满族人所垄断。

乾隆一朝被赐予 baturu（巴图鲁）赐号者，满族 48 人、蒙古族 6 人、藏族 1 人、汉族 13 人，共 68 人。按百分比计算，满族人占 70.58%；汉族占 19.11%；蒙古族占 8.82%。

嘉庆一朝得 baturu（巴图鲁）赐号者 22 人，其中满族 8 人、汉族 14 人。按百分比计算，满族人占 36.36%；汉族占 63.63%。

2. 借词的多元性

在清代乾嘉时期，baturu（巴图鲁）名号构成形式也走向了借用语言的多元化。baturu（巴图鲁）赐号中出现了大量的借词，在借词中不仅依旧借用蒙古语，而且还出现了汉语、藏语借词。兹分别将乾隆、嘉庆年间满语 baturu（巴图鲁）赐号按着含有借词和不含借词及存疑 baturu（巴图鲁）赐号做一叙述。

（1）乾隆时期的 baturu（巴图鲁）赐号

乾隆、嘉庆朝是满语名号制度不断创立完善的阶段，借自藏语、汉语及蒙古语的 baturu（巴图鲁）赐号都肇始于乾隆年间。

［1］含有借词的 baturu（巴图鲁）赐号

① 《清史稿》卷二五八《沃申传》，中华书局 1976 年版，第 9838 页。
② 《清史稿》卷二五八《沙纳哈传》，第 9827—9828 页。

乾隆年间含有借词的 baturu（巴图鲁）赐号，主要借自蒙古语、汉语及藏语，兹分别阐释：

①藏语借词构成的 baturu（巴图鲁）赐号

乾隆三十七年（1772），小金川人木塔尔投诚且屡战有功，得号 rtsam pa baturu（赞巴巴图鲁），成为清代获得借自藏语构成 baturu（巴图鲁）名号第一人。此后，满洲正黄旗人和隆武和满洲正蓝旗人库勒德分别获赐 bstan pa baturu（丹巴巴图鲁）、glang chen baturu（朗亲巴图鲁）等借自藏语构成的 baturu（巴图鲁）赐号。

②汉语借词构成的 baturu（巴图鲁）赐号

乾隆三十八年（1773），满洲镶黄旗人福康安因屡有战功，封号嘉勇巴图鲁，此乃借自汉语 baturu（巴图鲁）赐号之肇始。自乾隆以后借汉语构成的 baturu（巴图鲁）赐号，便一发不可收拾。乾隆一朝，有 11 人次的 baturu（巴图鲁）赐号借汉语构成。此时期借自汉语 baturu（巴图鲁）用字主要为：嘉、奋、常、劲、诚、干、继、智、跷、坚，其中"奋"出现 3 次。

不仅如此，"乾隆二十四年奏准。嗣后赏给巴图鲁名号之侍卫赏银一百两。在京者、由广储司支领。在军营者、该处将军奉旨后。由军营存储银两内支领赏给。"[①]

③蒙古语借词构成的 baturu（巴图鲁）赐号

乾隆时期还有蒙古语借词构成的 baturu（巴图鲁）赐号。乾隆三十八年（1773），满洲正黄旗人官达色因屡有战功得号巴尔丹巴图鲁，成为乾隆朝第一个获得蒙古语借词构成的 baturu（巴图鲁）赐号者。此后穆哈纳（满族）、岱森保（满洲正红旗人）、佛伦泰（满洲正白旗人）等 5 人先后获得蒙古语借词构成的 baturu（巴图鲁）赐号。

［2］不含借词的满语 baturu（巴图鲁）赐号

乾隆时期，共有 28 人获得不含借词的满语 baturu（巴图鲁）赐号，其中 fafuri baturu（法福礼巴图鲁）赐号出现 4 次，beki baturu（博奇巴图鲁）赐号出现 2 次，不含借词的满语 baturu（巴图鲁）赐号 24 个。

乾隆时期 baturu（巴图鲁）赐号共 68 个，可辨别的 48 个，其中不含借词的满语 baturu（巴图鲁）名号 28 个，约占总数的 58.33%。

---

① 《大清会典事例》卷一一〇六，中华书局 1991 年版，第 10 页。

［3］存疑 baturu（巴图鲁）赐号

乾隆时期，不可识别的 baturu（巴图鲁）赐号共 22 个，其分别是：绷武巴图鲁、什勒玛克巴图鲁、噶卜什海巴图鲁、赛尚阿巴图鲁、多卜丹巴图鲁、绰尔和罗科巴图鲁、冲捷巴图鲁、塔什巴图鲁、佛尔钦巴图鲁、克酬巴图鲁、善巴图鲁、西尔努恩巴图鲁、拉布巴尔巴图鲁、塔尔济巴图鲁、锡卓里克图巴图鲁、劲勤巴图鲁、拉布凯巴图鲁、扎努恩巴图鲁、扎克博巴图鲁、察尔丹巴图鲁、托默欢巴图鲁。

（2）嘉庆时期的 baturu（巴图鲁）赐号

嘉庆时期不仅有不含借词的 baturu（巴图鲁）赐号，而且还有借自汉语、蒙古语构成的 baturu（巴图鲁）赐号。

［1］含有借词的 baturu（巴图鲁）赐号

①汉语借词构成的 baturu（巴图鲁）赐号

嘉庆朝得借自汉语构成的 baturu（巴图鲁）赐号共 11 人，汉语用字 6 个分别为：继、劲、健、诚、迅、毅，其中"继"出现了 2 次、"劲" 2 次、"健"出现了 4 次，汉语用字比乾隆时增加健、迅、毅三字。

嘉庆时 baturu（巴图鲁）名号清楚者共 19 个，汉语借词构成的 baturu（巴图鲁）名号者 11 个，约占总数的 57.89%。

②蒙古语借词构成的 baturu（巴图鲁）赐号

嘉庆时期获得蒙古语借词 baturu（巴图鲁）名号者仅 1 人，即嘉庆五年（1800）札克塔尔①（满洲正黄旗人）因屡立战功，赐号瑚尔察（机敏）巴图鲁。

［2］不含借词的满语 baturu（巴图鲁）赐号

嘉庆朝有 7 人得不含借词的满语 baturu（巴图鲁）赐号，fafuri 出现了 2 次，共出现不含借词的满语 baturu（巴图鲁）赐号 6 个。

［3］存疑 baturu（巴图鲁）赐号

嘉庆时期，不可识别的 baturu（巴图鲁）赐号共 2 个，分别是：济特库勒特依巴图鲁、安成额巴图鲁。

（三）baturu（巴图鲁）赐号更改现象的出现

有清一代太祖、太宗时期，从未有更改赐号之现象。乾隆五十二年（1787），却出现了更改 baturu（巴图鲁）赐号的现象。

---

① 《清史稿》卷三四八《札克塔尔传》，中华书局 1976 年版，第 11220—11221 页。

许世亨，四川新都人，先世出回部。"……复从征金川，从四川总督阿尔泰攻约咱东、西山梁，进攻扎口、阿仰、格藏、达乌诸地，连拔碉寨。……杀贼无算，遂克古鲁碉寨，赐孔雀翎，加劲勤巴图鲁。……五十二年，台湾林爽文叛，世亨率黔兵二千余赴剿，……台湾平，改赐坚勇巴图鲁赐号，图形紫光阁，列前二十功臣。"① 自此以后多有更改 baturu（巴图鲁）赐号的现象。

第三节　满语名号制度的发展

有清一代的名号制度，在太祖、太宗时期初步确立，自顺治入关后，经历代统治者不断改进，至乾隆、嘉庆时期名号制度基本完善。道光以后，清政府陷入了多事之秋的时代，政治腐朽造成了国内阶级矛盾加剧、农民起义不断，资本主义列强不断侵略中国，民族矛盾日益尖锐。清政府一方面要镇压国内的农民起义，另一方面又要反抗列强的侵扰，战争不断。名号的赐予是清代奖赏制度重要的组成部分，对于在战争中表现英勇、功勋卓著者，清政府不仅给予物质上的奖励，而且还要赐予名号鼓舞其精神。这种战乱纷繁的社会环境给名号制度的发展提供了契机，清代的名号制度在道光、咸丰年间仍继续发展。

道光至同治期间虽然是满语名号制度的发展时期，但整体而言此时期的名号制度并未超出乾嘉时期所创立的基本框架，兹仅以亲王谥号和baturu（巴图鲁）赐号为例试以说明。

一　道光时期

（一）亲王谥号

据笔者统计，道光时期曾给 14 位亲王加谥，谥号用字共 10 个，其分别是：

olhoba（慎）、gungnecuke（恭）、kicebe（勤）、gingguji（恪）、sultungga（哲）、jiramin（质）、tab/hošonggo（端）、hairacuka（怀）、elhe（安）、jiramin（厚），其中 sultungga（哲）、jiramin（质）、jirmin（厚）为新加的亲王谥号用字。

---

① 《清史稿》卷三三四《许世亨传》，中华书局 1976 年版，第 11013—11015 页。

（二）baturu（巴图鲁）赐号

道光年间，满语名号不仅有汉语借词构成的 baturu（巴图鲁）赐号而且还有不含借词的满语 baturu（巴图鲁）赐号，兹将其分别阐释如下：

1. 汉语借词构成的 baturu（巴图鲁）赐号

道光年间共出现 9 个汉语借词构成的 baturu（巴图鲁）赐号，其汉语用字分别是：逸、干、利、进、锐、直、扬、愚、胜，在这 9 个汉字中，仅有"干"字是前代出现的，其余皆是新增的。

道光时期 baturu（巴图鲁）赐号共 14 个，语义清楚者共 13 个，汉语借词构成的 baturu（巴图鲁）名号 9 个，约占总数的 69.23%。

2. 不含借词的满语 baturu（巴图鲁）赐号

道光年间共出现 3 个不含借词的满语 baturu（巴图鲁）赐号，其分别是：fafulingga baturu（法福灵阿巴图鲁）、fafuri baturu（法福哩巴图鲁）及 akdacun baturu（阿克达春巴图鲁）。

道光时期 baturu（巴图鲁）名号共 13 人，其中不含借词的满语 baturu（巴图鲁）赐号 4 个，约占总数的 30.76%。

从得 baturu（巴图鲁）名号者的民族构成角度讲，道光时期得 baturu（巴图鲁）赐号者共 14 人，其中汉族 12 人，约占总数的 85.71%。

（3）存疑 baturu（巴图鲁）赐号

道光年间，不可识别的 baturu（巴图鲁）赐号仅有瑚尔察图巴图鲁 1 个。

二 咸丰时期

（一）亲王谥号

据笔者统计，咸丰时期曾给两位亲王加谥，谥字分别为 kicebe/ulhisu（敏）、olhoba（慎），这两个字均为继承前代的亲王谥字。

（二）baturu（巴图鲁）赐号

咸丰年间不仅有不含借词的满语 baturu（巴图鲁）赐号，而且出现了借自汉语、蒙古语、藏语构成 baturu（巴图鲁）赐号。具体如下：

1. 不含借词的满语 baturu（巴图鲁）赐号

咸丰年间共有 39 个人获得不含借词的满语 baturu（巴图鲁）赐号，因 silin baturu（西林巴图鲁）出现 4 次，hocin baturu（霍钦巴图鲁）出现 3 次，kengse baturu（铿色巴图鲁）出现 2 次，boki baturu（博奇巴图鲁）

出现 2 次，etuhun baturu（额图珲巴图鲁）出现 2 次，mangga baturu（莽阿巴图鲁）出现 2 次，故而不含借词的满语 baturu（巴图鲁）赐号共 30 个。

咸丰时期可辨别的 baturu（巴图鲁）赐号共 111 个，其中不含借词的满语 baturu（巴图鲁）赐号 39 个，约占总数的 35.14%。

2. 含有借词的 baturu（巴图鲁）赐号

（1）汉语借词构成的 baturu（巴图鲁）赐号

咸丰年间，共有 58 个汉语借词构成的 baturu（巴图鲁）赐号，汉语用字共 35 个，其分别是：勃、锐、果、毅、固、猛、勤、鼓、励、协、武、壮、刚、干、奋、挚、冲、展、勘、著、伟、钟、豪、志、御、悍、技、雄、勤、义、直、黾、卫、彪、拔。

咸丰时可辨别的 baturu（巴图鲁）赐号共 111 个，汉语借词构成的 baturu（巴图鲁）赐号 56 个，约占总数的 50.45%。

从得号者的民族构成角度讲，咸丰时得 baturu（巴图鲁）赐号者共 121 人，汉族 100 人，约占总数的 82.64%。

（2）蒙古语借词构成的 baturu（巴图鲁）赐号

咸丰年间共有 13 个借词构成的 baturu（巴图鲁）赐号，蒙古语借词构成的 baturu（巴图鲁）赐号共 11 个。如 šalamaγai baturu（沙拉玛依巴图鲁）、tusatai baturu（图萨泰巴图鲁）、urmas baturu（乌尔玛斯巴图鲁）、ibegel baturu（伊博格巴图鲁）。

咸丰时可辨别的 baturu（巴图鲁）赐号共 111 个，蒙古语借词构成的 baturu（巴图鲁）赐号 13 个，约占总数的 11.71%。

（3）借藏语构成的 baturu（巴图鲁）赐号

咸丰年间共有 3 个藏语借词构成的 baturu（巴图鲁）赐号，其分别是：色固（捻指）、洽希（对联）、莽赍（模范）。

咸丰时可辨别的 baturu（巴图鲁）赐号共 111 个，藏语借词构成的 baturu（巴图鲁）赐号 3 个，约占总数的 2.7%。

（3）存疑 baturu（巴图鲁）赐号

咸丰年间，不可识别的 baturu（巴图鲁）赐号共 10 个，其分别是：普铿额巴图鲁、吉尔杭阿巴图鲁、图尔格齐巴图鲁、博通额巴图鲁、奇齐叶勒特依巴图鲁、给什兰巴图鲁、克图格尔依巴图鲁、伊固木图巴图鲁、巴克敦巴图鲁、呼尔察巴图鲁。

二　同治时期

（一）亲王谥号用字

据笔者统计，同治时期共给 4 位亲王加谥，谥字：olhošon（僖）、tab/hošonggo（端）、olhoba（慎）、gingguji（恪），这 4 个谥字都继承前代亲王谥号用字。

（二）baturu（巴图鲁）赐号

同治年间，仅有不含借词的 baturu（巴图鲁）赐号和汉语借词构成的 baturu（巴图鲁）赐号。

1. 汉语借词构成的 baturu（巴图鲁）赐号

同治年间共有 67 个汉语借词构成的 baturu（巴图鲁）赐号，汉语用字共 46 个，其分别是：力、壮、强、振、尚、卓、敢、悍、扬、效、伟、勉、著、锐、雄、毅、节、信、志、精、讯、擢、资、勃、骠、忱、质、干、迅、翼、锋、劲、刚、勋、硕、健、捷、威、侃、协、励、利、精、勃、果、烈。其中力、壮、强、振、尚、卓、敢曾各出现 3 次，悍、扬、效、伟、勉、著、锐各出现 2 次。

同治时期，baturu（巴图鲁）赐号清楚者共 72 个，汉语借词构成的 baturu（巴图鲁）赐号 67 个，约占总数的 81.7%。

从得号者民族构成角度讲，同治时期得 baturu（巴图鲁）赐号者共 82 人，汉族 79 人，约占总数的 96.34%。

2. 不含借词的 baturu（巴图鲁）赐号

同治年间共有 25 个人获得不含借词满语的 baturu（巴图鲁）赐号，不含借词的满语 baturu（巴图鲁）赐号 19 个①。如：arangga baturu（阿尔刚阿巴图鲁）、beki baturu（博齐巴图鲁）、dasangga baturu（达桑阿巴图鲁）、dacun baturu（达春巴图鲁）、etehe baturu（额特和巴图鲁）、etuhun baturu、faššangga baturu（法什尚阿巴图鲁）、fafuringga baturu［法福灵（凌）阿巴图鲁］、falingga baturu（法凌阿巴图鲁）。

同治时期 baturu（巴图鲁）赐号共 83 个，可鉴别者 81 个，其中不含借词的满语 baturu（巴图鲁）赐号 25 个，约占总数的 30.86%。

---

① beki、dachun、etuhun、fashshangga、kengse、sirangga 这六个 baturu（巴图鲁）赐号是重复前代的。

3. 存疑 baturu（巴图鲁）赐号

同治时期，仅有讷思钦巴图鲁不可识别。

第四节　满语名号制度的衰落与消亡

光绪、宣统年间，随着清政府的日益衰落，名号制度也逐渐衰落并退出历史舞台。

一　亲王谥号用字

据笔者统计，光绪时期曾给 10 位亲王加谥，谥字共十个，分别是：kicebe（勤）、hišengge（悫）、nomhon（良）、jiramin（厚）、ijishūn（顺）、erdemengge/mergen（贤）、tab/hošonggo（端）、erdemengge/unenggi（诚）、tondo（忠）、gingguji（恪），其中 ijishūn（顺）、erdmengge/unenggi（诚）为新增谥字。

二　baturu（巴图鲁）赐号

光绪时期，不仅有借自汉语、蒙古语构成的 baturu（巴图鲁）赐号，而且还有不含借词的 baturu（巴图鲁）赐号。

（一）含有借词的 baturu（巴图鲁）赐号

1. 汉语借词构成的 baturu（巴图鲁）赐号

光绪年间共有 10 个汉语借词构成的 baturu（巴图鲁）赐号，汉语借词构成的 baturu（巴图鲁）赐号用字分别是：杰、坚、壮、勃、强、著、志、振。在这 8 个用字中，仅有"杰"字是前代 baturu（巴图鲁）赐号中未出现的。

光绪时期，baturu（巴图鲁）赐号清楚的共 15 个，汉语借词修构成的 baturu（巴图鲁）赐号 10 个，约占总数的 66.66%。

光绪时得 baturu（巴图鲁）赐号者共 18 人，汉族 15 人，约占总数的 83.33%。

2. 蒙古语借词构成的 baturu（巴图鲁）赐号

光绪时期，仅有 1 个蒙古语借词构成的 baturu（巴图鲁）赐号，（刘步蟾）"管镇远，战大东沟，发炮敏捷，士卒用命，扑救火弹甚力，机营炮位无少损，赐号霍春助巴图鲁"①。

（二）不含借词的满语 baturu（巴图鲁）赐号

光绪年间共有 8 个不含借词的满语 baturu（巴图鲁）赐号，aisingga baturu 出现 2 次，所以光绪年间共出现 7 个不含借词的满语 baturu（巴图鲁）赐号。如 arhangga baturu（阿尔刚阿巴图鲁）、bodogon baturu（博多欢巴图鲁）、fafuringga baturu（法福灵阿巴图鲁）、kengse baturu（铿色巴图鲁）、kicebe baturu（奇车伯巴图鲁）等。

光绪朝 7 个不含借词的 baturu（巴图鲁）赐号中，仅有 aisingga、bodogon 为新增名号。光绪时 baturu（巴图鲁）赐号者共 14 个，不含借词的 baturu（巴图鲁）赐号 6 个，约占总数的 42.85%。

（三）存疑 baturu（巴图鲁）赐号

光绪时期，共有 3 个尚不可识别的 baturu（巴图鲁）赐号，其分别是：霍伽春巴图鲁、依博德恩巴图鲁、霍春助巴图鲁。

由此可见，光绪宣统时期，无论是亲王谥号用字还是 baturu（巴图鲁）赐号的用字，基本都是继承了前代的用字，几乎没有创新。满语名号随着清政府的衰亡也逐渐退出了历史的舞台。

---

① 《清史稿》卷四六〇《刘步蟾传》，中华书局 1976 年版，第 12713 页。

第二章

满语名号各阶段的特点

满族名号始自太祖、太宗时期，直至清朝灭亡，名号制度不断完善，在每个时期都呈现出不同的特点和内容。当然，这些变化的背后，不仅体现了满族民族政策及民族关系的变化，而且也体现出清朝政治制度的不断完善。

第一节　满语名号萌芽阶段的特点

清代太祖、太宗时期，因政权初建，各项制度尚处于初创阶段，满语名号制度也正值萌芽时期，此时期满语名号呈现出了如下特点：

一　多借自蒙古语

纵观清代太祖、太宗时期的 darhan（达尔汉）、noyan（诺颜）、baturu（巴图鲁）、jinong（济农）、joriktu（卓礼克图）等赐号多借自蒙古语。

jinong（济农）在《蒙汉大字典》中解释为：①古代蒙古封建贵族的称号之一。或写作"吉农"、"吉囊"；②统帅；③济农（负责成吉思汗祭祀事务的人）。满语 jinong（济农）"借自蒙古语，初用于明宣德八年，明人记载中写作'吉能''吉囊'，专为蒙古王公的赐号。天聪二年（1628）四月，皇太极赐敖汉部额驸琐木诺杜棱号济农。康熙年间废弃"①。清代迎娶公主的蒙古族王公多得此赐号，如蒙古敖汉部长博尔济

---

① 商鸿逵、刘景宪、季永海等编：《清史满语辞典》，上海古籍出版社 1990 年版，第128 页。

吉特氏琐木诺杜棱"尚主,赐号济农"①。科尔沁部土谢图汗奥巴之长子巴达礼亦尚主"初授台吉,赐号土谢图济农,进亲王"②。

满语中的"济农"借自蒙古语,但是仅借蒙古语 jinong(济农)的称号这一义项。

baturu(巴图鲁)赐号构成也多借自蒙古语,如穆尔哈齐被赐予 cing baturu(青巴图鲁),cing 借自蒙古语,cing 义为:"诚,诚心的"。cing baturu 译为:真诚的英雄。究其原因,这与清代初期与蒙古族的密切关系有关。满族入关前为了对抗明朝势力,实行了与蒙古部落联盟的策略,清代初期的赐号多借自蒙古语,文化上也更侧重于蒙古族的传统文化。正如日本学者三田村泰助所言:"在统治机构组织方面,蒙古和女真是极其相似的。"③ 这在清代初期的名号制度中表现得更加明显。

二   名号纷杂且与官职混杂

入关前清统治者主要掌控着辽东一带,统治机构尚不成熟,故而初期的满语名号呈现出较为纷杂的状态,且多与官职混杂不清。正如某些学者所言,少数民族职官制度的独创性最初在很大程度上也意味着单一性,"即便在一些经济社会发展较快,政治制度较为完善的少数民族社会,甚至一些民族地方政权,虽然当时也形成了自上而下的管理系统和官僚体系,然而他们之间的统属关系及职、权、责分工还不甚明确。军与政、司法与行政等常常是混一的。"④

三   得号者较少

清代太祖、太宗时期,名号处于初创阶段,能得封赐者往往仅限于功勋卓著之人,所以此时期得名号者寥寥无几。纵观太祖、太宗两朝,得baturu(巴图鲁)赐号者不过 23 人。究其原因,此时期名号体系尚不完

---

① 《清史稿》卷一六六《公主表》,中华书局 1976 年版,第 5266 页。
② 同上书,第 5277 页。
③ [日]三田村泰助:《穆昆塔坦制成立的背景和意义》,杨旸译,《民族译丛》1987 年第 6 期。另外,持有相似观点的专家还有蔡美彪先生,他认为:"努尔哈赤在立汗号的同时所建立的国家统治机构,在许多方面也采取了蒙古的制度。"见《大清国建号前的国号、族名与纪年》载《历史研究》1987 年第 3 期。
④ 张晓松:《中国少数民族职官制度》,中国社会科学出版社 2006 年版,第 7—8 页。

备，与当时社会政治制度的建设密切相关。

四 得号者民族成分单一

清代太祖太宗时期，得 baturu（巴图鲁）赐号者，从其民族成分来看，皆为满族，这充分体现了此时期"满洲本位"的政策。

清太祖时期多赐予武将不含借词的满语 baturu（巴图鲁）赐号，从得号者的民族成分来看，得号者皆为满族，由此可推知，此时期 baturu（巴图鲁）赐号仅赐予满族武将。正如王彦章所言"清初，赐巴图鲁号者并不多，而且获赠勇号者均为满族武将，赐号者往往予谥"。①

第二节 满语名号确立阶段的特点

顺治入关至嘉庆时期是清代名号制度的确立时期，这一时期满语名号制度呈现出如下特点：

一 名号制度基本确立

在这一时期，不仅确立了帝后亲王的名号制度，且形成了定制。经过不断的调试与完善，随着满族自身民族性的增强，借自蒙古语的 darhan（达尔汉）、jinong（济农）等赐号退出了历史舞台，武将 baturu（巴图鲁）的赐号制度最终在此时期确立。

二 名号用字逐步完善

顺治至嘉庆时期满语名号用字也逐渐完善，不仅亲王谥字不断增加，而且此时 baturu（巴图鲁）赐号已经不再是单一的不含借词的满语 baturu（巴图鲁）赐号，而是兼有借自蒙古语、藏语及汉语的 baturu（巴图鲁）赐号，如借自藏语构成的 rtsam pa baturu（赞巴巴图鲁）、bstan pa baturu（丹巴巴图鲁）、glang chen baturu（朗亲巴图鲁）；借自蒙语构成的 bar-dam baturu（巴尔丹巴图鲁）、bürin baturu（布隆巴图鲁）、jaɣaldu ɣan baturu（扎勒丹巴图鲁）；借汉语构成的嘉勇巴图鲁、奋勇巴图鲁、常勇巴图鲁、劲勇巴图鲁、诚勇巴图鲁、干勇巴图鲁等赐号，从而真正实现了

---

① 王彦章：《清代奖赏制度研究》，安徽人民出版社 2007 年版，第 56 页。

满语名号借词语言的多元性，也体现了中华民族"多元一体"的文化构成。

三   赐号对象的扩大

在顺治至嘉庆时期，不仅满语名号本身完成了借词语言多元化的过程，而且名号赐予的对象也逐渐由满族垄断的单一性逐渐扩大到汉、蒙、藏等民族。以武将 baturu（巴图鲁）赐号为例，此时期 baturu（巴图鲁）赐号不再为满族人所垄断，而且已经遍及整个中华民族的其他蒙古族、汉族、藏族等各主要民族。

这说明虽然八旗内部还有民族区别，但是作为一个整体，已经被清朝统治者所认可，这也反映了满族共同体的形成。这一时期 baturu（巴图鲁）赐号民族成分的多元化，说明作为一项八旗内部专利的取消，清政府开始把 baturu（巴图鲁）赐号作为国家的一项制度，这也是清政府从民族概念向国家概念进行转换的表现之一，所谓的八旗、绿营一体，表明清朝对绿营兵的倚重。

第三节   满语名号发展阶段的特点

道光至同治年间，因世界环境的剧变，清政府陷入了内忧外患的困境，战争不断，因此 baturu（巴图鲁）赐号制度得以快速发展，但纵观道光、咸丰、同治三朝 baturu（巴图鲁）赐号，无论是从名号的语言构成还是从改号方式上来看，都没有超出顺治至嘉庆时期所创立的 baturu（巴图鲁）赐号体系，如果说有所变化的话，就是在名号用词、用字上略有不同而已。兹就其用字上出现的新特点予以论述。

一   汉语借词构成的 baturu（巴图鲁）赐号剧增

汉语借词构成的 baturu（巴图鲁）赐号肇始于乾隆三十八年，自此以后便为清代后来的统治者所承袭。自乾隆后，汉语借词构成的 baturu（巴图鲁）赐号剧增，乾隆时约占总数的 27.65%；嘉庆时约占总数的 57.89%；道光时约占总数的 75.00%；咸丰时约占总数的 50.45%；同治时约占总数的 81.7%。

由此可见，乾隆以降，汉语借词构成的 baturu（巴图鲁）赐号比例不断升高，自嘉庆以后一直处于一半以上的状态。这一现象可以从侧面说明，自乾隆以后，虽然清政府大力倡导"国语骑射"，但也不自觉地被中原文化所同化。

二　汉族得 baturu（巴图鲁）赐号者剧增

这一时期不仅汉语借词构成的 baturu（巴图鲁）赐号剧增，而且汉族得号者的比例也不断上升。

乾隆时期得 baturu（巴图鲁）赐号者共 68 人，汉族者 10 人，约占总数的 14.7%；嘉庆时期共 22 人，汉族约占总数的 63.63%；道光时期共 14 人，汉族 12 人，约占总数的 85.71%；咸丰时期共 121 人，汉族及其他民族 100 人，约占总数的 82.64%；同治时期 84 人，汉族 79 人，占总数的 94.04%。

由此可以清晰看出，得号者的民族比例可以乾隆时期为界划为前后两个阶段，前期得号者以满族为主，后期以汉族为主，笔者认为有以下两个原因导致了这一局面。

一是满洲八旗军事实力的衰退。

在乾隆以前，满洲八旗兵有着较强的作战能力，故而作战中主要以满洲八旗兵为主，所以在乾隆朝以前满族人获得 batutu（巴图鲁）赐号的比例较高。但是随着满洲八旗军队生活的日益腐朽，满洲八旗兵作战能力的下降，汉军八旗成为作战的主力。

二是清代"满洲本位"政策的转变。

清代统治者入关后，为了巩固加强自己的统治，推行了"首崇满洲"的民族本位政策，"'首崇满洲'说穿了就是在各个方面坚持以满族为第一位，坚持满洲贵族对清王朝的最高领导地位，坚持满族文化传统，坚持推行对汉族等其他民族的压迫"[1]。如顺治时期，满洲统治者认为："汉军与绿旗官兵，未可尽恃。"[2] 康熙帝曾多次盛赞满洲兵丁："满兵一心奉法，假如千人会于一处，死则同死，断无离心。"[3] 所以康熙还派遣八旗满洲子弟为八旗汉军副都统、参领等职务，想通过此做法

---

[1]　周敏：《首崇满洲——清朝的民族本位思想》，《沧桑》2008 年第 5 期，第 28 页。

[2]　《世祖章皇帝实录》，顺治十三年六月癸卯，第 1207 页。

[3]　《康熙起居注》，康熙五十六年丁酉十月，第 2448 页。

改变汉军习俗，即"训练其骑射，导率以矩范，一如满洲也。"① 但是随着国家政治军事形势的需要，加之满洲八旗兵力的渐趋衰微，自乾隆开始，汉族得 baturu（巴图鲁）赐号者的比例明显呈上升趋势，并逐渐超过了满族。

上述的两点原因是相辅相成、相互联系的。清代这种"满洲本位"政策，直至乾隆时期满洲八旗兵军事实力衰退才有所减弱。虽然有的学者认为"'首崇满洲'仍是其最深层的民族本位思想"②，甚至时至清末，满洲贵族还认为"得朝鲜人十，不若得蒙古人一；得蒙古人十，不若得满洲部落人一。族类同，则语言同，水土同，衣冠居处同，城郭土著射猎习俗同。故命文臣依国语制国书，不用蒙古、汉字；而蒙古、汉军各编旗籍，不入满洲八旗。所以齐风气，一心志，固基业"③。但是随着清代政治军事局势的变迁，清政府已不能单凭满洲八旗兵的力量来抵御外敌，因此"满洲本位"政策在乾隆后也逐渐发生变化，baturu（巴图鲁）赐号获得者主体民族比例的转变就是最好的证明。

有清一代的 baturu（巴图鲁）赐号随着清政府政治制度的不断完善及社会环境的变迁而经历了萌芽创立、发展到消亡的过程。在这一过程中，作为能征善战武士的 baturu（巴图鲁）赐号，不仅让我们看到了清代名号制度的大体演变过程，而且还彰显了中华民族的多元一体文化。

"在构成民族文化的诸多要素中，最能体现民族特性和民族本色的就是民族语言"④。有清一代的统治者在不断借鉴和学习其他民族文化的同时，始终没有抛弃自己本民族的传统文化，不含借词的满语 baturu（巴图鲁）赐号的发展过程就是最好的证明。乾隆以前，baturu（巴图鲁）赐号皆为满语。乾隆时期，不含借词的满语 baturu（巴图鲁）赐号约占总数的53.19%；嘉庆时约占总数的 36.8%；道光时约占总数的 25%；咸丰时约占总数的 38.23%；同治时约占总数的 20.83%；光绪时约占总数的 42.85%。

由此可见，自乾隆以降不含借词的满语 baturu（巴图鲁）赐号所占比

---

① 《圣祖仁皇帝实录》卷一三一，康熙二十六年丁卯八月辛未，第 1768 页。
② 周敏：《首崇满洲——清朝的民族本位思想》，《沧桑》2008 年第 5 期，第 39 页。
③ （清）魏源：《圣武记》卷一，韩锡铎、孙文良点校，中华书局 1984 年版，第 9 页。
④ 戴昭铭：《文化语言学导论》，语文出版社 1996 年版，第 27 页。

例呈下降的趋势，但并未从 baturu（巴图鲁）赐号中消失，且一直保持20% 以上的比例。这说明满族统治者一直不断发扬着自己民族的文化。另据有学者研究，清末法国人毕乃尔、英国人麦士尼曾分别获得清朝赐予的"法什尚阿巴图鲁"和"颖勇巴图鲁"①。

　　在有清一代汉语借词构成的 baturu（巴图鲁）赐号构成中，除壮健巴图鲁、强健巴图鲁等赐号外，尤其以第二字为"勇"的 baturu（巴图鲁）赐号居多。在"勇"字 baturu（巴图鲁）赐号中，季永海先生认为"合计共有 74 个汉字"②，但据笔者统计，除上述季先永海先生统计外，有清一代还有以彪勇、劲勇、杰勇、节勇、硕勇、勖勇、智勇等借自汉语构成的 baturu（巴图鲁）赐号，具体可详见拙文《清代"巴图鲁"封号及其文化内涵》。③

　　① 王彦章：《清代奖赏制度研究》，安徽人民出版社 2007 年版，第 56 页。
　　② 季永海：《清代赐号考释》，载赵阿平《满—通古斯语言与文化研究》，民族出版社 2008 年版，第 196 页。
　　③ 綦中明：《清代"巴图鲁"封号及其文化内涵》，《山西师范大学学报》2011 年第 6 期。

第三章

满语名号制度的功能

语言也是一种符号，具有指代功能和情感功能。从语言的符号性角度来讲，满语名号已经不再是单纯的文字符号，而是一种政治工具。名号制度在政治构建和政治运作中有着重要的功能。满语名号制度政治文化功能主要体现在政治合法性和整合社会的控制机制方面。

第一节　政治合法性功能

"政治权力可以夺取，也可以授予，但是行使权力，必须以一定的名义"①，历代皇帝为寻求自己统治的合法性，在民众乃至官吏心中树立正统观念，对于名号的选择以及授予极为重视，将其上升到国家管理的制度层面。由此可见名分在政治统治中的重要性。历代帝王寻求政治合法性不外乎两种途径：一是借"君权神授"理论神化帝王，使帝王的名号神秘化；二是通过强权政治使帝王名号合法化。

满族以骑射统一中国，各朝统治者一直在强调满族统治的"正统观念"，通过种种措施来实现民众对其统治合法性的认可。古代中国人讲"名不正言不顺"，"名与实相配"，清朝统治者为了使自己的统治具有合法性，也采取了上述两种正名措施。在利用"君权神授"理论方面，满族统治者神化自己的先祖，制造政治神话以证实其统治的合法性，所以有了佛库伦感孕而生的传说，这给满族始祖布库里雍顺的诞生蒙上了一层神秘的色彩，其后人成为"天之子"的象征，而其统治也成了"天道"使然。满族统治者依附"君权神授"思想寻求统治的政治合法性还体现在满语

---

① 戴昭铭：《文化语言学导论》，语文出版社 1996 年版，第 156 页。

的 abkai fulingga（天之命）、sure han（天生聪颖）、abkai wehiyehe（天之辅助）等年号之上。

满族统治者一方面充分利用"君权神授"理论为其统治的合法性寻求依据，另一方面不断通过强权政治使帝王的名号合法化。为了迎合自己统治的需要，满族统治者不断调整君主称谓，满语 han（君）、ejen（主）、abkai jui（天子）、dergi（皇上）、hūwangdi（皇帝）、tumen se（万岁）等君主称谓的变化就是最好的证明。

名号实现政治合法性不仅在于封赏等活动，还在于人民的认同。当然这一认同是通过帝王名号政治社会化体现出来①，臣民的认同是帝王名号社会化的基础。帝王政治名号社会化有高压和利惑的作用。加之帝王名号政治合法性增强了帝王的优越感，而中国古代社会"三纲五常"伦理观念造成了臣下及平民的卑微意识，故而帝王名号政治社会化得以顺利践行。

在传统社会中，权力是可见、可展示之物。满语名号将封赏者和被封赏者联系在一起，封赏这类政治活动展示了皇帝对于权力的运用得到臣民的认可。

第二节　社会整合功能

政治合法性之外，名号制度对于社会发展还有着积极的整合功能。这种整合功能主要体现在统治秩序的建立、秩序的维护和多元文化融合三个方面。

以"三纲五常""君尊臣卑"政治伦理思想为基础的名号制度，构建了一个系统的统治秩序。作为一种政治符号，名号规定了得号者在社会统治秩序中的地位与权力。满族统治者所构建的皇室名号、文臣武将名号体系其实反映的是一种统治秩序。满语名号用字的严肃性赋予了统治秩序中每一位成员的权利与义务，这种地位、权利是通过严格的礼仪制度而实现的。

以"三纲五常"为思想基础的名号制度建立了一种统治秩序，奖赏就是维护这个统治秩序的手段。满语名号的整合功能还体现在统治者对臣

---

① 林存阳：《帝王名号的政治文化功能析论》，《齐鲁学刊》1999 年第 2 期，第 75 页。

子的惩罚和奖励之上。清代统治者制定一定的奖惩标准，通过褫号、夺赐、惩处有过者，通过晋号、复号奖赏有功者。如满洲正白旗人舒亮，乾隆时"征金川"有功赐号"穆腾额巴图鲁"，但嘉庆元年，又因"纵贼渡河"而被夺号。满洲正白旗人纶布春，乾隆时因军功赐号"色默尔亨巴图鲁"，后因过失而夺号，嘉庆时因军功复"巴图鲁"赐号。清代统治者通过赏罚维护了统治秩序，达到对社会的控制。

满语名号制度的整合功能，还体现在名号用语的选取上。我国是个多民族国家，每个民族都有本民族的文化特质，如何有效处理诸多民族之间的关系对于国家稳定有着重要作用。满语名号不仅使用满族词语，还吸收了大量蒙古语、汉语、藏语词汇，以词语组合的方式表达赐号的含义。满语名号来源的多源性，从侧面说明了满语名号对不同民族文化的融合。清代统治者的这种多元文化整合，得到了其他民族人民的拥护，更加巩固了其政治统治。

综上所述，满语名号作为一种政治符号，"已不再是单纯的文字符号，而逐渐被扭曲变形，成为帝王手中的政治工具"①。满语名号不仅具有政治合法性功能，而且还具有整合功能。

本篇小结

本篇主要分四个阶段历时地介绍了满语名号萌芽、创立、发展、衰亡的过程。在阐释满语名号发展过程的同时，对满语名号各阶段的特点进行了总结，并进一步探讨了满语名号的政治合法性功能和社会整合功能。

通过统计分析可知，太祖、太宗时期为满语名号制度的萌芽时期，此时期满语名号多借自蒙古语，名号纷杂且与官职混杂，得号者较少。顺治至嘉庆时期为满语名号制度的确立时期，此时期不仅满语谥号、赐号制度基本确立，而且名号用字逐步完善。baturu（巴图鲁）赐号中，不仅出现了满语借词，而且还出现了汉语及藏语借词。此时期，满语 baturu（巴图鲁）赐号对象不断扩大，不仅赐予满族人，而且还赐予汉族、蒙古族及藏族有功者，且出现了更改赐号的现象。道光至同治时期为满语名号制度的发展时期，此时期基本继承了满语名号确立时期的制度，只是赐号用字

---

① 林存阳：《帝王名号的政治文化功能析论》，《齐鲁学刊》1999 年第 2 期，第 75 页。

上略有变化。此时期的 baturu（巴图鲁）赐号不仅汉语借词构成的 baturu（巴图鲁）赐号剧增，而且汉族得 baturu（巴图鲁）赐号者剧增。光绪至宣统时期为满语名号制度的衰亡时期，此时期满语名号制度随着清政府的衰落而退出历史舞台。

　　baturu（巴图鲁）赐号的发展演变过程，不仅说明满族统治者一直不断发扬着自己本民族的文化，而且也间接地反映了满洲八旗兵力的衰落和清政府"满洲本位政策"的转变。

　　满语名号作为一种政治符号，已不再是单纯的文字符号，而逐渐被扭曲变形，成为帝王手中的政治工具。满语名号不仅具有政治合法性功能，而且还具有社会整合功能。

第六篇

满语名号与精神文化

动物在人类生活中占有重要地位，尤其当人类远祖生活于丛林中时，正如马克思、恩格斯所言："人在自己的发展中得到了其他实体的支持，但这些实体不是高级的实体，不是天使，而是低级的实体，是动物。"①生活在河流环绕、森林茂密的自然生态环境下的满族先民，在生产力较为低下之时，对自然界超人的力量感到神秘和恐怖，于是便产生了对这些事物和现象的崇拜。满族先民通过巡山狩猎对于各类灵禽走兽的习性有所了解，这些灵禽走兽在一定程度上已成为满族先民物质和精神生活重要的组成部分。满语名号不仅充分反映满族先民的生态环境，而且也是满族先民信仰习俗与价值观念的镜像。

---

① ［德］马克思、恩格斯：《马克思、恩格斯全集》（第二十七卷），人民出版社 1974 年版，第 63 页。

第一章

满语名号与信仰习俗

第一节　满语名号与灵禽信仰

人类早期的信仰对象往往与某一族群所处的自然环境息息相关。满族属于狩猎民族，在长期的狩猎生活中，鸟类特有的灵性便被满族先民们发现。某些灵禽不仅鸣叫悦耳，而且还有展翅翱翔于九天的神奇能力。鸟类的飞翔，在满族先民们眼里是神奇的，妙不可言的。满族的先民认为鸟是超凡之物，具有沟通天地的能力。在有清一代，就出现了一些以 cecike baturu（车齐博巴图鲁），即像鸟雀一样的英雄；šongkoro i baturu（硕翁科罗巴图鲁），即像海东青一样的英雄；nacin baturu（纳亲巴图鲁），即像乌鸦一样的英雄等以灵禽命名的名号。

一　šongkoro（硕翁科罗）

"海东青，亦称海青、吐鹘鹰，俗称青鹎子。系鸟纲、鹰科、雌属的一种。"① 《三朝北盟会编》载："海东青者，出五国，五国之东接大海，自海而来者，谓之海东青。"《柳边纪略》载："海东青者，鹰品最贵者也，纯白为上，白而杂他毛者次之，灰色者又次之。"《宁古塔纪略》载："鹰第一品名海东青，一日能飞二千里。"由此可知海东青乃鹰之一种。《黑龙江外记》卷八："海东青身小而捷健异常，见鹰隼以翼搏击，大者力能制鹿。"《析津志》又载："横飞而直上，可薄云霄。"海东青敏捷异常且敢于同鹰隼等大型猛禽相抗衡，并能制服鹿，足见其勇猛和胆量。在渔猎过程中，满族先民早已对海东青敏捷、勇猛的习性有所认识，并训练

---

① 张守生：《海东青考》，《齐齐哈尔社会科学》1996 年第 5 期，第 55 页。

它为其捕猎，海东青在满族先民的经济生活中占有重要的地位。甚至有的学者认为，满族的先祖肃慎和女真一名的本意应为东方之鹰。① 还有的学者认为，海东青就是女真称号的真正含义，女真称号就是女真族的民族精神的体现。②

鹰展翅翱翔，可薄云霄，故而满族人赋予了它"你的左翅膀遮住了太阳，你的右翅膀遮住了月亮，你的尾巴遮住了星星，你举世无双的神力，使瘟魔鬼邪逃遁"③ 等神奇的力量，并认为萨满乃鹰的后裔。šongkoro i baturu（硕翁科罗巴图鲁），即像海东青一样的英雄，这是满族人崇鹰的具体表现。由此可见，"鹰神""雕神"在满族先民的动物神拜祭中，具有突出的代表性。

满族先民的鹰神信仰不仅体现在名号中，而且还作为一种祭祀仪式遗留下来。时至今日，在满族祭祀中还有祭鹰神的风俗，如在满族尼玛察氏鹰神祭礼中，当鹰神附体后，萨满代表鹰神吟唱道：

> 我是受天之托，
> 带着阳光的神主，
> 展开神翅蔽日月，
> 乘神风呼啸而来，
> 山谷村寨都在抖动，
> 我旋了个云圈，
> 又长鸣了几声，
> 神鬼皆惊遁，
> 众神退后，
> 神武的披金光的神鹰，
> 我来了！④

在满—通古斯民族中，不仅满族人崇拜鹰，"赫哲人也崇拜鹰，赋予

---

① 崔广彬：《肃慎一名之我见》，《北方文物》1987 年第 3 期，第 76 页。
② 王禹浪：《"女真"称号的含义与民族精神》，《北方文物》1992 年第 3 期，第 63 页。
③ 赵阿平：《满族语言与历史文化》，民族出版社 2006 年版，第 217 页。
④ 富育光译自吉林省九台市《满族尼玛察氏（杨姓）萨满神谕》，转引自郭淑云《满族鸟崇拜及其对北方民俗的影响》，《西北民族研究》1996 年第 2 期，第 18 页。

它特有的神性，将他描绘成人首鹰身的形象。……在黑龙江下游的赫哲族中，流传着《三只日鸟》的神话；在民族史诗伊玛堪中，有许多关于'阔力'（神鹰）——人鹰互变的传说。这些都是赫哲族先民遗留下来的鸟图腾或鹰图腾观念的反映。"①

二　nacin（乌鸦）

在汉文化中，有"天下乌鸦一般黑""乌鸦开口，凶多吉少""乌合之众"等谚语和成语，乌鸦往往被认为是一种不祥之鸟。但是这种为汉族人民所厌恶的乌鸦，却备受满族人民青睐，并成为其信仰中不可或缺的重要组成部分。

满人以乌鸦为祖，在节日时进行祭祀。"庭中必有一杆，杆头系布片曰祖先……割豕而群乌下，啖其余胾而喜曰：祖先豫。不则愀然曰：祖先恫矣，祸至矣"②。《东三省古迹遗闻》记载："满洲……祭院中杆，以猪肠及肺先置于杆顶之碗中，以祭乌鸦用。"国内著名的满语专家赵阿平还根据满族的神话传说提出了"乌鸦在满族先民的观念中，备受崇拜、远超崇鹊，视为始祖与人类的保护神"③的观点。nacin baturu（纳亲巴图鲁），即乌鸦一样的英雄，就是满族信仰乌鸦的一个具体反映。

乌鸦在满族人心目中的地位为何如此重要，满族人为何会崇拜乌鸦，有的学者认为"乌鸦信仰的生成，与北方渔猎民族所处的自然环境亦有关系。……乌鸦在北方分布广泛，沿海地区尤为常见；乌鸦是留鸟，……加之它秉性喜居高处，鸣叫声又令人心悸，自然会引起当地居民的关注。当他们在寒冷的冬季，目睹苍天雪地间几只寒鸦呱噪而过时，心里大概难免会产生诸如'乌鸦是天地、上下之间的调停者'，以及'它在冬夏之间的运转中发挥调节作用'一类的联想吧"④。

满族之所以形成乌鸦信仰还有其历史因素。据《大清满洲实录》记

---

① 黄任远、黄永刚：《赫哲族萨满文化遗存调查》，民族出版社 2009 年版，第 108—109 页。

② 王世选：《宁安县志》卷四《风俗》，民国十三年（1924），第 5 页上。

③ 赵阿平：《满族语言与历史文化》，民族出版社 2006 年版，第 256 页。

④ 刘小萌：《满族的社会与生活》，北京图书馆出版社 1998 年版，第 368 页。

载:"太祖时,什九国兵马会聚一处,分三路而来。太祖遣兀里堪东探,约行百里,至一山岭,乌鸦群噪不容前往,回时则引散。再往群鸦扑面。"① 乌鸦的阻止与导引使清太祖努尔哈赤躲过一次浩劫的传说为满族的乌鸦信仰蒙上了浓厚的政治色彩。

在生活中,满族人还经常用鸦、海东青等来比喻人的动作,在《tanggū meyen》(百条)中载:

yebken asihata hiyab seme jebele ashafa yalumbihede, tede tukiyebufi, nacin šongkon igese ombi。

译:能干的年轻人带上箭袋忽地一下子骑上时,就显得像鸦鹘海青鸟似的。②

那木吉拉在《古代突厥语族诸民族乌鸦崇拜习俗与神话传说》一文中认为,古代阿尔泰语系突厥语族诸民族中,乌孙、克烈等民族或部族中流行崇信乌鸦之风,但是维吾尔族不崇拜乌鸦。③ 该文还列举了《突厥语大词典》里记录的数则有关乌鸦的谚语:"乌鸦学鹅,扭断自己的腿"④ "乌鸦感到饥和渴,就是冰块也会啄,不见猎人伏一旁,为食饵谷近套索"⑤ "狼叼来食物大伙吃,乌鸦叼来食物在树梢上独吞"⑥ 等形容乌鸦贪婪、自私的谚语来证明自己的观点。

乌鸦虽然在满族中是作为吉祥的动物来崇拜的,但在蒙古人的心目中却是不吉利的象征。在蒙古族心目中"视它为肮脏!贪婪!不祥之物"⑦。在蒙古族语言中也有"吃惯嘴的乌鸦要来十趟""乌鸦不自量,想吃天鹅肉""乌鸦再打扮,也成不了孔雀"的谚语。这些谚语都以乌鸦为喻体来形容不好的行为,具有贬义的色彩。

---

① 《大清满洲太祖实录》,华文书局1969年版,第88页。
② 转引自胡增益《新满汉大词典》,新疆人民出版社1994年版,第409页。
③ 那木吉拉:《古代突厥语族诸民族乌鸦崇拜习俗与神话传说》,《民族文学研究》2003年第4期。
④ 穆罕默德·喀什噶里:《突厥语大词典》(第一卷),校仲彝等译,民族出版社2001年版,第276页。
⑤ 同上书,第449页。
⑥ 同上书,第464页。
⑦ 高娃:《满蒙谚语与文化的关系及特点》,硕士学位论文,黑龙江大学,2006年,第60页。

三　saksaha（鹊）

喜鹊又名鹊、干鹊、神女、客鹊、飞驳鸟。关于满族对喜鹊的信仰，主要源于清代统治者为维护其统治而创造的天命之说，即"有神鹊衔一朱果置佛库伦衣上，色甚鲜妍，佛库伦爱之不忍释手，遂衔口中，甫著衣，其果入腹中，即感而成孕"。这则神话传说给鹊神信仰就蒙上了神秘的面纱。

不仅如此，满族的鹊神信仰还有其历史因素。相传布库里雍顺的嫡孙樊察曾因神鹊栖头而躲过一劫。关于此事《清实录》载：tereci ududu jalan oho manggi, amala banjire juse omosi gurun irgen be jobobure jakade gurun irgen gemu ubašafi ninggun biya de tehe odoli hecen be kafi afafi bukūri yongšon i uksun mukūn be suntebume wara de, bukūri yongšon i enen fanca gebungge jui tucifi šehun bigan be burulame genere be, batai coohai niyalma amcara de, emu enduri saksaha deyeme jifi, tere fanca gebungge jui ujui dele doha, amcara coohai niyalma gūnime niyalma de geli saksaha dombio, mukdehen aise seme hendume gemu amasi bederehe, tereci fanca guwefi tucike, tuttu ofi manju gurun i amaga jalan i juse omosi gemu saksaha be mafa seme warakū bihe, fanca tucifi beye be somine banjiha。tereci fanca guwefi tucike, tuttu ofi manju gurun i amaga jalan i juse omosi gemu saksaha be mafa seme warakū bihe。

译：历数世后，其子孙暴虐部众，遂叛于六月间，将鄂多理攻破，尽杀其阖族子孙。内有一幼儿名樊察，脱身走至旷野，后兵追之。会有一神鹊棲儿头上，追兵谓人首无鹊棲之，理疑为枯木椿，遂回。于是樊察得出，遂隐其身以终焉。满洲后世子孙俱以鹊为神故不加害。①

汉人以"喜"修饰"鹊"，可以看出"喜鹊"寓意着吉祥、喜庆。"鹊者阳鸟，先物而动，先事而应"②，有着兆喜的功能。

四　cecike（雀）

清代统治者曾给勇猛善战的勇士赐号 cecike baturu（车齐博巴图鲁），其中 cecike："小雀之雀乃总名"，cecike baturu 即如小雀般的英雄，由此

---

① 《清实录》（第一册），中华书局 1986 年版，第 8—10 页。
② （东汉）郑玄注、常秉义编：《易纬》，新疆人民出版社 2000 年版，第 180 页。

可见满族人对雀的青睐。满族人之所以对雀如此青睐，源自满族先民对雀习性的认识。雀与雄鹰、大雁等大的灵禽相比，身体相对较小、动作敏捷，感觉敏锐，对环境的感知度高，稍有风吹草动就会叽叽喳喳叫个不停，所以将"如雀般英勇的英雄"名号赐予在战场上杀敌立功的将士。满族人把麻雀的一举一动都和人事的吉凶相联系："把麻雀平日的静飞，解释为和平、安宁、吉祥如意的象征；把麻雀的吵闹喧天看成身边或周围必有隐患，认为要出现天灾人祸。并将麻雀的叽叽喳喳的叫声同孩童的活泼可爱声相提并论，进而解释成这是由于麻雀有孩童之灵魂的缘故。因此，当小孩受惊吓而患病时，若见麻雀飞来，便看作这是麻雀把孩子受惊而消失的灵魂招了回来，坚信孩子会病愈灾除，并阖族致喜。"①

满族人民喜爱雀，而汉族人民却讨厌雀。宋代罗愿的《尔雅翼》云："雀，小佳，依人以居。其小者黄口，贪食易捕，老者益黠难取，号为宾雀。"明代李苏就列举了雀的四条罪状，"盗啄麦粟，一也；戏残花果，二也；穿垣巢屋，三也；群聚喧聒，四也"②。除此之外，麻雀之间因为物性和适者生存的自然界规律使然，常常和同伴之间因为食物、配偶、巢穴争斗不已，这和讲究中庸、谦和，深受儒家文化影响的汉族人民的理念自然格格不入。故而雀的贪食易捕、喧噪扰人、好斗的秉性，致使它在汉族人民的心目中贬义色彩偏多，褒义的描绘鲜见，人们往往将雀与凤凰进行比较，来凸显凤凰的高贵。

因为各个民族生计方式和价值观的不同，对于不同种类的鸟甚至是同一种鸟会产生截然不同的态度，但不管如何，对于鸟类的崇拜是各个民族曾经共同的信仰，这和鸟类在人类生产生活中的实际用途以及各民族发展初期的原始崇拜、图腾信仰有着密切的关系。源于白山黑水的满族曾经的狩猎生活使他们对鸟的习性和作用有了更深切的体会，所以，鸟崇拜在满族风行一时也就不足为奇了。cecike baturu（车齐博巴图鲁）、nacin baturu（纳亲巴图鲁）、šongkoro i baturu（硕翁科罗巴图鲁）赐号都充分说明了满族先民对鸟类灵禽崇拜的观念，而这种观念不仅存在于满族人的日常生活中，而且已经渗透到了他们的政治生活中。

此外，满族人崇拜灵禽，所以许多人以鸟起名。如昆都津（kundu-

---

① 汪丽珍：《关于满族的鸟文化》，《中央民族学院学报》1993年第2期，第66页。

② （明）李苏：《见物》，中华书局1991年版，第14页。

jin：孔都护）、尼玛尔罕（nimargan：鱼虎）、嘎斯哈（gasha：鸟）、萨克萨哈（saksaha：喜鹊）、苏完（suwan：卢莺）、舒伦保（šurun：鹌鹑）、达敏（damin：鸷鸟）、齐斌（cibin：紫燕子）、沙鲁克（šarki：青鸦）、海祜纳（haihūna：百灵鸟）、吉伦岱（gilundai：焦明鸟）、沙勒瑚马（šalhūma：鹮鸟）①　等。这些人名中的鸟都是满族人喜爱或崇拜的鸟。

第二节　满语名号与天命观

语言是文化的镜像，具有文化性。一个民族的语言的演化，生动反映了本民族文化的变迁。年号作为一种特殊纪年法，是封建帝王为记载在位之年而设置的，"除表示纪年的正当功能外，另外还表示祈福、歌颂和改朝换代，一个新政权兴起或一个新帝王登基，或发生一件自以为很大的喜庆，以及什么理由都没有而只是兴之所至，都会弄出一个新的年号"②。其不仅具有区别于他朝的作用，而且还从一个侧面反映了一个朝代文化的变迁，是一个朝代文化的一面镜子。

一　满语名号展现了满族的天命观

满族人的宗教信仰较为复杂，其中不仅有原始古朴的自然崇拜而且还崇信佛、道，可谓是神佛混杂。"自然是宗教最初的、原始的对象，这一点是一切宗教、一切民族的历史充分证明的"③。满族人经历了漫长的原始社会时期，在生产力较为低下的情况下，对自然现象感到神秘莫测是必然的。"万物有灵"的观念就在人们这种茫然不知的境况下诞生了。天神崇拜是满族自然崇拜信仰之一，祭天在满族人的生活中具有重要的地位。满语 abkai enduri（天神）、abkai hehe（天女神、天母神）等词汇就是其重要的反映。

在生产力较为低下的满族原始邑落社会中，天神和其他的星神、月神、火神等并没有任何区别而并列存在。随着生产力的提高，社会的进

---

① 亦赓：《清语人名译汉》，佳梦轩丛书本。
② 柏杨：《中国帝王皇后亲王公主世系录》，山西人民出版社 2008 年版，第 1 页。
③ ［德］费尔巴哈：《宗教的本质》，《费尔巴哈哲学著作选集》（下），生活·读书·新知三联书店 1962 年版，第 436—437 页。

步，部落逐渐统一，各部首领的出现，"人们对天神的崇拜与日月星云、火雷风雨的崇拜相联系，认为天生万物，天是万物的本源"①。在满族人们的心目中，天神一跃成为诸神之首，成为主宰人间一切事宜的至高无上的神灵。满族的天命观不仅在其民族起源的神话传说中有充分的反映，而且也体现于满语年号之中。

满族信奉萨满教，其对天神的崇拜古已有之。1593 年，以叶赫部为首的九部进攻建州时，努尔哈赤率诸王大臣谒堂子、祭拜天神，虔诚祷告曰："皇天后土，上下神祇，努尔哈齐与叶赫本无衅端，守境安居，彼来搆怨，纠合兵众，侵凌无辜，天其鉴之。"② 清太祖努尔哈赤即汗位时，亦对大臣们说："天命为之汗，汗命之为臣也。"③ 定年号为天命，满语为 abkai fulingga，直译为"天之命"。在 1626 年努尔哈赤患病之际仍遣其子祭天，祭文中有言："父，尔之子汗患病，因而设父像祭祀，乞求保佑儿之病速愈，诸事皆要扶助。"并对天许下了"儿痊愈后，将于每月初一致祭"的愿望。④ 可见，当时人们对天神的崇拜心理。

皇太极继位改元天聪，并在大典上，"率众贝勒大臣，诣堂子拜天，即行三跪九叩头礼"⑤。满语 sure han 为天聪，译为：聪明、聪睿的君主。天聪，首先是对自己的褒奖，其次在认识上，认为聪明是上天赐予的。

乾隆，从汉语意义上来讲具有乾坤隆盛之义，但是从满语的 abkai wehiyehe 词义上讲，其直译为：天的扶佑。由此可见，在满族人民的观念中，认为世界的万事万物的发展皆掌控于天，天的威力是无比强大的。甚至乾隆帝所立"十全武功"，也认为是"天贶"的结果。"然天贶逾深，予惧益切，不敢言感，惟恐难承，兢兢慌慌，以俟天眷。"⑥ 不仅如此，被译为有福分的，有造化的 saicungga fengšen（嘉庆）的年号也充分表现了满族人的天命观。

"天命观"不仅是中国古老的哲学范畴，也是历代帝王论证其统治合法性的重要理论依据。故而每个王朝的建立都要捏造一段"君权天授"

---

① 赵阿平：《满族语言与历史文化》，民族出版社 2006 年版，第 206 页。

② 《清太祖高皇帝实录》卷二，中华书局 1986 年版，第 15 页。

③ 《满文老档》，中华书局 1990 年版，第 39 页。

④ 《满文老档》（第三册），东洋文库本，第 1084 页。

⑤ 《满文老档》，中华书局 1990 年版，第 803 页。

⑥ 庄吉发：《清高宗十全武功研究》，中华书局 1987 年版，第 542 页。

的神话，满族也不例外。后金的努尔哈赤便笃信"天命"，认为"天"是永恒的、至高无上的、无处不在的、主宰整个世界的。

壬子年（1612）冬十月朔，努尔哈赤斥责乌喇贝勒布占泰时说："我爱新觉罗氏由上天降生。事师循天理，数世以来，远近钦服，从不被辱于人。"[①] 但几年之后，满族统治者就不满足于仅仅以"由上天降生"来标榜自己的政治合法性了。"金天聪八年（1634），皇太极命管步兵梅勒章京霸奇兰、甲喇章京萨穆什喀率兵征讨黑龙江，天聪九年二月带回了一批俘获人口，其中有一个名为穆克西科的人，讲述了一个流传于当地的'满洲'起源的传说。"[②] 这一传说，在《满洲实录》里是这样记述的：

manju gurun i da, golmin šanggiyan alin i šun dekdere ergi bukūri ge-
bungge alin, bulhūri gebungge omoci tucike, tere bukūri alin i dade bisire
bulhūri omo de abkai sargan jui enggulen, jenggulen, fekulen ilan nofi ebišeme
jifi muke ci tucifi etuku etuki sere de, fiyanggū sargan jui etukui dele enduri
saksaha i sindaha fulgiyan tubihe be bahafi na de sindaci hairame angga de ašufi
etuku eture de, ašuka tubihe bilha de šuwe dosifi, gaitai andande beye de ofi,
wesihun geneci ojorakū hendume, mini beye kušun ohobi, adarame tutara sehe
manggi, juwe eyun hendume, muse lingdan okto jekebihe, bucere kooli akū,
sinde fulingga bifi kušun ohobidere, beye weihuken oho manggi, jio seme hen-
dufi genehe。

fekulen tereci uthai haha jui banjiha, abka i fulinggai banjibuha jui ofi。
uthai gisurembi, goidaha akū ambakan oho manggi, eme hendume, jui simbe
abka facuhūn gurun be dasame banjikini seme banjibuhabi, si genefi facuhūn
gurun be dasame toktobume banji seme hendufi, abka i fulinggai banjibuha tur-
gun be giyan giyan i tacibufi, weihu bufi, ere bira be wasime gene sefi, eme
uthai abka de wesike, tereci tere jui weihu de tefi eyen be dahame wasime
genehei, muke juwere dogon de isinafi dalin de akūnafi, burha be bukdafi,

---

① 参见［日］北山康夫《关于清代的驻防八旗》，载《羽田博士颂寿纪念东洋史论丛》，1950 年，第 490 页。转引自定宜庄《清代八旗驻防研究》，辽宁民族出版社 2003 年版，第 136 页。

② 孙静：《"满洲"民族共同体形成历程》，辽宁民族出版社 2008 年版，第 54 页。

suiha bc sujafi mulan arafi mulan i dele tefi bisire de tere fonde tere bai ilan halai niyalma gurun de ejen ojoro be temšenume inenggi dari becendume afandume bisirede，emu niyalma muke ganame genefi，tere jui be sabufi ferguweme tuwafi，amasi jifi becendure bade isaha geren i baru alame suwe becendure be naka，musei muke ganara dogon de dembei ferguwecuke fulingga banjiha emu haha jui jifi tehebi seme alaha manggi，becendure bade isaha geren niyalma gemu genefi tuwaci yala ferguwecuke fulingga jui mujangga，geren gemu ferguweme fonjime，enduringge jui si ainaha niyalma，tere jui ini emei tacibuha gisun i songkoi alame，bi abkai enduri bihe，bukūri alin i dade bisire bulhūri omo de abkai sargan jui enggulen，jenggulen，fekulen ilan nofi ebišeme jihe bihe，abkai han suweni facuhūn be safi gurun be toktobukini seme mini beye be fulgiyan tubihe obufi emu enduri be saksaha i beye ubaliyambufi fulgiyan tubihe be gamafi，bulhūri omo de ebišeme genehe，fiyanggū sargan jui etuku de sindafi jio seme takūrafi，tere enduri saksaha fulgiyan tubihe be saifi gajifi fiyanggū sargan jui etukui dele sindafi，fiyanggū sargan jui muke ci tucifi etuku etuki serede，tere tubihe be bahafi na de sindaci hairame angga de ašufi，bilha de dosifi bi banjiha，mini eme abkai sargan jui，gebu fekulen，mini hala abka ci wasika aisin gioro，gebu bukūri yongšon seme alaha manggi，geren gemu ferguweme ere jui be yafahan gamara jui waka seme，juwe niyalmai gala be ishunde joolame jafafi galai dele tebufi boo de gamafi，ilan halai niyalma acafi hebdeme，muse gurun de ejen ojoro be temšerengge nakaki。ere jui be tukiyefi musei gurun de beile obufi beri gege be sargan buki seme gisurefi，uthai beri gebungge sargan jui be sargan bufi gurun de beile obuha，bukūri yongšon šanggiyan alian i šun dekdere ergi omohoi gebungge bigan i odoli gebungge hecen de tefi facuhūn be toktobufi gurun i gebu be manju sehe tere manju gurun i da mafa inu。

译文：满洲源流，满洲原起于长白山之东北，布库哩山下一泊名布勒瑚里。初天降三仙女浴于泊，长名恩古伦、次名正古伦、三名佛库伦，浴毕上岸。有神鹊衔一朱果置佛库伦衣上，色甚鲜妍，佛库伦爱之不忍释手，遂衔口中甫着衣，其果入腹中，即感而成孕。告二姊曰："吾觉腹重，不能同升，奈何？"二姊曰：吾等曾服丹药，谅无死理，此乃天意矣。尔身轻，上升未晚，遂别去。

佛库伦后生一男，生而能言，倏而长成。母告子曰：天生汝，实令汝以定乱国，可往彼处。将所生缘由一一详说，乃与一舟顺水去即其地也。言讫，忽不见其子。乘舟顺流而下，至于人居之处，登岸折柳条为坐具，似椅形独踞其上。彼时，长白山东南鄂谟辉（地名）、鄂多理（城名），内有三姓争为雄长，终日互相杀伤。适一人来取水，见其子举止奇异、相貌非常，回至争斗之处，告众曰："汝等无争，我于取水处遇一奇男子，非凡人也。想天不虚生此人，盖往观之。"三姓人闻言，罢战同众往观，及见，果非常人。异而诘之，答曰：我乃天女佛库伦所生，姓爱新（汉语金也）觉罗（姓也）名布库哩雍顺。天降我定汝等之乱，因将母所嘱之言详告之。众皆惊异曰："此人不可使之徒行。"遂相插手为舆拥捧而回。三姓人息争共奉布库哩雍顺为主，以百里女妻之，其国定号满洲，乃其始祖也。

这则神话传说中，天女神佛库伦感孕而生诞下一男孩——布库哩雍顺，该男孩成为后世满人始祖。这就赋予"满洲部"的祖先乃天所生的神异性质。

二　满族人祭天、祭星、四时祭

满族人的天命观，还表现在满族的祭天、祭星与祭四时等方面。

（一）祭天

祭天仪式，在乾隆时期的《满洲祭神祭天礼》卷一《祭神祭天仪》（wecehere metere jalin gisurehengge）载：inenggidari kunning gung de erde, yamji wechere biyadari metere, aniyadari niyengniyer bolori juwe forgon de, ambarame, duin forgonde ulin hengkilere, biyadari tangsti ordo shangsi enduri ordo de, houshan lakiyara, niyengniyeri bolori juwe forgon de, tangse de siltan tukiyeme ambarame wechere eiten wechen i dorolon, gemuda yabuhai jihengge, umesi fujurungga yangsangga saikan, heni gisurere ba aku chi tulgiyen。

译：每日坤宁宫朝祭夕祭，每月祭天，每岁春秋二季大祭，四季献神，每月于堂子亭式殿尚锡神亭内，挂献净纸。春秋二季，堂子立杆大祭，一切礼仪，俱行之已久，璨然美备，无可置议。

据《宁安县志》载："满族则每年两次举行家祭，祭时于上屋西炕排列木人或各色绫条用以代表祖先（非个人之祖先乃满族公共之祖先，故虽曰家祭其实国祭）。祭之前一日以黍米煮熟捣做饼曰打糕，荐享后以食戚族。

又于族中择一人为察玛，戴神帽、系裙、摇铃、持鼓、跳舞，口诵吉词众人击鼓相和，曰跳家神。祭用豕，割豕肉置盎内，供于神前名阿玛尊肉，至晚复献牲如晨，晚间撤灯而祭名曰避灯。祭神之肉不得出门，唯避灯肉可以馈亲友。又立七尺七寸或九尺三寸高细木于院内之南隅，置斗其上，形如浅碗名曰祭杆，祭之。次日献牲于杆前，谓之祭天。以猪肠及肝肺生置其中，用以饲鸟，又以猪之喉骨贯于杆梢，再祭。时则以新易旧。"①

"天祭"这一祭祀活动仍然在宁安地区满族人们生活中传承。祭天的仪式大致如下：

前一日乘夜预备一个筛子、一把尖刀、一把剁刀、一把扫帚均放在筛子内，以备明日起早院子祭祀之用。此外，预备血盆一个、靰鞡草一把，如有前用之索罗杆子将尖刨刮见新。如无旧杆即做新杆，亦备次早之用。其杆用松木为最，草把用靰鞡草为合古，今恐不备全用杨木谷草亦可。及次日清早三四点钟即起，将院子设祭处清扫干净，把小米用碾重碾如新米以备用。将支锅石三块摆院中间，并将屋用的大祭桌放于支锅石的西面，桌后古用三根木搭架上用净毯遮盖形如列围猎搭建帐篷（撑架上搭净毯假为帐篷，不得搭盖不洁之被褥）。今从俭，仅在大桌后放长板凳上搭毯褥等物假为帐房，并于院中设备祭桌，锅灶间先挑净水一担，放在支锅石旁，即在西炕沿下放一小桌，着本族取新挑净水一碗放在小桌上，并备安楚香净小灰一碟，净小米一碟、净线麻一缕。线麻均搓小细绳，三尺半长三根，放在小桌上东面。搓绳时如干捻不转许沾水，碗所剩净水搓之。（不准如用唾涎沫搓之）于此搓绳间，预备向院抬案支锅。把小桌香碟列西，米碟列东，净水三盅列中，小绳三根搭东面，将祭祀大桌放锅西。随将昨晚预备的筛装刀、勺小小盆方盘等物全拿出放在大祭桌上，将锅刷净填净水烧之，以备煮肉。设置完备抬猪，把猪抬桌上向南祭。宰猪先以血涂索罗杆尖，直至全红为是，涂血接在盆里。将猪喉骨取出套于索罗杆子尖上，并将猪的胆、膀胱用乌拉草包好卷于索罗杆子尖部。血盆送至祭桌西面，索罗杆子立祭桌东面。将猪头、猪手及尾巴和一根小肠摆在祭桌中间，祭天的仪式便开始了。

时至今日，祭天活动仍是满族祭祀中的一件重要活动，兹仅举牡丹江市宁安地区部分家族祭天神谕以示说明：

① 王世选：《宁安县志》，中国方志丛书本，第851—852页。

abkai wecere gisun（天祭语）

abkai hehe ambalinggū i tumen jakai mama geren enduri i han inu simbe tumen jaka fukjime araha。jalan siden i tumen jakai ulhicun be šangnaki，abkai juse simbe šun biya fukjime araha。tumen jaka ergen i sekiyen be šangnaki，gubci mukūn i niyalma amsun be dobofi，jancuhūn nure dobofi，ice somo ilibufi，gingguleme hengkilefi，urgun sebjen salime gaiki。

译：天神，伟大的万物之祖，众神之主，是你创造了万物，赐予万物灵性，创造了太阳月亮，你是万物的生命之源，全体族人诚挚地献上祭肉甘酒，请您畅享。

abkai wecere gisun（天祭语）

abkai hehe abkai juse nimaca hala booi mukūn angga ejeke □□aniya sain inenggi abkai hehe jai geren enduri wesiki booi mukūn saman unenggi juru gala elgiyen jaka dobofi ancu hiyan be dabuha enduri muke be doboho jancuhūn doboho nure doboho amsun be arame doboho gubci mukūn buraki bade niyakūrame hengkilefi abkai hehe abkai juse jalan araha i gungge ambalinggū forobume abkai hehe tumen jaka i mama inu，tumen enduri han inu，ulden akū bucere i gese de elin abkai juse šun biya araha tumen jaka ergen i sekiyen bahame。niyengniyeri edun ler seme，agaha tumen jaka be ujihe，talkiyan akjara tumen jaka getehe ulhicun bihe abkai juse be gingguleme guigu golmin jalafun be šangnaki ulin onco hūturi eyen golmin karmaki elhe taifin jalbarime sakda mama mafa juru yohingga。abkai be gingguleme mafa be wecere enteheme eyen ulebufi。

译：天母神之子尼马察氏家族，某年吉日天神降临我家族，萨满虔诚地将贡品敬献，点燃安楚香，献上神水，献上做好的甘酒和祭肉。全族敬叩天神，颂扬天神创世的功德。天是万物的始祖，万神之主，创造了太阳月亮，是世间万物生命的源泉。春风细雨滋养万物，闪电雷鸣惊醒万物。天神赐予我们健康长寿，福禄双全。

（二）祭星

"星祭"是满族自然崇拜表现之一，它如实地记录了满族劳动人民群众对"北斗"或"北极星"的崇拜与他们对自然依赖的关系（方向与时辰）。北斗星又名"勺星"，和北极星是相对的，一年四季其在天空中的位置基本是不变的。古语云："斗柄东指，天下皆春；斗柄南指，天下皆夏；斗柄西指，天下皆秋；斗柄北指，天下皆冬。"北斗星的勺柄恰好是一季一方向，所以其具有指示方向和时间的功能。作为渔猎民族，满族人民长期生活在原始森林中，对方向和时间可能是依靠"星辰"来确定的，所以产生了星崇拜。

满族的星祭一般在秋季九月以后的午夜里天上星斗齐全（tume jusiha 满天星）之时进行。熄灭屋内灯火，清净无声，在房门内或房门外东面设祭桌，供七个酒盅、一个空碗、一个香碟、猪钎子（或刀子）放在桌子下面，祭案前放一个方案准备祭猪。一切就绪，身穿白色袍服萨满一名，怀抱一块镜子。镜面朝里向外走，族人在后面跟随不许出声，到神树下面跪地用酒领牲。拿猪的将猪杀死。挑四梢脱袍、解开，把猪耳、拱嘴、尾巴割下放在供桌之上的空碗里，血放进盆里，全族人跪地，萨满默诵祈祷词。叩头礼毕，众人站起，院里生一堆篝火，屋里亮灯，祭星萨满将碗内的猪零碎、盆肉、猪肉往火上撒，边撒边喊"乌里滚索"（urgun）（大喜啊）。最后全族人按辈分站好，仰脸向东南望星一分钟。因众星领星神从冬天到春天惊蛰，都要引领众星日暮时从东天升起，缓缓向天空移动，光照人间，赐予人类以光明。

星祭结束时，在篝火上烤肉吃及薰猪皮，边围着篝火边跳舞边唱歌，此时吃肉不用筷子，表现了古代山野祭祀的习俗，所以要继承下来，是为了让族人亲自体会祖先昔日艰苦创业的生活，是一种纪念，不忘根本，珍惜今天的幸福生活。因社会的进步，所以祭星肉在屋里大锅煮着吃了。

祭星的目的，主要是为了表示对丰年增产的喜庆和祝祷，以及感念祖先之恩德。有的户族历来是当天将祭肉全吃了。也有的户族将祭肉切成小方块，向族中各家分送，先送给长辈或不能出来参加祭祀的人。

（三）四时祭

四时祭不仅是满族先民由游牧经济向农耕经济转化的表现之一，更是满族先民对神秘自然崇拜的表现。四时变化是因地球的公转而产生的，是天体运行的规律，四时祭是满族先民在四季交替之时进行祭天的活动，也是天神崇拜的表现之一。关于满族的四时祭起源于何时，史料中无明确的记载，但是我们通过现在满族人的仪式可见一斑。

宁古塔（今宁安）地区是我国满族的发源地，时至今日，该地区还保留着四时祭的风俗。兹列举宁安赫舍里氏家族春、夏、秋、冬四时祭的祭祀神谕：

1. 春祭语

图门扎卡　戈特赫　尼莽尼　阿库哈　阿布达哈　班级哈　沃尔豁达
突其克　尔根伊　木丹　得哩布　萨炳啊　其玛哩　伊希那哈

转写：

tume jaka getehe, nimanggi akuha, abdaha banjiha, orhoda tucike, er-
gen i mudan deribu, sabingga cimari isinaha。

译：万物苏醒，冰雪融化，叶子生长出来了，草发芽了，生命的曲章
奏响了，吉祥的明天到了。

2. 夏祭语

勒尔色莫　阿嘎哈　额顿　花立雅孙　图门　扎卡　班级哈　佛索阔
尔根波　乌吉非一　伊勒哈　伊勒喀　萨炳啊　其玛哩　伊希那哈

转写：

ler seme agaha, edun hūwaliyasun, tumen jaka bajiha, fosoko erge be
ujifi, ilha ilka, sabingga cimari isinaha。

译：下了细雨，吹起了和风，万物生长，阳光养育了生命，鲜花盛
开，吉祥的明天到了。

3. 秋祭语

巴彦　伊　额林得　图门　扎卡　尔戈一因　尼玛哈　塔尔浑　莫林
卡屯　图比赫　擦路　多西卡　萨炳啊　其玛哩　伊希那哈

转写：

bayan i erin de, tumen jaka elgiyen, nimaha tarhūn, morin katun, tubi-
he calu dosika, sabingga cimari isinaha。

译：在富裕的时刻，一片丰收景象，鱼儿肥马儿强壮，果实入仓，吉
祥的明天到了。

4. 冬祭语

度倭哩　倭车勒　给孙恩　图门　扎卡　阿木　嘎哈　萨炳啊　尼玛
拉哈　乌尔古恩　色夫珍伊额林得　恩都哩　波　戈一英古勒莫　固布齐
穆昆　发立春　萨炳啊　其玛哩　伊希那哈

转写：

duweri wecere gisun, tumen jaka amgaha, sabingga nimaraha, urgun se-
bjen i erin de, enduri be gingguleme, gubci mukūn falicun , sabingga cimari
isinaha。

译：万物入睡了，瑞雪下了，在这欢乐的时刻，祭祀神灵，全族团结一致，吉祥的明天到了。

流传至今的祭天、祭星及四时祭不仅是满族先民文化信仰的遗存，更是满族先民天神信仰的一个缩影，充分体现了满族先民的天命观。

第三节 满语名号与痘神信仰

疾病对于任何人来说都是不可抗拒的，在生产力低下的古代社会，痘疾一直困扰着人们。痘疾又称天花，主要系由病毒感染而致，因环境而发病，是一种死亡率极高的疾病，被人们视为"无妄之灾"。得天花而不死者，天花破会留下坑洼，俗称麻子。据有学者考证，"天花大概进化形成于一万年前人口相对稠密的农业社会这样的生态环境中，它最早被欧亚大陆的居民，如东北非或印度的居民所知，并在那里成了地方病"[①]。

中国晋代就有了关于天花病的记载，葛洪的《肘后方》中称天花病为"虏疮"，认为是"建武中（317年）于南阳击虏所得"。其症状是"发疮头面及身，须臾周匝，状如火疮，皆戴白浆，随决而生。不即治，剧者多死。治得差后，疮瘢紫黑"[②]。有学者据此推测中国的天花是从越南传入的[③]。古代虽早有痘疾，但是直至清中叶袁句著《天花精言》[④]时，才出现"天花"病名。有的学者认为"天花一名出现并排挤痘疮，则是晚近的事。天花原是佛教用语，指天界仙花，天女散花，诗词中也指下雪。可能受佛教影响，也可能为了委婉地表明病状，近代才称痘疮为天花"[⑤]。在清代的历史文献中，大量记载了有关痘疾的相关材料，笔者以这些文献资料为基础，主要从满人对痘疾的认识、满语名号与痘神信仰、

① 坎贝尔：《天花在土著澳大利亚 1829—1831 年》，载《澳大利亚：澳洲历史研究》（总20 卷），1983（总 81 期）第 541 页（Judy Campbell：Smallpox in Abor ig inal Australia, 1829 - 1831, Australian Historical Studies, University of Melbourne）。

② 《肘后备急方》（卷二），治卒霍乱诸急方，治伤寒时气温病方，四库全书，第 734 册。

③ 参见马伯英、高希、洪中立《中外医学文化交流史》，文汇出版社 1993 年版，第 100—103 页。

④ 武进、谢观利：《中国医学大辞典》，第一册"天花精言"条，第二册"袁句"条，商务印书馆 1937 年版。

⑤ 张箭：《天花的起源、传布、危害与防治》，《科学技术与辩证法》2002 年第 4 期，第55—56 页。

痘神祭三个方面对满族的痘神信仰进行分析和探讨。

1. 满族对痘疾的认识

满兵初入关之际，"畏痘，有染辄死"的事实让满人往往谈"痘"而色变。清代有很多人死于痘疾，不仅有平民百姓如《清史稿》中所记载的蔡庚之子得天花而死，而且很多王公贵族如顺治时的豫亲王多铎、乾隆得意的继承人哲亲王永琮以及乾隆时入觐的六世班禅等也不免遭遇同样的厄运，由此可见清代痘疾的残酷性。这样的事实使满人对痘疾产生了巨大的恐惧，面对痘疾往往多采取回避的态度，这在史籍中多有所载，如：

其兀苏城以痘疫未收。上率兵围兀苏城。谕城中人降①。

汗下诏书曰："……倘遇时行痘疾，可令我未出痘之诸贝勒及蒙古未出痘之诸贝勒还，何如？若无防碍则行之，其均由尔等审度之"②。

时朝鲜国中有痘疾，军中未出痘之贝勒等，皆分路返回③。

（天聪六年十二月初二）时已出痘之诸贝勒及八旗满、汉、蒙大臣俱往送。因有出痘消息，汗及未出痘贝勒未往④。

（天聪六年十二月初九）时因国中有出痘消息，祭坟时，汗、大贝勒、及未出痘贝勒均未往。已出痘之诸贝勒及八旗满洲，蒙古大臣、众汉官皆往祭焉⑤。

乾隆二十四年，将军兆惠既定山南，追捕逸回道其地。其渠长遮道奉将军书曰："……头目等以未出痘，不敢入中国，谨遣使入朝京师。"⑥

至班禅，因未出痘，不敢至京⑦。

---

① 《大清太祖高皇帝实录》卷四，华文书局股份有限公司1969年版，第9页。
② 中国第一历史档案馆、中国社会科学院历史研究所译：《满文老档》，中华书局1990年版，第810页。
③ 同上书，第839页。
④ 同上书，第1354页。
⑤ 同上书，第1356页。
⑥ 《清史稿》卷五二九《属国传四》，中华书局1976年版，第14718页。
⑦ 《清史稿》卷五二五《藩部传八》，第14535页。

　　由此可知，在清初时，满人就对天花这种疾病的危害性有了一定的认识，所谓"国之大事，在祀与戎"，但即使在进行战争、祭祀之际，如遇有痘疾流行的情况，未出天花者皆要回避，前四条材料均说明了这一点。另如第五、六条材料而言，虽不知渠长的话是实情抑或仅仅是政治上的借口或托辞，但确实从侧面说明未出痘者即使是边藩国的首领在朝觐皇帝时也会受到限制，班禅等人也可因此而不能朝觐京师。

　　痘疾是如此令人恐惧，所以一旦发现有得该病者，自然要进行隔离，以防传染他人，如"京师民有痘者，令移居出城，杜传染"①，而且在行军打仗中，也会因此而放弃可能唾手可得的战果"其兀苏城以痘疫未收"②。

　　面对这种类似瘟疫类的疾病，政府除回避外也不断探索医治此病的方法，有学者认为"至迟到 16 世纪中叶，中国发明了人痘接种术。到16 世纪中后叶，人痘接种术已有改进并广泛推行"③。康熙二十一年（1682），他在《庭训格言》里写道："国初人多畏出痘，至朕得种痘方，……尝记初种痘时，年老人尚以为怪，朕坚意为之，遂全此千万人之生者，岂偶然耶？"④

　　有了遏制痘疾的技术，朝廷专门设置了种痘局："（黄辅辰）又拨产给书院、义学、养济院、育婴堂、种痘局及灞岸堤工、渠工，诸废皆举。寻卒，祀名宦。"⑤

　　清初的皇太极与顺治帝两位皇帝都没有出过天花，所以痘疫流行时就要离开皇宫到"避痘所"中去躲避，但是顺治帝最终还是患天花而死于顺治十八年正月，因此，从某种程度上而言，康熙帝的继位实际上与痘疾也有一定的关系。痘疾的影响不仅如此，从清初的历史发展来看，当时行政措施的制定和实施也能见到它的影子。⑥

---

① 《清史稿》卷二四四《赵开心传》，中华书局 1976 年版，第 9605 页。

② 《大清太祖高皇帝实录》（卷四），华文书局股份有限公司 1969 年版，第 9 页。

③ 张箭：《天花的起源、传布、危害与防治》，《科学技术与辩证法》2002 年第 4 期，第56 页。

④ 《圣祖仁皇帝庭训格言》，江苏书局刻本，第 25 页。

⑤ 《清史稿》卷四三四《黄辅臣传》，中华书局 1976 年版，第 12354 页。

⑥ 具体内容可参见谢景芳《天花与清初史事评议》，《民族研究》1995 年第 1 期；杜家骥：《清初天花对行政的影响及清王朝的相应措施》，《求是学刊》2004 年第 6 期。

二　满语名号与痘神信仰

在生产力较低下的情况下，人们设若不能征服某种现象，往往就会走向对它的顶礼膜拜。清代虽然有了遏制痘疾的"种痘"技术，但是人们对痘疾的恐惧丝毫未减，在不得已之时，仍然还需求助于"痘神"的庇佑以求得内心的安宁。

关于敬奉痘神之事早在《明史》中已经有嘉靖中"庄敬太子患痘，祷之而瘥"①的记载。这样的内容到了清代更是不绝如缕。如"嘉庆己卯年，痘疹在（福建）旗营辖地内肆虐，旗营派镶红旗协领吉隆阿处理此事。在当时的防疫能力下对付天花这个凶猛的传染病是无能为力的，于是只好求助于神灵，他想起了痘神珠妈"②，于嘉庆二十四年重建了"珠妈庙"，"珠妈"就是古代掌管出痘的神仙。同治六年（1867）三月十四日当夜，曾国藩的次子曾纪鸿出现腰疼头疼等症状，十八日，病情加重，找来医生诊断乃得了"痘疾"。此时曾纪鸿的病已经很严重，全身都长满了痘。曾国藩深为焦虑，以致夜不能寐。于是打扫屋宇，择花园中厅净室敬奉痘神。傍夕沐浴，灯后拈香行礼。③二十一日，曾纪鸿病情"大有转机"，曾国藩认为"盖全赖神佑，非由人力，钦感无已"。在二十二日给纪泽的信中写道，"托痘神佑助，此三日内，转危为安"④。曾纪鸿的痘疾基本痊愈之时，曾国藩便大张旗鼓举行了送痘神之礼："是日（四月初八），礼送痘神。余作祭文一首，四言三十二句，令叶亭缮写。辰初读文，行四拜礼。"⑤

语言是文化的载体，文化是语言的内蕴，语言与文化水乳交融，密不可分。民族语言从它形成的那天起，就深深地扎根于民族文化的土壤之中，是民族文化的重要组成部分。一个民族的语言蕴含着丰富的民族文化，不仅反映了该民族先民的生态环境、精神信仰、民族交往，而且也充分体现了该民族的思维模式、价值观念的变化。清代是满族创建的封建王

---

① 《明史》卷三〇七《佞幸传》，中华书局1974年版，第7896页。
② 麻健敏：《清代福州满族萨满信仰与本土巫文化的结合》，《中央民族大学学报》（哲学社会科学版）2007年第1期，第58页。
③ 曾国藩：《曾国藩全集》，岳麓书社1987年版，第1361—1371页。
④ 同上书，第1332页。
⑤ 同上书，第1370页。

朝，满族在入驻中原后为维护本民族特色，坚持"国语"、"骑射"，满语也因此成为清朝的国语。所谓"名号"主要是指政治名号，以及从政治名号衍生出来的其他名号，如人名、地名、族名等。名号制度是清代政治制度的重要组成部分，有趣的是，痘神信仰在清代的满语名号中也有所体现。

在满语名号中，bayan 义为饶、裕，如 bayan cin wang（裕亲王）、bayan giyūn wang（饶余郡王）。bayan 还被形容出痘多的人，它与满族的痘神信仰有着密切的关系。bayan 在《御制清文鉴》有以下几个义项：

①mama tucire jusei ilaha labdu be hadumbihide，bayan sembi。

译：孩子出痘多的称为富。

②eiten jaka umesi elgiyen labdu be bayan sembi。

译：物很富多称作富。

③ulin labdu oci ulin bayan juse labdu oci juse bayan seme gisurembi。

译：财产丰厚，子众多称作富。

④boo banjirengge ulhiyen i badarafi baitalara jaka tesuhe be bayan sembi。

译：家境丰裕，物渐足，称作富。

《清代满蒙汉文词语音译对照手册》中，bayan 有两个义项：①"富"；②"花儿多"，这里的"花儿多"所描述的就是痘花。可见以 bayan 来描述孩子出痘，与满族人对痘疾的畏惧与崇拜有很大关系。不仅如此，当时人们已经对出痘有了细微的观察和认识，并且出现了许多描述出痘的词语，如 sogiya（花儿）、halašambi（痘前发赖）、mama eršembi（出花）、ajige ningge eršembi（出盖痘疹）、yadahūn（花儿穷）、gosihabi（花儿少）、jilahabi（花儿稀）、jira（花儿密）、ayalambi（灌浆）、marimbi（花儿回动）、handa（痘毒）、moyo（水痘）①　等词。

三　满族祭痘神

在满语中，痘疹神被称为 sure mama。sure《御制清文鉴》解释为：

banitai genggiyen ulhisu be，sure sembi。

译：秉性聪敏的称为 sure。

---

① 　江桥：《清代满蒙汉文词语音译对照手册》，中华书局 2009 年版，第 377 页。

在女真语中"聪明"的读音为"素勒 surə"[1]，满语 sure 也为"聪明"[2]之意，mama："祖母"、"老妪"[3]之意。故而 sure mama，可以直接翻译为：聪颖的老妪。由此可知，在满族人心目中，痘神是女性，且是聪明智慧的神灵，满族人将痘神称之为聪敏的老妪，可能有两点原因：一是痘神产生于母系氏族社会时期，所以其身份必为女性；二是痘疾在生产力极为低下之时，人们无法战胜痘疾，出痘而不死者极少，满族人认为此人"大难不死必有后福"。无论何种原因，sure mama 都从侧面反映了满族人对痘神的信仰。

满族先民的痘神信仰一直流传至今，在今天牡丹江市宁安地区的满族家庭所保存的祭祀用的神本子中还有关于祭天花的神词。如在宁安《宁古塔瓜尔佳氏祭祀神册》中就有"赏出天花"的神词，兹列于下：

"神祖施恩赐福：

恩都哩倭车库衣科日得依希布，胡徒哩泊赏那佈，特勒阿娘阿倭索浑衣哈哈居徒哩徒七付一，玛玛额哩赊莫达撒佈莫也泊倭豁，批林得倭车勒，阿木孙泊泊而和莫付歪达付一，三音一能尼泊孙卓付一，倭车库玛法萨泊倭车密，伍勒滚色布其阿里莫该七"。

对上面的汉语进行满语音转，其满语原文大体如下：

enduri weceku i kesi de isibu，hūturi be šangnabu，tere aniyangga，wesi-hun i hahajui turi fucifi，mama eršeme dasabume yebe oho，mjilin de wecere，amsun be berheme faidafi，sain inenggi be sonjofi，weceku be wecemi，urgun sebjen alime gaiki。

其意为：集神仙之恩德，把福赐予，属某某的最尊贵的男孩子出痘了，所以让他侍奉痘神，把痘治好。供肉已经摆好，吉日已定，祭祀神祖，敬请享用。

在百余年的时光流逝中，虽然痘疾早已成为历史，但通过这遗存的神谕，后世的我们似乎依旧能在满人那曾经的低吟和虔诚的祭祷中，生动地感知到他们对于痘神的敬畏之情。但随着技术的不断发展，这也终究成为我们这个曾经多灾多难的民族发展历史中一段难忘的记忆！

---

[1]　金启琮：《女真文辞典》，文物出版社 1984 年版，第 105 页。

[2]　江桥：《清代满蒙汉文词语音译对照手册》，中华书局 2009 年版，第 225 页。

[3]　同上书，第 176 页。

第二章

满语名号与价值观念

　　满语是满族社会组织的产物，是随着满族社会发展的进程而不断演变的，所以满语应该看作满族社会意识形态的一种。"一个时代的客观社会生活，决定了那个时代的语言内容；也可以说，语言的内容足以反映出某一个时代生活的各面影。社会现象，由经济生活到全部社会意识都沉浸在语言里面"①。不仅如此，法国著名的生理学家贝尔纳也强调指出"语言是洞察人类心智的最好的窗口"②。经由语言，我们可以探讨人类物质生活和精神生活的各个方面，而价值观无疑就包含其中，价值观是指一个人对周围的客观事物（包括人、事、物）的意义、重要性的总评价和总看法：一方面表现为价值取向、价值追求，凝结为一定的价值目标；另一方面表现为价值尺度和准则，成为人们判断事物有无价值及价值大小的评价标准。

　　满语名号是赐予有功之臣的一种美称，是对一个人一定时期内或一生功绩的总结，很显然是一种价值评价，另外，名号赐予者多为社会上层，他们的好恶在一定程度上又影响着社会的价值取向。"语言既然是文化的表现形式，文化的发展变化就不可能不在语言中有所表现。"③ 1616 年努尔哈赤建立了"后金"，顺治元年（1644）以满族为主的清军打过山海关入驻京师，成为统治全国的中央政权。入关前后满语名号呈现出了明显的阶段性特点。笔者试以满语名号的变化为线索，试从满族入关前后名号的文化倾向性来阐释其价值取向的变迁。

---

　　① 罗常培：《语言与文化》，语文出版社 1989 年版，第 88 页。
　　② 转引自伍铁平《从语言学的领先地位谈到他在方法论上对哲学研究的意义》，《北京大学学报》1988 年第 3 期。
　　③ 戴昭铭：《文化语言学导论》，语文出版社 1996 年版，第 27 页。

第一节　入关前崇尚蒙古族文化

清代入关前的名号多借自蒙古名号、蒙古族职官名称，如 cing baturu（青巴图鲁）、guying baturu（古英巴图鲁）、mergen（墨尔根）是借自蒙古语的；而 darhan（达尔汉）、baturu（巴图鲁）、jinong（济农）、joriktu（卓礼克图）等本身又是蒙古语名号。

满族作为狩猎民族与游牧的蒙古族有着相似的生活方式，所以两个民族在价值取向上有一定的相似性。蒙古族有着较强的军事实力，且与明朝也有矛盾，故清入关以前，在政治、军事上都要依附蒙古王公贵族的支持。清初统治者为了拉拢蒙古王公，便赐予蒙古王公蒙古语名号，在文化价值取向上也更倾向于蒙古族文化，所以清入关前的名号具有以蒙古族名号命名的倾向性。依据蒙古文创制满文就是蒙古文化对满族文化构成影响的最好的证明。

后金时期，统治者对蒙古文化的倾向性与对中原儒家文化的态度形成了鲜明的对比："清太祖努尔哈赤时期对儒学的体认甚浅，甚至有俘获儒生以后立即处死的极端行为。"①

清太宗皇太极认识到"自古国家，文武并用，以武功勘祸乱，以文教佐太平"②。随着统治的需要，对儒学的态度才稍有改变。天聪三年（1629），设立文馆，"命儒臣分为两直，巴克什达海同笔帖式刚林、苏开、顾尔马浑、拖布戚等四人，翻译汉字书籍；巴克什库尔缠同笔帖式吴巴什、查素喀、胡球、詹霸等四人，记注本朝政事"③。且于同年举行儒生考试，选拔汉人儒生为其统治服务。

天聪五年（1631），针对"诸贝勒、大臣，因溺爱子弟不令就学，或谓我国虽不读书，亦未尝误事"等现象，皇太极下令诸贝勒、大臣子弟读书，并强调儒家义理对国家治理的重要性："独不思昔我兵之弃滦州，皆由永平驻守贝勒失于援助，遂至永平、遵化、迁安等城相继而弃，岂非未尝学问、不明义理之故乎？今我兵围明大凌河城，经四越月，人皆相

---

① 陈东：《清代经筵制度研究》，博士学位论文，山东大学，2006年。
② 《清太宗实录》卷五，中华书局1985年影印本。
③ 同上。

食，犹以死守。虽援兵尽败，凌河已降，而锦州、松山、杏山，犹不忍委弃而去者，岂非读书明道理，为朝廷尽忠之故乎？"① 1636 年，清太宗皇太极改年号为 wesihun erdemungge（崇德）。"年号本身说明皇太极已经认识到了儒家仁德思想对巩固其统治的重要性"②。

但是，崇德元年十一月，皇太极集诸王、贝勒、大臣等于翔凤楼，使内弘文院大臣读《金世宗本纪》。在总体评价金代皇帝优劣后，吐露自己不能完全接受汉族文化的顾虑："先是，儒臣巴克什、达海、库尔禅等，屡劝朕改满洲衣冠效汉人服饰制度，朕不从。辄以为朕不纳谏，朕试设为比喻，如我等于此聚集，宽衣大袖，左佩矢，右抉弓，忽遇硕翁科罗巴图鲁劳萨挺身突入，我等能御之乎？若废骑射，宽衣大袖，待他人割肉而后食，与尚左手之人，何以异耶？朕发此言，实为子孙万世之计也。在朕身岂有变更之理？恐子孙忘旧制，废骑射以效汉人俗，故常切此虑耳。"③ 由此可知，皇太极时期对于儒家文化的重要性虽有一定的认识，但心中仍存芥蒂。

综上所述，清在入关以前，文化上是倾向于蒙古族文化的，这一点从满语名号的构成上也得以体现。

第二节　入关后崇尚儒家文化

自汉武帝"罢黜百家，独尊儒术"，儒家学说一跃成为中国封建社会的主要统治思想，成为汉族传统文化的核心。孔子作为"圣人"也备受统治者及中原民众的敬仰，所以要尊重汉族传统文化，首先必须尊孔崇儒。满族入关后，为了统治的需要，清代统治者思想观念也逐步在转变，并逐步接受儒家思想文化。

一　尊孔崇儒

清代统治者转变观念是从尊孔开始的，顺治皇帝袭封孔子后裔孔允植为"衍圣公"，首开清代尊孔之例。不仅如此，为了更好地学习儒家思想

---

① 《清太宗实录》卷五，中华书局 1985 年影印本。
② 陈东：《清代经筵制度研究》，博士学位论文，山东大学，2006 年，第 11 页。
③ 《清太宗实录》卷三二，中华书局 1985 年影印本。

文化，顺治十二年开设了日讲。但是有的学者认为"顺治十二年开始的日讲日期比较随意。因为文华殿尚未建成，日讲场地不定，顺治帝首次日讲并没有坚持多少时日"①。

虽然如此，顺治十四年（1657），皇帝还举行了经筵大典，经筵主要是指为皇帝专设的讲经论史的御前讲席，是皇帝学习儒家文化的教育形式之一。关于此事，史书载："经筵大典始于顺治十四年至咸丰十年（1860）止，圣祖仁皇帝生知好古，终始典学。顺治九年题准，每岁春秋各举经筵一次。大学士知筵学事。……十四年议准，每年春秋二次举行。"② 由此可见顺治帝对于儒家经典的重视。

康熙八年（1669）四月十五日，康熙为了彰显自己尊孔崇儒的决心，不顾鳌拜等人的阻挠，首次去国子监视学，在举行了临雍大典的同时③恢复了顺治朝所定的孔子、曾子、颜回、子思、孟子等圣人子孙送监读书的"圣裔监生例"，亲自指定了孔兴询等 15 人到国子监学习。鳌拜被铲除后，康熙更是不遗余力地推行其尊孔崇儒的政策，在宫中特建传心殿，专祀孔子。康熙二十二年（1683）十一月，康熙第一次南巡，亲诣孔庙参谒，并行三跪九叩大礼，特赐"万世师表"匾额，悬挂于大成殿，并决定重修孔庙。他还亲自撰写孔子、孟子、周公庙的碑文，以及孔子、颜回、曾子、子思、孟子的赞文。④

雍正帝即位，为了确立统治的合法性、正统性，继续推行尊孔崇儒的政策，尤其是儒家礼制。雍正在上谕中称孔子为"道冠古今，德参天地；树百王之模范，立万世之宗师"⑤，雍正对孔子的地位给予高度评价的同时，还将孔子的先世五代均封以王爵，故有学者认为"清代其实是历代最崇儒的王朝"⑥。满洲人虽然是儒家文化后来的认同者，但掌握儒家文化的程度却比较高，如康熙与乾隆两位皇帝，他们的儒家文化修养，远远高于一般的汉族皇帝。

据有学者考证，清代经筵是用满、汉两种语言进讲，"所讲内容完全

---

①　陈东：《清代经筵制度研究》，博士学位论文，山东大学，2006 年，第 15 页。

②　《大清会典》（雍正朝）卷六十一，文海出版社 2000 年影印本，第 3877 页。

③　《圣祖仁皇帝实录》卷二八，中华书局 1985—1987 年影印本，第 413—414 页。

④　《圣祖仁皇帝实录》卷一一七，康熙二十三年十一月己卯，第 1575—1578 页。

⑤　《世宗宪皇帝实录》卷五，中华书局 1985 年影印，第 118 页。

⑥　孙隆基：《清季民族主义与黄帝崇拜之发明》，《历史研究》2000 年第 3 期，第 76 页。

局限于四书、五经。五经之中其实也只讲《尚书》和《易经》。真正伴有日讲的经筵只有康熙时期短短的十五年（康熙十年至二十五年）。康熙日讲内容也主要是四书，另外再加上《春秋》和《通鉴》。如此而已"①。另据学者统计，有清一代的经筵次数分别为："康熙帝在位 61 年，御经筵 60 次"②"嘉庆皇帝在位 25 年，共御经筵 24 次（包括嘉庆三年的 1 次临雍）"③ "道光帝在位 30 年，御经筵 26 次（含道光三年 1 次临雍）""咸丰帝在位 11 年，共御经筵 9 次（包括咸丰三年的 1 次临雍）"④。自咸丰以后，经筵大典虽然退出了历史舞台，"但却为皇帝和皇太后专设有不同形式的'日讲'"⑤。

二　谥号及其用字

满族入关后，清统治者仿照中原王朝的谥法制度，逐步创制了自己的谥法名号，这是其由地方民族政权逐步上升为国家统治政权的明显标志，也表明满族统治者为了适应统治需要逐渐接受中原儒家文化。

满族入关后，清代统治者以身作则，承袭中原谥法文化，确立了以儒家的 gosin（仁）、hiyoošungga（孝）、gosingga（慈）、erdemu（德）等字为核心内容的帝后谥号体系，此乃学习和倡导儒家文化的重要表现之一。不仅如此，统治者还将尊儒文化推及到所属臣僚的身上，并以此来评判臣僚一生的功绩。兹仅以清代宗室亲王的谥号用字为例，以说明清代统治者对儒家文化的倡导与接受。

清代统治者所给予亲王的谥号用字的含义主要集中在忠君尊礼、崇德尚仁、尽勤建功等几个方面。

（一）崇德尚仁

仁是儒家思想的最高境界，想达到"仁"的境界就需要人们自身不断提升并完善自己的品德。清代亲王谥号的含义多集中于儒家的仁、德二字之上，如 hairacuka（怀）、hafuka（通）、yonggo（仪）、genggiyen（昭）、fulehun（惠）、fujurungga（懿）等。

---

① 陈东：《清代经筵制度研究》，博士学位论文，山东大学，2006 年，第 91 页。

② 同上书，第 16 页。

③ 同上书，第 25 页。

④ 同上书，第 26 页。

⑤ 同上书，第 26 页。

hairacuka（怀），可爱的，可惜的。在谥号中，慈仁且年轻而夭折的人曰怀。《御制清文鉴》解释 hairacuka 为：

hairaci acara jaka be，hairacuca sembi。

译：爱惜事物曰 hairacuka。

hafu（通），一曰作 hafuka hafu，本为穿、通、透之义。用作谥号，指做善事不停止的人，即行善无滞的人给谥曰通。

yongsu（仪），一曰 yonggo yongsu，本为礼，礼仪，礼节，礼貌之义，后被用作谥号，做善事守礼法的人，即善行足法曰仪。

erdemu（德），《御制清文鉴》解释为：

mujilen giyan be yongkiyaha，yabun doro de acanaha be，erdemu sembi。

译：内心完备，符合品行称作德。

从其解释可知，清代统治者已经深刻理解了德的含义。在清代亲王的谥号中，也有尚德的体现。如 genggiyen（昭）、fulehun（惠）、temgetulehe（宪）、fujurungga（懿）、necihiyen（靖）、nemgiyen（温）。

genggiyen（昭），在《御制增订清文鉴》中有两个解释：

①banitai sure eiten babe hafu sarangge be genggiyen sembi。

译：天生聪明广博称作明。

②"明（人部聪智类）；清；光明；封谥用语：文、昭"。

在谥号中，明德有功、容仪恭美曰昭（genggiyen）。

fulehun，《御制清文鉴》解释为：

gūnin gosingga berede amuran niyalama be fulehun sembi。

译：把仁义、恩惠给所爱的人称为恩惠。

fujurungga，《御制清文鉴》解释为：

banin ambalinggū arbušara yangsangga be，fujurungga sembi。

译：天性大方，威仪风采称作尊重。

《御制增订清文鉴》解释 fujurungga 为："尊重（人部容貌类）；端庄；有风度；封谥用语：孝懿。"在谥号中，贤善著美曰懿。

除此之外，temgetulehe（宪，博闻多能、行善可纪）、toktobuha（安定了）、necihiyen（靖，以德安众）、nemgiyen（温，德行宽和）等封谥词也是清代统治者崇仁尚德的反映。

（二）忠君尊礼

"仁"是儒家文化的核心，"礼"是其外在的表现，故而儒家文化也被称为礼文化。在封建社会里，"忠君"最大的表现就是"守礼"，即遵守封建社会的一切政治制度，故而在家天下的封建宗法制社会有"求忠臣于孝子之门"之说。儒家大力倡导这种"忠君守礼"的价值观念也为清代统治者所承袭，并反映在亲王的谥号用字上，如 gingguji（恪）、gungnecuke（恭）、olhoba（慎）、tondo（忠）、gulu（纯）、hošonggo（端）、gingule（谨）、dorolon（履）、kimcikū（密）等。

gingguji，《御制清文鉴》解释为：

yaya baita de olhoba niyalma be，gingguji sembi。

译：凡事谨慎者曰 gingguji。

在清代谥号中，温恭朝夕、威容端严曰恪。此字在清代亲王谥号中，出现 9 次，出现频率最高。另据学者统计有清一代共有"9 位郡王均卒谥曰'恪'"[1]，由此可见清代统治者对臣子温恭朝夕的期望。

《御制清文鉴》解释 gungnecuke 为：

tob ginggun i arbun be，gungnecuke sembi。

译：正谨的样子称作恭。

在清代谥号中，敬以事上、既过能改，尊贤敬让曰恭。

《御制清文鉴》解释 olhoba 为：

ajige mujilen i ginggulere be，olhoba sembi。

译：小心恭谨称作慎。

在清代谥号中，凤夜敬畏曰慎。无论是恭还是慎，充分体现了等级观念，体现了对君主的忠诚，在清代亲王谥号中，恭、慎二字出现 7 次，仅次于恪字。

"忠"在女真文中读"团朵 tondo"[2]。满文 tondo（忠），《御制增订清文鉴》解释为：

amban oho niyalma unenggi gūnin i ejen be uilere be，tondo sembi。

译：臣子有血缘般诚心侍奉主子，称作忠。

在清代谥号中，廉方公正、危身奉上称为 tondo（忠）。

gulu（纯），《御制清文鉴》中有两个解释：

①yaya fiyan akū ilha akū suje be，gulu sembi。

---

①　程大鲲：《清代宗室贵族的封爵与谥号》，《兰台世界》1997 年第 7 期，第 38—39 页。

②　金启琮：《女真文辞典》，文物出版社 1984 年版，第 115 页。

译：凡无颜色、无花的绸缎称为 gulu（纯）。

②jabun tob tondo oilorgi fiyan be miyamirakū niyalma be, gulu sembi。

译：行为端正，不装饰自己的称为 gulu（纯）。

gulu 的本义是没有修饰装饰的东西即朴素朴实之义，而在谥号中却引申为"中正和粹、安危一心"，强调对主子的忠心，不得有丝毫的杂念。

hošonggo，《御制清文鉴》解释为：

muheliyen de bakcilaha gisun, duin durbejengge ba, hošonggo sembi。

译：与圆相对，四方的地方称为方。

hošonggo 在封谥用语中，守礼执义曰端。

gingule 在谥号中为谨，但无确切的解释。《清代满蒙汉文词语音译对照手册》中"ginggulembi 敬亲"、"致敬"，由此可推知 gigule 乃尊敬之义。

除此之外，olhoshon，《御制增订清文鉴》解释为："敬人小心谨慎；封谥用语：僖。"hingsengge（悫，表里如一），一曰 hišengge。① unenggi（诚，肫笃无欺）、jirmin（厚，忠诚自植）、jiramin（质，朴直无华）、nomhon（良，小心敬事、竭忠无隐）等谥字皆现忠君守礼的观念。

不仅如此，亲王的赐号用字也反映了"忠君尊礼"的观念，如 dorolon dao cin wang（履端亲王）、dorolon lingge cin wang（礼烈亲王）中的 dorolon（履、礼）和 kimcikū cin wang（密亲王）中的 kimcikū（密）等字。

dorolon 乃礼，礼仪，典礼，仪式之意。《御制清文鉴》解释为：

doro yoso acabun yangse be toktobufi, niyalma gingguleme dahame yaburengge be dorolon smebi。

译：迎接人时的样子，把施教称为礼。

dorolon 用作封谥语，纳民轨物曰礼。

kimcikū 乃"详察的，省察的，谨慎的，冷静的"之意。《御制清文鉴》解释为：

yaya baita de dulemšerakū kimcire mangga niyalma be, kimcikū sembi。

译：凡事认真仔细的人曰 kimcikū（密）。

kimcikū 用作封谥语时，思虑详慎曰密。

---

①　程大鲲：《清代亲王之封谥》，《满语研究》1997 年第 2 期，第 36 页。

（三）倡和祈顺

"尊礼"仅是封建社会等级制度的外在体现，它规定了社会各个阶层的行为边界，但各阶层间是相互联系的，为了避免各阶层间矛盾的尖锐化，儒家从精神角度提出了"礼之用，和为贵"。由此，外在的制度化的"礼"和内在的精神化的"和"达到了刚柔相济的内外统一。社会的稳定是历代统治者所期望的，儒家所倡导的和顺观念也是清代统治者所企盼的，这些观念也在亲王谥号上有所体现，如 ambalinggū、tob、elgiyen（庄）、hūwaliyasun（和）、elhe（安）、ijishūm（顺）、fulu（裕）等词。

ambalinggū 乃"大方"之意。《御制增订清文鉴》解释为：

①beye amba cira fiyangga bime, ujen fisin niyalma be ambalinggū sembi。

译：风貌魁伟，稳重之人称作 ambalinggū。

②yabun banin doronggo yangsangga be ambalinggū sembi。

译：风姿堂堂，庄重有文采称作 ambalinggū。

elgiyen（裕）《御制清文鉴》解释为：

labdu fulu be, elgiyen sembi。geli elgiyen tumin seme hobofi gisurembi funcen daban sere gūnin。

译：多足称作宽裕，另外，希望连续不断的丰收，共同富裕。

其中 funcen daban《御制清文鉴》解释为：

yaya fulu elgiyen be hendumbihede, funcen daban sembi。

译：共同富裕。

elgiyen 在《御制增订清文鉴》解释为："宽裕（人部富裕类）、封谥用语：裕。"

在清代谥号中，ambalinggū、tob、elgiyen 译为庄，履正志和者曰庄。

elhe 在谥号中译为安，和好不争曰安。《御制清文鉴》解释 elhe 为：

①yaya hūdun akū manda be, elhe sembi。

译：不快的，慢的，称为 elhe（安）。

②geli elhe alahai seme holbofi gisorembi。

译：不断问安称为 elhe（安）。

③aššara arbušara nesuken i arbun。

译：动挪平和的样子称为 elhe（安）。

elhe 在《御制增订清文鉴》中有两个义项分别为：

①安、缓、封谥用语：康。

②tacihiyan wen ambarame selgiyebufi, gubci ba enteheme toktoho, sunja hacin i jeku ambula bargiyafi, banjire irgen hethe de sebjelere be, elhe sembi。

译：宣教化，天下永定，五谷丰收，民足乐，称为 elhe（安）。

fulu 在谥号中，译为裕，宽和自得曰裕。在《清代满蒙汉文词语音译对照手册》中，fulu 有"优长、指头套、有余"几个义项。

不仅如此，亲王的赐号用字也反映了"倡和祈顺"的观念，如 dahashūn cin wang（顺亲王）中的 dahashūn（顺）和 giyangga kimcikū cin wang（理密亲王）中的 giyangga（理）等字。

dahashūn 顺。《御制清文鉴》解释为：

ama eme ungga ursei tacibuha joriha gisun be jurcerakū dahame yabure be, dahashūn sembi。

译：不违背父母等长辈们的教导，唯命是从曰 dahashūn。

giyangga 有理的，是 giyan 的关系形容词形式。其中 giyan，《御制清文鉴》解释为：

doro jurgan i lak seme acanara babe, giyangga sembi。

译：道义适中的、恰到好处的地方。

（四）尽勤建功

清代统治者不仅期望臣子能够恪守礼仪、尽忠君主，而且还期望臣子能够尽勤建功。这些期望在给予亲王的谥号中亦有所体现，如 dasaha（修）、kicebe（勤）、kengse、dacun（毅）、faššangga（襄）、horonggo（武）等。

dasaha 乃是 dasambi 的一般过去时形式，被用作谥号。dasambi 有"治、改正、改正、整围、医治"[①] 等诸多义项。由 dasambi 的义项可知，dasambi 最初应该是用于狩猎之时调整围猎方式用的，后来逐渐演变为政治、文学上的改正和医学上的医治。在谥号中，克勤事业曰修（dasaha）。夙夜匪懈曰勤（kicebe），在清代亲王谥号中，出现 4 次，频率较高。

dacun，《御制清文鉴》解释为：

yaya jeyengge jaka be lekfi sacire faitarade dara sain ninggebe dacun sembi。baita sita de ušan fašan akū, yabun gisun dekengse laša be dacun sembi。

---

① 江桥：《清代满蒙汉文词语音译对照手册》，中华书局 2009 年版，第 63、70、108、147、451 页。

geli yaya jeyengge geli gurguguibure sain be inu gala dacun。seme gisurembi。

译：一切磨的锋利的，拦腰斩断的东西；对于事物不牵扯精力，行为言语果；另外，一切锋利的东西；还有射中动物，手段敏捷的称为果。

在谥号中，致果克敌、强而能断曰毅（dacun、kengse）。

《清代满蒙汉文词语音译对照手册》中 faššangga 解释为："有功业的。" faššan，"功业"。在谥号中，甲胄有劳曰襄（faššangga）。

horonggo，《御制清文鉴》解释为：

horon bisirengge be，horonggo sembi。

译：存在威力的曰 horonggo（武）。

除上述所述，horonggo（武）、gungge（烈）、ulhisu/kicebe（敏）也都是赞扬臣子建功立业的谥号。

由此可见，有清一代的帝后及亲王的谥号主要集中于孝、仁、慈、德、忠、礼、勤、和、顺等词上，这些词恰恰是儒家文化的内核，这些名号的用字充分反映了满族入关前后随着社会环境的变化所带来的价值观念的变迁。正如某些学者所言："一个时代有一个时代的文化发展，有一个时代的道德观念。时代变了，政治取向变了，它的文化内涵、道德观念也就会发生变化，与此相适应的词义在意义和色彩上也会随之发生变化"①。

本篇小结

本篇主要探析了满语名号与满族精神文化间的关系。信仰习俗与价值取向是精神文化的重要内容，本篇主要从这两部分入手进行论述。

满语名号与精神文化部分，主要从满语名号的用字、语义角度，阐释了满族的鹰、乌鸦、鹊、雀等灵禽信仰、天命观及痘神崇拜。

满语名号与价值观念部分，主要对满族入关前后文化倾向的变化进行阐释。通过对满语名号的研究，笔者认为满族在入关前后，经历了由崇尚蒙古族文化到崇尚儒家文化的过程。

---

① 苏新春：《文化的结晶——词义》，吉林教育出版社 1994 年版，第 19 页。

第七篇

结　语

本书从语言学、历史学、文化学的角度对满语名号进行了综合研究，在运用描述法、历史文献考证法对满语名号进行描述与梳理的同时，进而运用文化语言学、语义学的研究方法探讨了满语名号与满族的生态环境、制度文化及精神文化的关系。兹将本书的研究成果、创新之处及研究不足进行总结。

第一节　研究成果

第一，通过文献查找，对满语名号词语进行了较为全面的整理与分类，并进一步对满语名号的构成进行了结构分析。

本书将满语名号分为皇室名号及文臣武将名号两部分。皇室名号部分主要描述了皇帝名号、皇后名号及亲王名号，其中皇帝名号部分主要从年号、谥号及君主称谓三个方面进行描述。文臣武将满语名号部分，主要描述了文臣武将常用的 baturu（巴图鲁）、baksi（巴克什）及 darhan（达尔汉）等满语赐号。在描述帝后满语谥号时，主要运用了满文谥宝等史料。如清太宗谥号为：

taidzung，abka de acabume gurun be mukdembuhe，doro be amban obuha，horon be algimbuha，gosin onco，hūwaliyasun enduringge，hiyoošungga erdemungge，ginggun mergen，eldengge tomohonggo，den be badarambuha，gung be iletulehe，genggiyen šu hūwangdi。

译：应天兴国弘德彰武宽温仁圣睿孝敬敏昭定隆道显功文皇帝。

名号为专有名词，在对满语名号进行分类的同时，笔者又按满语合成名词的联合型、偏正型及聚集型三种构词方式对满语名号结构进行了分析。

第二，本书对满语名号的语义进行了描述和考证。

笔者按满汉对译的方式对帝后谥号的满文进行解释的同时，进一步运用文献考证法对清代帝后谥号的增谥情况进行了梳理，通过满汉对译增补了部分满语封谥用字的语义。清代帝后谥号的增谥情况的考证，如清太宗谥号为：

taidzung, abka de　acabume　gurun be　mukdembuhe, doro　be　amban
太宗　天　　相接、应　国　把　兴起后　　道　把　大、超
obuha, horon be algimbuha, gosin onco, hūwaliyasun enduringge, hiyoošungga
使　威武 把　宣扬了　仁　宽　　和平　　神圣的　孝顺的、孝
erdemungge, ginggun mergen, eldengge　tomohonggo, den be　badarambuha,
贤　　　敬　贤　光辉、昭　恒、裕　高大　推广开来
gung be iletulehe, genggiyen šu hūwangdi。
功劳 把　显现了　英明　文　皇帝

译：太宗应天兴国弘德彰武宽温仁圣睿孝敬敏昭定隆道显功文皇帝。

经过考订，清太宗谥号的增谥情况有这样一个过程：

顺治元年为：应天兴国弘德彰武宽温仁圣睿孝文皇帝；康熙元年四月丙辰，加 den be badarambuha, gung be iletulehe（隆道显功）；雍正元年八月己酉，加 ginggun mergen（敬敏）；乾隆元年三月乙巳，加 eldengge tomohonggo（昭定）。

文臣武将满语名号的语义描述部分，主要运用文献考证法对 baturu（巴图鲁）、baksi（巴克什）、darhan（达尔汉）等赐号的起源及其语义的发展演变过程进行了历时梳理。

第三，本书运用文化语言学及语义学的研究方法对满语名号与满族的生态环境、政治制度及精神文化的关系进行了研究。

（一）通过对满语名号的语义分析，并与汉族语言进行语义比较，笔者发现满语名号生动地反映了满族先民们所生存的自然生态环境与游牧生活方式。如满语名号中频繁出现了以 cecike（雀）、gasha（鸟）、nacin（鸦）等灵禽为喻体，以 buha（公绵羊）、horon（蜂）等飞虫为喻体的 baturu（巴图鲁）赐号。此外笔者进一步引用满族人的树祭对满族先民所生存的环境进行论证。

满语名号的语义还进一步反映了满族的狩猎生活方式。在狩猎生活中，马与箭是不可或缺的，许多满语名号的本义源于马与箭。如满语封谥词语 cira（肃），《御制清文鉴》中有四种解释：

①cumai ba burakū be, cira sembi。

译：不浇水的地称为 cira（肃）。

②niyalmai boco fiyan be, cira sembi。luwen ioi bithede, gisun be kimcimbime, cira be cincilambi sehebi。

译：人的脸色称为 cira。《论语》："听其言，观其行。"

③yaya hūwaitaha akdun be, cira sembi。

译：把结实健壮的称为 cira（肃）。

hūsun etuhun morin be, cira sembi。geli angga etuhun morin be, inu angga cira sembi。

译：有劲的马称为 cira（肃），另嘴壮的马也称为 cira（肃）。

由此可知，满语的肃最初用来描述马，其与马密切相关。据段玉裁的《说文解字注》，汉语的肃乃"持事振敬也"。《广韵》：恭也。敬也。戒也。进也。疾也。可见，满语与汉语"肃"的语义差别。

mergen，其义为智、贤。《御制清文鉴》解释为：

abalara de goibure fulu，butara de bahara labdu，geren ci lakcaha niyalma be，mergen sembi。

译：打猎中，获取猎物多，出众的人，称为智。

由此可见，满语的 mergen（智）源于狩猎，获取猎物多者为智。而《康熙字典》中载："智，……《说文》：识词也。从白从亏从知。按经典相承作智。《释名》：智，知也。无所不知也。"由此可知，满语与汉语的"智"在语义来源上的差别。

（二）语言是民族间交往的"活化石"。满语名号中的蒙古语、汉语及藏语借词不仅反映了满族先民与汉族、蒙古族及藏族的交往，而且也间接地反映了清政府的民族政策。

（三）满语名号制度是清代政治制度的重要组成部分，据其特点可分为四个阶段。

太祖、太宗时期是满语名号的萌芽阶段，萌芽时期的满语名号制度呈现出了名号与职官混杂不分、得号者民族成分单一、名号较少且多借自蒙古语的特点。

顺治至嘉庆时期是满语名号的发展阶段，满语名号在此阶段不断完善，在乾嘉时期基本确立了清代满语名号制度的规范。在此阶段，帝后亲王的名号制度得以确立并形成定制，而且 baturu（巴图鲁）赐号制度最终确立。baturu（巴图鲁）赐号得号者民族成分的多元性、借用语言的多元性及用字的完善就是满语名号制度最终确立的主要表现。

道光至同治时期是满语名号的发展阶段，此阶段名号制度基本遵循了乾嘉时期所创立的名号制度范畴，但是在名号语言构成及得号者民族构成上呈现出新的特点：汉语借词构成的 baturu（巴图鲁）赐号剧增，汉族得 baturu（巴图鲁）赐号者比例剧增。笔者认为，这一变化不仅反映了满洲八旗军事实力的衰退，而且也反映了清代"满洲本位"政策的转变。

光绪与宣统时期是满语名号的衰落与消亡阶段，随着清政府的没落与腐朽，清朝逐渐衰亡，作为清代重要政治制度组成部分的名号制度也随着清政府的衰落而消亡。

纵观四个阶段的满语 baturu（巴图鲁）赐号，不含借词的满语 baturu（巴图鲁）赐号比例自乾隆以后逐渐呈下降趋势，而汉语借词构成的 baturu（巴图鲁）赐号所占比例却呈上升趋势，但是不含借词的满语 baturu（巴图鲁）赐号一直贯穿于有清一代，笔者认为这正是清代统治者一直没有放弃"国语骑射"政策的表现。满语名号语言构成的多元化，再次从语言的角度印证了中华民族文化是各族人民共同缔造的"你中有我，我中有你"的"多元一体"文化。

不仅如此，满语名号作为一种政治符号，具有政治合法性功能和社会整合功能。

（四）满语名号不仅反映了满族的生态环境、政治制度，而且还反映了满族的精神文化。信仰习俗与价值观念是精神文化的重要组成部分，本书不仅从满语名号的语义角度，揭示了满族的灵禽信仰、天命观及痘神信仰等文化风俗，而且对满语名号语义进行分析，阐释了满族入关前后文化倾向性的转变，笔者认为，满族入关前后文化倾向经历了由崇尚蒙古族文化到崇尚儒家文化的发展过程。

第二节　创新之处

一　研究内容

名号制度乃政治制度的重要组成部分，关于名号制度的研究成果较少，据笔者所知，系统研究名号的仅有罗新先生的大著《中古北族名号考》，学界尚未有系统研究清代名号制度的著作，仅有季永海、郭成康、程大鲲、哈斯巴根、张丹卉等的几篇论文。在满语君主称谓研究和满语帝后谥号的描写上本书具有一定的创新性。

二　研究角度

前辈学者关于清代名号的研究，多从历史的角度出发，研究的范畴多仅限于对名号发展演变的考证。本书从名号的语义出发，在阐释满语名号结构和语义的基础上，将满语名号与汉语、蒙古语进行语义对比，并结合满族的发展历史阐释了满语名号与满族生态环境、政治制度及精神文化的关系。

三　史料运用

在描述满语名号的语义时，笔者主要查阅了《御制清文鉴》《御制增订清文鉴》及《清代满蒙汉文词语音译对照手册》等工具书。在满语名号考释部分，笔者主要运用了《清史稿》《满文老档》《清实录》及《大清会典》等历史资料。在阐释满族信仰习俗时，笔者进行了社会调查，运用了满族天祭、树祭、拴马祭等调查资料。

第三节　研究的不足

一　研究范围

本书所研究的满语名号，仅以清代帝后及亲王的谥号、君主称谓、年号及文臣武将赐号为研究对象，文臣武将的名号仅以赐号为主。研究虽具有一定的代表性、层次性，但是关于公主、额驸、郡王及文臣武将的谥号等尚未列入研究范畴之内。

二　研究方法

本书虽然运用了语言学、历史学等研究方法，但是在某些研究方法的使用上仍有需进一步完善之处。

三　资料运用

本书虽然查阅了《御制清文鉴》等原始的资料，且结合了实践调查的满文资料，但是在满语与其他语言的比较研究上，仅将其与汉语、蒙古语、突厥语及维吾尔语进行了比较，未能查阅更多其他相关民族语言。

综上所述，本书对满语名号进行了较为系统的研究，但因笔者学识水平有限，在研究内容、研究方法及资料运用上还存在很多不足之处，有待进一步完善。敬请各位专家学者批评指正！

参考文献

一 著作

1. 王钟翰：《清史杂考》，人民出版社 1957 年版。

2. 赵贞信：《封氏闻见记校注》，中华书局 1958 年版。

3. 陈捷先：《满文清实录研究》，大化书局 1978 年版。

4. 札奇斯钦：《蒙古秘史新译并注释》，台湾联经出版社 1979 年版。

5. 郑天挺：《探微集》，中华书局 1980 年版。

6. 陈捷先：《满文清本纪研究》，明文书局 1981 年版。

7. 韩儒林：《穹庐集》，上海人民出版社 1982 年版。

8. 庄吉发：《满汉异域录校注》，文史哲出版社 1983 年版。

9. 庄吉发：《雍正朝满汉合璧奏折校注》（第一辑），台湾文史哲出版社 1984 年版。

10. 顾学颉、王学奇：《元曲释词》，中国社会科学出版社 1984 年版。

11. 南京大学元氏研究室编：《韩儒林文集》，江苏古籍出版社 1985 年版。

12. 中国北方民族关系史编写组：《中国北方民族关系史》，中国社会科学出版社 1985 年版。

13. 周远廉：《清朝兴起史》，吉林文史出版社 1986 年版。

14. 庄吉发：《清高宗十全武功研究》，中华书局 1987 年版。

15. 曾国藩：《曾国藩全集》，岳麓书社 1987 年版。

16. 刘小萌：《满族的社会与生活》，北京图书馆出版社 1998 年版。

17. 杨锡春：《满族风俗考》，黑龙江人民出版社 1988 年版。

18. 张羽新：《清政府与喇嘛教》，西藏人民出版社 1988 年版。

19. 伍谦光：《语义学导论》，湖南教育出版社 1988 年版。

20. 柯劭忞：《新元史》，中国书店 1988 年版。

21. 罗常培：《语言与文化》，语文出版社 1989 年版。

23. 何建章：《战国策注释》，中华书局 1990 年版。

24. 王钟翰：《清史新考》，辽宁大学出版社 1990 年版。

25. 《蒙古秘史》，额尔登泰、乌云达赉校勘本，内蒙古人民出版社 1991 年版。

26. 邢福义、周光庆：《文化语言学》，湖北教育出版社 1991 年版。

27. 季永海、赵志忠：《满族民间文学概论》，中央民族学院出版社 1991 年版。

28. 戴庆厦：《汉语与少数民族语言关系概论》，中央民族学院出版社 1992 年版。

29. 许威汉：《汉语词汇学引论》，商务印书馆 1992 年版。

30. 高希、洪中立：《中外医学文化交流史》，文汇出版社 1993 年版。

31. 王钟翰：《清史续考》，台湾华世出版社 1993 年版。

32. 游汝杰：《中国文化语言学引论》，高等教育出版社 1993 年版。

33. 邓晓华：《人类文化语言学》，厦门大学出版社 1993 年版。

34. 苏新春：《文化的结晶——词义》，吉林教育出版社 1994 年版。

35. 胡孝生：《中国人的名字号》，黄山书社 1995 年版。

36. 戴昭铭：《文化语言学导论》，语文出版社 1996 年版。

37. 赵杰：《论清末民初满汉语言的融合》，中央民族大学出版社 1996 年版。

38. 白寿彝编著：《中国通史》，上海人民出版社 1996 年版。

39. 季羡林：《中外化交流漫谈》，北京大学出版社 1996 年版。

40. 史禄国：《北方通古斯的社会组织》，商务印书馆 1997 年版。

41. 刘景宪、赵阿平等：《满语研究通论》，黑龙江朝鲜民族出版社 1997 年版。

42. 张佳生：《满族文化史》，辽宁民族出版社 1999 年版。

43. 丁石庆：《双语文化论纲》，中央民族大学出版社 1999 年版。

44. 定宜庄：《满族的妇女生活与婚姻制度》，北京大学出版社 1999 年版。

45. 赵艳芳：《认知语言学概论》，上海外语教育出版社 2001 年版。

46. 赵志忠：《清代满语文学史略》，辽宁民族出版社 2002 年版。

47. 李燕光、关捷：《满族通史》，辽宁民族出版社 2003 年版。

48. 罗新：《中古北族名号研究》，北京大学出版社 2003 年版。

49. 定宜庄：《清代八旗驻防研究》，辽宁民族出版社 2003 年版。

50. 僧格：《蒙古古代狩猎文化研究》，民族出版社 2004 年版。

51. 多桑：《多桑蒙古史》（上），冯承钧译，中华书局 2004 年版。

52. 张公瑾、丁石庆：《文化与语言学教程》，教育科学出版社 2004 年版。

53. 黄玉生、车怀明等：《西藏地方与中央政府关系史》，西藏人民出版社 2005 年版。

54. 赵阿平：《满族语言与历史文化》，民族出版社 2006 年版。

55. 江帆：《满族的生态与民族文化》，中国社会科学出版社 2006 年版。

56. 哈斯巴特尔：《阿尔泰语系语言文化比较研究》，民族出版社 2006 年版。

57. 郭孟秀：《满文文献概论》，民族出版社 2006 年版。

58. 马清华：《文化语义学》，江西人民出版社 2006 年版。

59. 吴雪娟：《满文翻译研究》，民族出版社 2006 年版。

60. 赵志强：《清代中央决策机制研究》，科学出版社 2007 年版。

61. 王彦章：《清代奖赏制度研究》，安徽人民出版社 2007 年版。

62. 吴哲：《俄语词汇的多义性研究》，商务印书馆 2007 年版。

63. 刘小萌：《满族从部落到国家的发展》，中国社会科学出版社 2007 年版。

64. 赵阿平：《满—通古斯语言与文化研究》，民族出版社 2008 年版。

65. 赵志忠：《满族文化概论》，中央民族大学出版社 2008 年版。

66. 柏杨：《中国帝王皇后亲王公主世系录》，山西人民出版社 2008 年版。

67. 束定芳：《认知语义学》，上海外语教育出版社 2008 年版。

68. 江桥：《清代满蒙汉文词语音译对照手册》，中华书局 2009 年版。

69. 章宜华：《语义·认知·释义》，上海外语教育出版社 2009 年版。

70. 孙静：《满洲民族共同体形成历程》，辽宁民族出版社 2008 年版。

二　编著、主编等

1. 《康熙字典》，成都古籍书店影印本 1980 年版。

2. 金启琮：《女真文辞典》，文物出版社 1984 年版。

3. 张怡荪：《藏汉大辞典》，民族出版社 1985 年版。

4. 安双成：《满汉大词典》，辽宁民族出版社 1993 年版。

5. 胡增益：《新满汉大词典》，新疆人民出版社 1994 年版。

6. 《蒙汉词典》（增订版），内蒙古大学出版社 1999 年版。

7. 穆罕默德喀什噶里：《突厥语大词典》，校仲彝等译，民族出版社 2001 年版。

8. 商鸿逵、刘景宪、季永海编著：《清史满语辞典》，上海古籍出版社 1990 年版。

9. 徐启宪、李文善编著：《明清帝后宝玺》，紫禁城出版社 1996 年版。

10. 王绵厚、郭守信：《辽海印信图录》，辽海出版社 2000 年版。

11. 朱诚如主编：《清史图典》，紫禁城出版社 2002 年版。

三　译著

1. ［美］摩尔根：《古代社会》，杨东莼等译，商务印书馆 1971 年版。

2. ［美］布龙菲尔德：《语言论》，袁家骅等译，商务印书馆 1980 年版。

3. ［英］L. R. 帕默尔：《语言学概论》，李荣等译，商务印书馆 1983 年版。

4. ［美］爱德华·萨丕尔：《语言论》，陆卓元译，商务印书馆 1985 年版。

5. ［德］卡西尔：《人论》，甘阳译，上海译文出版社 1985 年版。

6. ［法］列维·布留尔：《原始思维》，商务印书馆 1986 年版。

7. ［英］马林诺夫斯基：《文化论》，费孝通译，中国民间文艺出版社 1987 年版。

8. ［美］威廉·A·哈维兰：《当代人类学》，王铭铭等译，上海人民出版社 1987 年版。

9. ［美］怀特：《文化科学》，曹锦清等译，浙江人民出版社 1988 年版。

10. ［英］爱德华·泰勒：《人类学》，连树声译，广西师范大学出版社 2004 年版。

11. ［英］爱德华·泰勒：《原始文化》，连树声译，广西师范大学出版社 2005 年版。

12. ［日］稻叶君山：《清朝全史》，但焘译订，社会科学院出版社 2006 年版。

13. ［德］威廉·冯·洪堡特：《论人类语言结构的差异及其对人类精神发展的影响》，钱敏汝译，陕西人民出版社 2006 年版。

四　期刊、报纸

1. 罗继祖：《清初督抚多辽东人》，《吉林大学学报》1980 年第 5 期。

2. 季永海：《论满语中的汉语借词》，《满语研究》1985 年第 2 期。

3. 郭成康：《清宗室爵号考》，《满语研究》1985 年创刊号。

4. 谢友规：《"把势（式）"考》，《语言与翻译》1985 年第 4 期。

5. 崔广彬：《"肃慎"一名之我见》，《北方文物》1987 年第 3 期。

6. 张羽新：《努尔哈赤对蒙古族的政策》，《满族研究》1988 年第 2 期。

7. 伍铁平：《从语言学的领先地位谈到他在方法论上对哲学研究的意义》，《北京大学学报》（哲学社会科学版）1988 年第 3 期。

8. 赵阿平：《满汉谚语语义辨析》，《满语研究》1992 年第 1 期。

9. 王禹浪：《"女真"称号的含义与民族精神》，《北方文物》1992 年第 3 期。

10. 赵阿平：《满语语义文化内涵探析（一）》，《满语研究》1992 年第 2 期。

11. 赵阿平：《满语语义文化内涵探析（三）》，《满语研究》1994 年第 1 期。

12. 赵阿平：《满语语义文化内涵探析（四）》，《满语研究》1994 年第 2 期。

13. 李昕：《〈玉壶春〉作者考》，《济南大学学报》1992 年第 3 期。

14. 汪丽珍：《关于满族的鸟文化》，《中央民族学院学报》1993 年第 2 期。

15. 赵阿平：《满语中动物词语的文化含义（上）》，《满语研究》1995 年第 2 期。

16. 赵阿平：《满语中动物词语的文化含义（下）》，《满语研究》1996 年第 1 期。

17. 林德春：《中国古代谥号与谥法评述》，《松辽学刊》1996 年第 1 期。

18. 郭淑云：《满族鸟崇拜及其对北方民俗的影响》，《西北民族研究》1996 年第 2 期。

19. 赵阿平：《满—通古斯语言与萨满文化论略》，《民族语文》1996 年第 3 期。

20. 张守生：《海东青考》，《齐齐哈尔社会科学》1996 年第 5 期。

21. 史汉生等：《语义的褒贬转换与社会文化》，《外语教学》1997 年第 2 期。

22. 程大鲲：《清代亲王之封谥》，《满语研究》1997 年第 2 期。

23. 徐广源：《清朝帝后妃谥号浅议》，《清史研究》1997 年第 4 期。

24. 程大鲲：《清代宗室贵族的封爵与谥号》，《兰台世界》1997 年第 7 期。

25. 和希格：《永乐〈女真译语〉词汇总论》，《满族研究》1998 年第 2 期。

26. 赵阿平：《满—通古斯语言与萨满文化（一）》，《满语研究》1997 年第 1 期。

27. 赵阿平、阿坚：《满—通古斯语言与萨满文化（二）》，《满语研究》1998 年第 1 期。

28. 赵阿平：《满—通古斯语言与萨满文化（三）》，《满语研究》1998 年第 2 期。

29. 赵阿平、穆晓伟：《满—通古斯语言与萨满文化（四)》，《满语研究》1999 年第 2 期。

30. （L. RPal mer）马京：《语言人类学的学科建设和本土化问题》，《广西民族研究》2000 年第 3 期。

31. 孙隆基：《清季民族主义与黄帝崇拜之发明》，《历史研究》2000 年第 3 期。

32. 张箭：《天花的起源、传布、危害与防治》，《科学技术与辩证法》2002 年第 4 期。

33. 贡保草：《试析藏族糌粑食俗及其文化内涵》，《青海民族学院学报》（哲学社会科学版）2003 年第 1 期。

34. 孔祥卿：《汉语长度单位词的来源》，《南开语言学刊》2003 年第 2 期。

35. 张丹卉：《论后金时期的"巴克什"群体》，《社会科学辑刊》2003 年第 3 期。

36. 那木吉拉：《古代突厥语族诸民族乌鸦崇拜习俗与神话传说》，《民族文学研究》2003 年第 4 期。

37. 张丹卉：《论满族文化先驱——巴克什》，《史学集刊》2004 年第 1 期。

38. 季永海：《从接触到融合——论满文的衰落（上）》，《满语研究》

2004 年第 2 期。

39. 季永海：《从接触到融合——论满文的衰落（下）》，《满语研究》2005 年第 2 期。

40. 沈一民：《清初的笔帖式》，《历史档案》2006 年第 1 期。

41. 刘超先：《谥号与道德评判》，《广西社会科学》2006 年第 1 期。

42. 哈斯巴特尔：《关于清代官职 beile "贝勒" 词源》，《满语研究》2006 年第 2 期。

43. 李作南、李仁孝：《内蒙古汉语方言中的返借词》，《内蒙古大学学报》（人文社会科学版）2007 年第 4 期。

44. 长山：《蒙古语中的满语借词考》，《内蒙古民族大学学报》2007 年第 6 期。

45. 余梓东：《论清代民族关系格局的形成与发展》，《中央民族大学学报》（哲学社会科学版）2007 年第 6 期。

46. 麻健敏：《清代福州满族萨满信仰与本土巫文化的结合》，《中央民族大学学报》（哲学社会科学版）2007 年第 1 期。

47. 周敏：《首崇满洲——清朝的民族本位思想》，《沧桑》2008 年第 5 期。

48. 丁石庆：《游牧民族语言的文化维度与认知范畴》，《伊犁师范学院学报》（社会科学版）2010 年第 3 期。

49. 索朗卓玛：《藏族食具分类与文化内涵》，《西藏艺术研究》2010 年第 4 期。

50. 哈斯巴根：《清早期扎尔固齐官号探究——从满蒙关系谈起》，《满语研究》2011 年第 1 期。

51. 綦中明：《巴图鲁封号及其文化内涵》，《山西师范大学学报》2011 年第 4 期。

52. 綦中明：《满语君主称谓探析》，《黑龙江民族丛刊》2012 年第 5 期。

53. 綦中明：《从满语名号看清入关前后的文化倾向》，《黑龙江民族丛刊》2015 年第 2 期。

54. 綦中明：《从满语名号看满族先民的狩猎文化》，《满族研究》2015 年第 1 期。

55. 綦中明：《清代满语年号及其文化内涵》，《黑龙江民族丛刊》2016 年第 6 期。

56. 綦中明、刘丽华：《清代 baturu（巴图鲁）赐号考略》，《湖南广播电视大学学报》2015 年第 1 期。

五　未刊文献

1. 陈东：《清代经筵制度研究》，博士学位论文，山东大学，2006 年。
2. 高娃：《满蒙谚语与文化的关系及特点》，硕士学位论文，黑龙江大学，2006 年。
3. 田冬梅：《“乌鸦”文化象征意义的源流》，硕士学位论文，南京师范大学，2006 年。
4. 孙浩洵：《满语官职称谓研究》，硕士学位论文，黑龙江大学，2012 年。

六　古籍类

1. 《御制清文鉴》，清康熙四十七年（1708 年）武英殿刻本。
2. 《御制增订清文鉴》，摛藻堂四库全书汇要本，世界书局印行 1985 年版，第 83—84 册。
3. 《五体清文鉴》，民族出版社 1957 年版。
4. （清）志宽、培宽：《清文总汇》，光绪丁酉荆州驻防刻本。
5. （清）宜兴：《清文补汇》，清嘉庆七年（1802 年）刻本。
6. 《清语摘抄》，光绪十五年（1889 年）京都聚珍堂刻本。
7. 中国第一历史档案馆、中国社会科学院历史研究所译著：《满文老档》，中华书局 1990 年版。
8. 辽宁大学历史系：《重译满文老档》，辽宁大学历史系 1978 年版。
9. 《旧满洲档（二）》，台北故宫博物院影印 1969 年版。
10. （清）伊桑阿等：《大清会典》（康熙朝），清康熙二十九年（1690）内府刊本，文海出版社 1992 年版。
11. （清）允禄等：《大清会典》（雍正朝），清雍正十年（1732）内府刊本，《近代中国史料丛刊》三编，文海出版社 2000 年版。
12. （清）王际华、于敏中：《钦定大清会典》（乾隆朝），摛藻堂四库全书会要本，《近代中国史料丛刊》三编，文海出版社 2000 年版。
13. （清）廖平录：《光绪会典》，六译馆丛书本，《近代中国史料丛刊》三编，文海出版社 2000 年版。
14. 《清通志》，浙江古籍出版社 2000 年版。

15. 《大清会典事例》，中华书局 1991 年版。

16. 《清朝文献通考》，浙江古籍出版社《十通》本 2000 年版。

17. 刘锦藻：《清朝续文献通考》，浙江古籍出版社 2000 年版。

18. （清）明珠等：《大清太祖满洲实录》，华文书局股份有限公司 1973 年版。

19. 《大清满洲太祖实录》，华文书局股份有限公司 1973 年版。

20. 《太祖高皇帝实录》，中华书局 1985 年影印本。

21. 《圣祖仁皇帝实录》，中华书局 1985 年影印本。

22. 《世宗宪皇帝实录》，中华书局 1985 年影印本。

23. 《圣祖仁皇帝实录》，中华书局 1985 年影印本。

24. 《康熙起居注》，中华书局 1984 年版。

25. 赵尔巽：《清史稿》，中华书局 1976 年版。

26. 《清太祖武皇帝实录》，潘喆、孙方明、李洪彬：《清入关前史料选辑》（第一辑），中国人民大学出版社 1984 年版。

27. 李民寏：《建州闻见录》，潘喆、孙方明、李洪彬：《清入关前史料选编辑》第三辑，中国人民大学出版社 1991 年版。

28. 罗振玉：《天聪朝臣工奏议》，潘喆、孙方明、李洪彬：《清入关前史料选编辑》第二辑，中国人民大学出版社 1989 年版。

29. 《钦定金史语解》，文渊阁四库全书电子版。

30. （清）英廉等：《钦定日下旧闻考》，清乾隆五十三年武英殿刻本。

31. （清）福格：《听雨丛谈》，汪北平点校，中华书局 1999 年版。

32. （清）来保等：《平定金川方略》，四库全书本。

33. （清）魏源：《圣武记》，韩锡铎、孙文良点校，中华书局 1984 年版。

34. （清）段玉裁：《说文解字注》，上海古籍出版社 1981 年版。

35. （清）林佶：《全辽备考》，辽海丛书本 1985 年版。

36. 徐珂：《清稗类钞选》，书目文献出版社 1984 年版。

37. 蒋良骐：《东华录》，中华书局 1980 年版。

38. 《孝经十八章》，中央民族大学藏满汉合璧本。

39. 《御制翻译礼记》，文渊阁四库全书本。

40. 《御制朋党论》，清雍正三年（1725 年）武英殿刊本。

41. （晋）郭璞：《尔雅注疏》，十三经注疏本，中华书局 1980 版。

42. 《皇清开国方略》，文渊阁四库全书本。

43. 王世选修，敏文昭纂：《宁安县志》，中国方志丛书本。

44. 张大昌：《杭州八旗驻防营志略》，续修四库全书本。

45. （汉）司马迁：《史记》，中华书局 1982 年版。

46. （南朝宋）范晔：《后汉书》，中华书局 1965 年版。

47. （唐）李延寿：《北史》，中华书局 1974 年版。

48. （宋）欧阳修、宋祁等：《新唐书》，中华书局 1975 年版。

49. （宋）孟元老：《东京梦华录》，邓之诚注，中华书局 1982 年版。

50. （后晋）刘昫：《旧唐书》，中华书局 1975 年版。

51. （元）脱脱等：《金史》，中华书局 1975 年版。

52. （元）脱脱：《辽史》，中华书局 1975 年版。

53. （元）陶宗仪：《南村辍耕录》，王雪玲点校，辽宁教育出版社 1998 年版。

54. （明）宋濂等：《元史》，中华书局 1976 年版。

55. （明）王士琦：《三云筹俎考》，万历刻本。

56. （明）陆容：《菽园杂记》，佚之点校，中华书局 1985 年版。

57. （清）陈梦雷：《明伦汇编·皇极典》，古今图书集成本，中华书局 1985 年版。

58. （清）张廷玉等：《明史》，中华书局 1974 年版。

附　录

满语封谥词汇表

A

aisingga 佑

aisilan 佑

akšun 逊

akdun 信

aldaraka 殇

ambalinggū 景

B

baksi 巴克什

baturu 巴图鲁

baturu 襄（壮）

bayan 裕

bekin 孚

bodohonggo 慧、度

bolgo 淳清

bolmin 淳

boljonggo 恂

C

cibsonggo 穆

cira 肃

colgoroko 超

D

da 元

dacun 果

dahasu 顺（惠顺）

dahasun 顺

dahashūn 顺

darhan 达尔罕

dasangga 叙

dasartungga 修

dengge 荣

deribun 肇

dergi 高

doro 道

doro 多罗

doronggo 淳、履、礼

dorolon 礼、履

dulimba 中

E

elehun 恬、宁

eldembuhe 章

elgiyen 裕

elhe 安、康

enduri 神

enduringge 圣

erdemu 德

erdemungge 贤、德

erke 豫

etehen 克

F

faššaha 襄

fafungga 肃、英

fafuri 勉、勇

fengšen 祺、庆

fengšenngge 庆

fengkin 献

ferguwen 钟

ferguwecuke 徽

filingga 毅

fingge 谧

funiyagangga 度

fulehun 惠

fulehungge 惠

fulu 裕

fulungga 懋

fujun 娴

fujurungga 懿

fujurungga 孝懿

G

gemungge 全

genggitungga 昭

genggin 昭

genggiyen 明、文、昭

ginggulen 谨

gingguji 恭、恭恪

gehungge 宣

gingge 洁

ginggun 敬

giyangga 理

gungnecuke 恭

gungmin 质

gulu 纯

gurun 固伦

gosin 仁

gosingga 慈、翼

gosicungga 愍、慈

gocishūn 谦

gūnigan 思

H

hairacuka 悼、怀

hanja 廉

hafu 通

hafun 泰

hafuka 通达

hebengge 愉、翕

hingsengge 悫

hican 介、廉

hiyoošungga 孝

hošo 和硕

hošonggo 端

horon 威

horgtu 桓

horonggo 武、雄

hūturingga 福、庆

hūturingga 禧

hūwangga 睦

hūwaliyasun 和、雍

J

iletu 显

ijishūn 顺、巽、熙

ikengge 元

jalangga 节

jingji 惇

jilan 慈

jilaka 懷

jilacungga 悯

jiramin 厚（惇）

jirun 敦

julungga 侚

jurgangga 义

K

katun 可敦

kobton 钦

kūtuktu 呼图克图

kundu 襄（翼）

keksen 怪

kemungge 简

kekese 怪

kengse 果

kesingge 承泽

kicebe 勤

kionggun 确

kiyangkiyan 毅

kimcikū 密

kundun 恭、翼

L

lergiyen 弘、康

lingge 烈

M

mangga 刚、壮

malhūn 俭

mergen 睿、贤、哲

mumin 渊

mukdembuhe 景

N

nairahūn 闿

nasacuka 怀

nesuken nesuken 康温、安

nelhe 康

nemeyen 婉、淑、温

necin 平

necihiyen 靖

nekton 宁

nomhon 良、恪

noyan 诺颜、讷颜

nilgiyangga 莹

ten 崇

teksin 齐

temgetulehe 宪

O

onco 宽

olhošon 僖

olhoba 慎

tob 正、庄

tondo 忠（直）

tokton 定

tomohonggo 恒

tomorhon gungge 建烈

tusangga 益襄

S

saintu 令

saikan 芳

saicungga 嘉

saniyangga 延

sabingga 瑞

sijirhūn 直（介直）

sirangga 绍

somishūn 隐

sunggiyen 睿

susultungga 颖、宣

sultungga 哲

sufa 舒

sure 聪、颖

šanggan 成

šengge 神

šu 文

šuwefun 达

U

unenggi 诚

usacuka 哀

uldengge 光

ulhisu 敏

ulhicungga 慧

ujen 郑（敦）

uhe 协

urgun 怡

urguntu 忻

uhesu 比

urgungga 禧

W

wehiyen 翊

wengge 徽

T

tai 太

taifin 熙

tab 端

Y

yargiyangga 诚

yongsu 仪

yongge 碓（duì）

清代亲王封谥表

亲王名字	封号	授封年代	谥号	封谥年代
代善	doronggo 礼	崇德元年（1636）四月晋封	gungge（烈）秉德遵业、安民有功	顺治五年（1648）十月十一日卒
豪格	fafungga 肃	崇德元年（1636）四月	horonggo（武）刚强直理、折卫御侮	顺治七年（1650）追封其为和硕肃亲王
满达海	ijishūn 巽	顺治八年（1651）世祖亲政，赐号曰巽亲王	kemungge（简）平易不訾、执要能周	顺治九年（1652）二月病故
博洛	jingji 端重	顺治五年（1648）晋封亲王	tokton（定）纯行不爽	顺治九年（1652）卒，谥定，后削夺
尼堪	ginggun 敬谨	顺治六年（1649）以军功	ambalinggū tob elgiyen（庄）履正志和	顺治十年追谥
舒尔哈齐			ambalinggū tob elgiyen（庄）履正志和	顺治十一年（1654）追谥
硕塞	kesingge 承泽	顺治八年（1651）	fulu（裕）宽和自得	顺治十年（1653）掌宗人府，康熙朝谥追
济度（济尔哈朗次子）	kemungge 简	顺治八年（1651）	gulu（纯）中正和粹、安危一心	顺治十七年（1660）康熙朝追谥
尼思哈（尼堪次子）	ginggun 敬谨	顺治九年（1652）袭敬谨亲王	usacuka（悼）中年早夭	顺治十七年（1660），卒，康熙朝追谥
多铎	erke 豫	崇德元年（1636）四月	hafuka（通）物至能应、行善无滞	康熙朝追谥
阿巴泰	bayan 饶余	康熙元年，追封饶余亲王	kicebe（敏）ulhisu 应事有功、好古不息	顺治三年（1646）三月二十五日卒。康熙元年，追封饶余亲王。谥曰敏

亲王名字	封号	授封年代	谥号	封谥年代
济尔哈朗	ujen 郑	天命元年（1616）封和硕贝勒,参与国务。崇德元年（1636）四月晋封为和硕郑亲王	dobohonggo（献）智质有理	顺治五年（1648）十月十一日卒 康熙朝追谥
富绶（豪格四子）	iletu 显		fujurungga（懿）贤善著美	康熙八年（1669）卒,谥曰懿
博穆博果尔	tusangga 襄	顺治十二年（1655）封	genggiyen（昭）明德有功、容仪恭美	康熙朝追谥
德塞（济尔哈朗之孙）	kemungge 简	顺治十八年（1661）承袭	fulehun（惠）勤施无私	康熙九年（1670 年）逝世,谥号为"惠"
萨哈璘	sure 颖		kengse（毅）dacun 致果克故、强而能断	崇德元年正月卒,康熙十年（1671）追谥
隆禧	gulu 纯	顺治十三年（1653）	toktobuha necihiyen（靖）以德安众	康熙朝追谥
福全	elgiyen 裕	康熙六年（1667）正月晋封	temgetulehe（宪）博闻多能、行善可纪	康熙朝加谥
岳乐	elhe 安	康熙十四年（1675）	hūwaliyasun（和）不刚不柔	康熙二十八（1689）年薨,康熙朝谥,后削
杰书（代善孙）	nesuken numhon 康良	顺治八年（1651）,加封号	nomhon（良）小心敬事、竭忠无隐	康熙三十六年（1697）卒,谥号"良"
富尔祜伦	gulu 纯	康熙十九年（1680）,袭亲王	gingguji（恪）温恭朝夕、威容端严	康熙十九年（1680）,袭纯亲王。寻薨。无嗣

续表

亲王名字	封号	授封年代	谥号	封谥年代
雅布(济尔哈朗之孙)	kemungge 简	康熙二十二年(1683),初袭父简亲王	dasaha(修) 克勤事业	康熙四十年(1701),卒,谥修
椿泰(杰书子)	nesuken 康	康熙三十六年(1697)袭	usacuka(悼) 中年早夭	康熙四十八年(1709)薨,谥曰悼
丹臻	iletu 显		kimeciku(密) 思虑详审、追补前过	康熙朝加谥
允祥	urgun 怡	康熙六十一年(1722)年封	erdmengge mergen(贤) 行义合道	雍正朝并奉有特旨,以王生前所赐忠敬诚直勤慎廉明八字冠于谥号之上
允礽 1674—1724	giyangga 理		kimeciku(密) 思虑详审、追补前过	雍正朝加谥
博果铎(硕塞子)	tob 庄	顺治十一年(1655)袭	toktobuha necihiyen(靖) 以德安众	雍正元年(1723),薨,谥曰靖
保绶			usacuka(悼) 中年早夭	康熙四十五年,卒。雍正三年(1725),追封亲王,谥曰悼
崇安	nesuken 康	康熙四十八年(1709),袭爵	dasaha(修) 克勤事业	雍正十一年(1733),薨,谥曰修
弘晖			tab(端)hošonggo 守礼执义	康熙四十三年,薨。雍正十三年(1735),追封亲王。追谥
允祺	tomohong-go 恒	康熙四十八(1709)年封	nemgiyen(温) 德行宽和	雍正朝加谥

亲王名字	封号	授封年代	谥号	封谥年代
允祐	bolgo 淳	雍正元年（1723）四月晋封	bodohonggo（度）心能制义	雍正朝加谥
允禄	tob 庄	雍正元年（1723）二月	gingguji（恪）温恭朝夕、威容端严	乾隆三十二年（1767），薨。谥曰恪
允礼	kengse 果	雍正六年（1728）	kengse（毅）dacun 致果克故、强而能断	乾隆三年（1738），薨。谥曰毅
允祕	yargiyang-ga 诚	雍正十一年（1733）正月	gingguji（恪）温恭朝夕、威容端严	乾隆朝加谥
允裪	dorolon 履	雍正十三年（1735），晋履亲王	fujurungga（懿）贤善著美	乾隆二十八年（1763），薨。加谥
弘晓	urgun 怡	雍正八年（1730），袭怡亲王	olhošon（僖）小心敬畏	乾隆四十三年（1778），薨。谥曰僖。加谥
福惠		雍正之子	hairacuka（怀）慈仁短折	雍正六年卒。乾隆帝追封弟弟为亲王，谥号怀
德沛	kemungge 简	追封	yonggo（仪）善行足法	乾隆十七年，薨，谥曰仪
巴尔图（杰书子）	nesuken 康	雍正十二年（1734年），朝廷以巴尔图承袭康亲王爵位	kemungge（简）平易不訾、执要能周	乾隆十八年（1753）三月初七逝世，谥曰简
德昭	erke 豫	乾隆四十三年（1778），追封和硕豫亲王	hišengge（悫）表里如一	乾隆二十七年（1762）卒，谥悫
永璜	tokton 定	追封定亲王	elhe（安）和好不争	乾隆十五年（1750），薨，谥曰安。乾隆追封
奇通阿（曾孙）	kemungge 简	乾隆十七年（1752），袭简亲王	kicebe（勤）夙夜匪懈	乾隆二十八年（1763），薨谥曰勤
衍璜	iletu 显	康熙四十一年（1702）	gingule（谨）	乾隆三十六年（1771），薨，谥号谨
丰讷亨	kmungge 简	乾隆二十八年（1763）	gingguji（恪）温恭朝夕、威容端严	乾隆四十年（1775）卒，谥曰恪

亲王名字	封号	授封年代	谥号	封谥年代
弘晊	tomohong-go 恒	雍正十年（1732）袭恒亲王	gingguji（恪）温恭朝夕、威容端严	乾隆四十年（1775）卒，谥曰恪
永琪	dengge 荣		gulu（纯）中正和粹、安危一心	乾隆朝加谥
多尔衮	mergen 睿	崇德元年（1636）四月	tondo（忠）廉方公正、危身奉上	乾隆四十三年（1778）复还其爵，谥号忠
蕴著	iletu 显 fafungga 肃	乾隆三十七年四月袭显亲王爵，乾隆四十三年正月恢复肃亲王称号	kicebe（勤）夙夜匪懈	乾隆四十三年（1778）薨，加谥
积哈纳	ujen 郑	四十一年五月，袭和硕简亲王，四十三年袭和硕郑亲王	gungnecuke（恭）敬以事上、既过能改，尊贤敬让	乾隆四十九年（1784）甲辰，五月初三日午时薨，谥曰恭
广禄（福全孙）	elgiyen 裕	雍正四年（1726）袭裕亲王	ambalinggū tob elgiyen（庄）履正志和	乾隆五十年（1785）九月二十一日薨，谥曰庄。
修龄	erke 豫	乾隆四十三年（1778），复袭	nomhon（良）小心敬事、竭忠无隐	乾隆五十二年（1787）卒。谥良
永瑆	dorolon 履		端	乾隆朝加谥
永瑢	gungmin 质	乾隆五十四年（1789）十一月晋封	ambalinggū tob elgiyen（庄）履正志和	乾隆五十五年（1790），薨。谥曰庄
永壁	hūwaliyaka 和		kicebe（勤）夙夜匪懈	乾隆朝加谥
永瑺	tob 庄	乾隆三十二年（1767）袭庄亲王	olhoba（慎）夙夜敬畏	乾隆五十二年（1787）二月十一日薨，谥号为"慎"
永琅	urgun 怡	乾隆四十三年（1778）袭怡亲王	gungnecuke（恭）敬以事上、既过能改，尊贤敬让	嘉庆四年（1799）薨，谥曰恭
淳颖	mergen 睿	乾隆四十三年（1780）正月袭睿亲王	gungnecuke（恭）敬以事上、既过能改，尊贤敬让	嘉庆五年（1800）十一月初七日薨，谥曰恭

亲王名字	封号	授封年代	谥号	封谥年代
绵课	tob 庄	袭庄亲	faššangga(襄) 甲胄有劳	嘉庆六年(1801)薨道光朝加谥
宝恩	mergen 睿	嘉庆六年(1801)袭睿亲王	olhoba(慎) 夙夜敬畏	嘉庆七年(1802),薨,谥慎
永恩	doronggo 礼	乾隆十八年(1753年),康简亲王巴尔图逝世,由永恩袭爵成为康亲王。乾隆四十三年(1778年),以其祖代善才德昭著而有计谋,回复原号为礼亲王	gungnecuke(恭) 敬以事上、既过能改,尊贤敬让	嘉庆十年(1805)逝世,谥号恭
奕勋	urgun 怡	嘉庆四年(1799)袭	gingguji(恪) 温恭朝夕、威容端严	嘉庆二十三年(1818)薨,谥曰恪
永磷	fengšen 庆		olhošon(僖) 小心敬畏	嘉庆二十五年(1820)加谥
弘昼	hūwaliyaka 和	雍正十一年(1733)正月封	gungnecuke(恭) 敬以事上、既过能改,尊贤敬让	嘉庆朝加谥
永锡	fafungga 肃	乾隆四十三年(1778)袭	gungnecuke(恭) 敬以事上、既过能改,尊贤敬让	道光元年(1821)薨,谥恭
绵恩(永磺次子)	tokton 定	乾隆五十八年(1793)	gungnecuke(恭) 敬以事上、既过能改,尊贤敬让	道光二年(1822)谥曰恭
绵恺	jiramin 惇	嘉庆二十五(1820)年七月	gingguji(恪) 温恭朝夕、威容端严	道光十八(1838)年,薨。谥曰恪
永璇	yongsu 仪	嘉庆四年(1799),晋仪亲王	olhoba(慎) 夙夜敬畏	道光十二年(1832),薨。谥曰慎
绵誗	tob 庄	道光二十二年(1842),袭庄亲王	jiramin(质) 朴直无华	道光二十五(1845)年,薨。谥曰质

亲王名字	封号	授封年代	谥号	封谥年代
永珵	mutengge 成	乾隆五十四年（1789）十一月晋封	sultungga（哲）知能辨物	道光三年（1823）三月，薨，谥曰哲
绵护	tob 庄	嘉庆十八年（1813）袭庄亲王	kicebe（勤）夙夜匪懈	道光二十一年（1841），薨。谥曰勤
端恩	mergen 睿	嘉庆七年（1802）袭	kicebe（勤）夙夜匪懈	道光六年卒（1826），谥勤
奕绍（绵恩子）	tokton 定	道光二年（1822）袭定亲王	tab（端）hošonggo 守礼执义	道光十六年（1837），薨。谥曰端
绵忻	sabingga 瑞	嘉庆二十四年（1819）封亲王	hairacuka（怀）慈仁短折	道光八年（1828），薨。谥曰怀
乌尔恭阿	ujen 郑	乾隆五十九年（1794）袭	olhoba（慎）夙夜敬畏	道光二十六年（1846年）薨，谥曰慎
全龄	doronggo 礼	道光元年（1821）袭	olhoba（慎）夙夜敬畏	道光三十年（1851），薨，年，谥曰和
麟趾	doronggo 礼	嘉庆二十二年（1817），袭礼亲王	elhe（安）和好不争	道光元年（1821），薨。谥曰安
裕全	erke 豫	嘉庆二十五年（1820），袭豫亲王	jiramin（厚）忠诚自植	道光二十年（1840），薨。谥曰厚
载诠	tokton 定		kicebe（敏）ulhisu 应事有功、好古不怠	咸丰朝加谥
敬敏	fafungga 肃	道光元年（1820）十一月袭肃亲王	olhoba（慎）夙夜敬畏	咸丰二年，谥曰慎。
仁寿	mergen 睿	道光六年（1826）袭	olhošon（僖）小心敬畏	同治三年，薨。谥曰僖
绵愉	fulehun 惠	道光十九年（1839），晋惠亲王	tab（端）hošonggo 守礼执义	同治三年，薨谥曰端
义道	erke 豫	道光二十一年（1841）袭	olhoba（慎）夙夜敬畏	同治七年（1868），薨。谥曰慎
华丰	fafungga 肃	咸丰三年（1853）袭	gingguji（恪）温恭朝夕、威容端严	同治八年（1869）薨

亲王名字	封号	授封年代	谥号	封谥年代
奕誴	jiramin 惇	咸丰十年（1860）晋封亲王	kicebe（勤）夙夜匪懈	光绪十五（1889）年，薨。谥曰勤
德长（仁寿第三子）	mergen 睿	同治四年（1865）袭	hišengge（悫）表里如一	光绪二年（1876）卒。谥悫
隆懃	fafungga 肃	光绪九年（1883）袭	nomhon（良）小心敬事、竭忠无隐	光绪二十四（1898）年，薨。谥曰良
奕仁	tob 庄	道光二十六年（1846）袭	jiramin（厚）	同治十三年，薨。光绪二年（1876）
庆至	ujen 郑	同治十年（1871）八月袭	ijishūn（顺）和比于理	光绪四年（1878）
奕譓	gulu 醇	同治十一年（1872）封	erdemungge mergen（贤）行义合道	光绪十六年（1890）薨
载敦	urgun 怡	同治三年（1864）袭	tab（端）hošonggo 守礼执义	光绪十六年（1890）薨
本格	erke 豫	同治七年（1868）袭	unenggi（诚）肫笃无欺	光绪二十四年（1898），薨
奕訢	gungnecuke 恭	道光三十年（1850）晋封	tondo（忠）廉方公正、危身奉上	光绪二十四年（1898）
凯泰	ujen 郑	光绪四年（1878）袭	gingguji（恪）温恭朝夕、威容端严	光绪二十六年（1900）

baturu（巴图鲁）赐号一览表

序号	姓名	封号	语义	原因	文献出处
1	穆尔哈齐（满族）	cing baturu 青巴图鲁	cing baturu，借自蒙语，义为：诚，诚心的。	屡从征伐乙酉年万历十三年 1585	《清史稿》卷215 第8939 页
2	费扬古（满族）	šongkoro i baturu 硕翁科罗巴图鲁	šongkoro 义为：海东青，即白海青出東海。	屡从征伐万历二十一年（1593），癸巳年六月	《清史稿》卷225 第9185 页
3	褚英（满族）	hūng baturu 洪巴图鲁	hūng 义为：火燃气之声。	在往征东海女真安楚拉库路，取屯寨二十以归万历二十六年（1598 年）	《清史稿》卷216 第8966 页
4	代善（满族）	guying baturu 古英巴图鲁	古英巴图鲁：古英乃蒙古语，其义为：赘疣。	以击败乌拉功，赐号万历三十五年（1607）	《清史稿》卷216 第8972 页
5	喀喇（满族）	baturu 巴图鲁		从征伐有功太祖时	《清史稿》卷226 第9211 页
6	穆克谭（满族）	baturu 巴图鲁		从太祖征伐，战必陷阵，攻则先登	《清史稿》卷226 第9214 页
7	吴巴海（满族）	baturu 巴图鲁		收降人数千天聪五年（1631 年）	《清史稿》卷230 第9318 页
8	劳萨，瓜尔佳氏，世居安褚拉库（满族）	šongkoro i baturu 硕翁科罗巴图鲁	šongkoro 义为：海东青，即白海青出东海。	屡从征伐天聪八年（1634 年）闰八月乙酉	《清史稿》卷226 第9198 页

序号	姓名	封号	语义	原因	文献出处
9	萨木哈图（满族）	baturu 巴图鲁		屡有战功太宗时期	《清史稿》卷2 第19—53页
10	满朱习礼（满族）	darhan baturu 达尔汉巴图鲁	darhan 系借自蒙语，义为：神圣的。	屡有战功太宗时期	《清史稿》卷2 第55—81页
11	苏鲁迈（满洲正蓝旗人）	baturu 巴图鲁		屡有战功天聪三年（1629）	《清史稿》卷233 第9388页
12	喀克都里（满洲正白旗）	gasha baturu 噶思哈巴图鲁	gasha 义为：鸟。	造攻具如法，督兵先诸军登城天聪三年（1629）	《清史稿》卷227 第9226页
13	褚库（满洲镶黄旗人）	baturu 巴图鲁		屡有战功天聪四年（1630）	《清史稿》卷241 第9564页
14	觉善（满洲正红旗人）	baturu 巴图鲁		讨叛将金声桓、讨叛将李成栋等，论功赐号。天聪五年（1631）	《清史稿》卷241 第9550页
15	多尼喀（满族）	baturu 巴图鲁		崇德元年（1636）以攻莱阳先登	《清史稿》卷233 第9382页
16	准塔（满洲正白旗人）	baturu 巴图鲁		攻克明锦州论功赐号崇德二年（1637）四月	《清史稿》卷235 第9435页
17	鳌拜（满洲镶黄旗人）	baturu 巴图鲁		崇德二年（1637），征明皮岛，与甲喇额真准塔为前锋，渡海搏战，敌军披靡，遂克之	《清史稿》卷249 第9677页
18	孙达哩（满族）	baturu 巴图鲁		攻济南，先登第一崇德三年（1638年）	《清史稿》卷230 第9317页
19	达理善（满洲正黄旗人）	baturu 巴图鲁		从征明，攻济南，树云梯以登，达理善为第三人，克其城崇德年间	《清史稿》卷258 第9831页

序号	姓名	封号	语义	原因	文献出处
20	敦拜（满洲正黄旗人）	suhe i baturu 苏赫巴图鲁	suhe 义为：大斧子、解说了、值解了、烧的纸做的金银元宝、脱衣之脱了。	尝从鄂佛洛总管达赖讨朱舍事部长尤额楞，有功，崇德五年（1640）	《清史稿》卷242 第9569 页
21	洛多欢（满族）	baturu 巴图鲁		崇德七年（1642）克顺德府，先登	《清史稿》卷226 第9212 页
22	路什（满洲镶黄旗人）	baturu 巴图鲁		崇德七年（1642）师入兖州，以云梯攻城，路什先登，克之	《清史稿》卷259 第9850 页
23	多克索哩（满洲镶白旗人）	baturu 巴图鲁		事太宗，从伐明，攻南皮，赐号巴图	《清史稿》卷258 第9825 页
24	沃申（满洲正红旗人）	baturu 巴图鲁		顺治元年（1644），从入关，平保定，进征山、陕	《清史稿》卷258 第9838 页
25	沙纳哈（满洲正黄旗人）	baturu 巴图鲁		顺治六年（1649），从征大同，克左卫，先登	《清史稿》卷258 第9827 页
26	五岱（黑龙江人满洲正黄旗）	mergen baturu 墨尔根巴图鲁	mergen 义为：圣贤之贤、智、围场射着的多捕捉拿的多比众出群之人。	前锋从征准噶尔，论功乾隆十八年（1753）	《清史稿》卷333 第10979 页
27	舒亮（满洲正白旗人）	mutengge baturu 穆腾额巴图鲁	mutengge 义为：六艺之艺、能。	乾隆二十年（1755）从副都统齐里克齐率健锐营，屡有战功	《清史稿》卷328 第10902 页
28	齐里克齐（蒙古镶黄旗人）	buha baturu 布哈巴图鲁	buha 义为：buka 公绵羊。	乾隆二十年（1755），降所部二千余人，获军器、驼骡	《清史稿》卷316 第10724 页
29	海兰察（满洲镶黄旗人）	erke baturu，额尔克巴图鲁	erke 义为：汉子好行事好、豫、封谥等处用之整字。	乾隆二十年（1755），阿睦尔撒纳叛乱，海兰察生擒之	《清史稿》卷331 第10935 页

序号	姓名	封号	语义	原因	文献出处
30	木塔尔（小金川人）	rtsam pa 赞巴巴图鲁	rtsam pa：藏语，义为：炒面。	师攻噶拉衣，索诺木等出降乾隆三十七（1772）年	《清史稿》卷333第10995页
31	奎林（满洲镶黄旗人）	绷武巴图鲁	无法鉴别	屡有战功乾隆三十七年（1772）	《清史稿》卷331第10944页
32	普尔普（蒙古正黄旗人）	什勒玛克巴图鲁	无法鉴别	屡有战功乾隆三十七年（1772）	《清史稿》卷331第10951页
33	海禄（蒙古正蓝旗人）	噶卜什海巴图鲁	无法判断	从征伊犁、攻伊西洱库尔淖尔、海禄皆在军中	《清史稿》卷333第10982页
34	成德（满洲正红旗人）	赛尚阿巴图鲁	无法判断	屡有战功乾隆三十八年（1773）	《清史稿》卷333第10985页
35	官达色（满洲正黄旗人）	巴尔丹巴图鲁	巴尔丹乃蒙古语，其义为：骄傲。	攻巴朗拉山梁，官达色发炮毁贼碉，战三昼夜，克之乾隆三十八年（1773）	《清史稿》卷333第10989页
36	穆哈纳（满族）	巴尔丹巴图鲁	巴尔丹乃蒙古语，其义为：骄傲。	屡有战功（乾隆）	《清史稿》卷334第11011页
37	瑚尼勒图（满洲镶黄旗人）	多卜丹巴图鲁	无法判断	从征金川，亦与巴屡有战功朗拉之役乾隆三十八年	《清史稿》卷333第10992页
38	敖成（陕西长安人）	sengge baturu 僧格巴图鲁	sengge 义为：知道理有年纪者、有年纪的、积年老者、刺猬其身有刺头脚藏即圆。	屡有战功乾隆三十八年	《清史稿》卷333第10993页
39	福康安（满洲镶黄旗人）	嘉勇巴图鲁		屡有战功乾隆三十八年	《清史稿》卷330第10917页

序号	姓名	封号	语义	原因	文献出处
40	海兰察（满洲镶黄旗人）	绰尔和罗科巴图鲁	无法鉴别	屡有战功乾隆三十九年	《清史稿》卷331第10935页
41	普吉保（满洲正黄旗人）	冲捷巴图鲁	无法判断	乾隆三十九年，从副将军丰升额攻凯立叶山，进抵迪噶拉穆札山。普吉保偕侍卫玛尔占等夹攻，毙贼无算	《清史稿》卷328第10899页
42	端济布（满洲镶黄旗人）	塔什巴图鲁	无法判断	屡有战功（乾隆）	《清史稿》卷315第10716页
43	巴灵阿（满洲正黄旗）	kundu baturu 坤都尔巴图鲁	kundu 义为：恭敬之恭。	屡有战功（乾隆）	《清史稿》卷316第10722页
44	乌什哈达（满洲正黄旗人）	fafuri baturu 法福哩巴图鲁	fafuri：勇敢直前、暴躁的人勇锐之貌。	师征缅甸，以前锋校从，有功	《清史稿》卷333第10991页
45	图钦保（满洲镶黄旗人）	fafuri baturu 法福礼巴图鲁	fafuri：勇敢直前，暴躁的人勇锐之貌。	以前锋校从将军明瑞征缅甸，有功	《清史稿》卷333第10994页
46	岱森保（满洲正红旗人）	布隆巴图鲁	布隆巴图鲁：布隆乃蒙古语，其义为：完整的，全的。	夺取喀木喇玛山碉	《清史稿》卷333第10997页
47	翁果尔海（满洲镶黄旗人）	etengge baturu 额腾额巴图鲁	etengge 义为：胜利的。	从福康安征台湾，击贼八卦山，斩馘无算乾隆五十二年	《清史稿》卷333第10998页
48	珠尔杭阿（满洲正黄旗人）	siri baturu 锡利巴图鲁	siri 义为：鲤鱼小秧、令人挤。	从征甘肃石峰堡乱回	《清史稿》卷333第10999页

序号	姓名	封号	语义	原因	文献出处
49	梁朝桂（甘肃中卫人）	奋勇巴图鲁		屡有战功乾隆五十二年	《清史稿》卷328第10898页
50	庆成（汉军正白旗人）	sirangga baturu 西朗阿巴图鲁	sirangga 义为：继绍之绍封谥等处用之整字。	从总督孙士毅征安南，屡擒敌有功，乾隆五十三年	《清史稿》卷346第11184页
51	袁国璜（四川成都人）	beki baturu 博齐巴图鲁	beki 义为：坚固。	从征台湾，克大埔尾、斗六门、水沙连、大里杙，乾隆五十三年	《清史稿》卷349第11242页
52	哲森保（满洲镶蓝旗人）	fafuri baturu 法福里巴图鲁	fafuri：勇敢直前；暴躁的人勇锐之貌。	征缅甸、从讨王伦、从讨苏四十三，攻华林山	《清史稿》卷333第11000页
53	和兴额（满州镶白旗人）	佛尔钦巴图鲁	无法判定	从征缅甸、金川、撒拉尔、石峰堡（乾隆）	《清史稿》卷349第11250页
54	阿尔素纳（吉林满洲镶黄旗人）	etenggi baturu 额腾伊（依）巴图鲁	etenggi 义为：好强、强梁、豪强。	乾隆时，以前锋随征西域、缅甸	《清史稿》卷334第11005页
55	曹顺（四川阆中人）	jacin baturu 扎亲巴图鲁	jacin 义为：第二。	从攻明郭宗，自木雅山至木尔古鲁山麓，夺贼寨卡，进克嘉巴	《清史稿》卷334第11006页
56	科玛（满洲正黄旗人）	nacin 纳亲巴图鲁	nacin 义为：鸦鹘似海青，打野鸭等鸟者。	克邦甲山梁，科玛自翁克尔垄力战至美诺，夺碉寨	《清史稿》卷334第11008页
57	佛伦泰（满洲正白旗人）	扎勒丹巴图鲁	扎勒丹乃蒙古语，义为：胡作非为的。	以三等侍卫从师克巴朗拉	《清史稿》卷334第11008页

序号	姓名	封号	语义	原因	文献出处
58	安禄(满洲镶黄旗人)	hasiba baturu 哈什巴巴图鲁	hasiba 义为:遮护人之遮护。	从征廓尔喀乾隆	《清史稿》卷349第11247页
59	达三泰(满洲镶黄旗人)	常勇巴图鲁		从征廓尔喀有功	《清史稿》卷349第11243页
60	宋延清(山东招远人)	跷勇巴图鲁		从额勒登保攻鸭保山,率健卒夺贼卡,夜大风,攀崖纵火,克之。乾隆	《清史稿》卷349第11241页
61	温春(满州正黄旗人)	克酬巴图鲁	无法鉴别	屡有战功	《清史稿》卷348第11212页
62	格布舍(满州正白旗人)	beki baturu 伯奇巴图鲁	beki 义为:坚固。	乾隆中,从海兰察征石峰堡、台湾有功	《清史稿》卷348第11219页
63	德楞泰(正黄旗蒙古人)	继勇巴图鲁		乾隆中,以前锋、蓝翎长从征金川、石峰堡、台湾,皆有功,累迁参领	《清史稿》卷344第11155页
64	朱射斗(贵州贵筑人)	干勇巴图鲁		屡有战功(乾隆)	《清史稿》卷349第11233页
65	达兰泰(满洲镶蓝旗人)	额依巴尔巴图鲁	额依巴尔乃蒙古语,其义为:和谐、和睦。	攻罗博瓦山有功(乾隆)	《清史稿》卷334第11008页
66	萨尔吉岱(齐齐哈尔镶红旗人)	善巴巴图鲁	无法鉴别	屡有战功(乾隆)	《清史稿》卷334第11009页
67	常禄保(满州镶蓝旗人)	西尔努恩巴图鲁	无法鉴别	屡有战功(乾隆)	《清史稿》卷334第11009页

序号	姓名	封号	语义	原因	文献出处
68	玛尔占（察哈尔正白旗人）	拉布巴尔巴图鲁	无法鉴别	屡有战功（乾隆）	《清史稿》卷334第11010页
69	鄂辉,碧鲁氏,满洲正白旗人	faššangga:法什尚阿巴图鲁	faššangga 义为:有功业的;襄。	自前锋分发四川试用守备。七迁建昌镇总兵。从大学士阿桂定兰州回乱（乾隆）	《清史稿》卷328第10901页
70	库勒德（满洲正蓝旗人）	glang cen baturu朗亲巴图鲁	glang cen:藏语,义为:大象。	屡有战功（乾隆）	《清史稿》卷334第11011页
71	巴西萨（索伦正红旗人）	塔尔济巴图鲁	无法鉴别	屡有战功（乾隆）	《清史稿》卷334第11011页
72	观音保（满洲正黄旗人）	锡卓里克图巴图鲁	无法鉴别	屡有战功（乾隆）	《清史稿》卷334第11012页
73	许世亨（四川新都人）	劲勤巴图鲁改赐坚勇巴图鲁（乾隆五十二年）	无法鉴别	世出回部台湾平（乾隆）	《清史稿》卷334第11013页
74	张朝龙（山西大同人）	诚勇巴图鲁		五十二年,台湾林爽文为乱,朝龙率广东兵进剿,多所斩获（乾隆）	《清史稿》卷334第11017页
75	台斐英阿（满洲正白旗人）	拉布凯巴图鲁	无法鉴别	屡有战功（乾隆）	《清史稿》卷334第11019页
76	阿满泰（满洲正白旗人）	扎努恩巴图鲁	无法鉴别	屡有战功（乾隆）	《清史稿》卷334第11020页

序号	姓名	封号	语义	原因	文献出处
77	珠勒格德（满洲正白旗人）	扎克博巴图鲁	无法鉴别	屡有战功（乾隆）	《清史稿》卷331第10946页
78	和隆武（满洲正黄旗人）	bstan pa baturu 丹巴巴图鲁	bstan pa：藏语，义为：教义、佛教。好的、硬的。	屡有战功（乾隆）	《清史稿》卷331第10947页
79	格布舍（满洲正白旗人）	库奇特巴图鲁	库奇特巴图鲁：库奇特乃蒙古语，其义为：强有力的。	平陇之役，从额勒登保克岩人坡、大坝角诸寨	《清史稿》卷348第11218页
80	桑吉斯塔尔（满洲正黄旗人）	察尔丹巴图鲁	无法鉴别	应募征金川，历石峰堡、廓尔喀之役（乾隆）	《清史稿》卷348第11221页
81	格布舍（钮祜禄氏，满洲正白旗人）	博济巴图鲁	boji，义为：券、立券之间	从海兰察征台湾（乾隆）	《清史稿》卷348第11218页
82	西津泰（满洲镶黄旗人）	faršatai baturu 法尔沙台巴图鲁	faršatai 义为：弃身奋勇进攻战，命奋勇之冒也。	从征台湾，累战皆捷（乾隆）	《清史稿》卷349第11248页
83	阿尔萨朗（蒙古镶白旗人）	arhangga baturu 阿尔杭阿巴图鲁	arhangga 义为：arhangga yerhuwe：飞蚂蚁。	从征金川，有功（乾隆）	《清史稿》卷349第11249页
84	额勒登保（满洲正黄旗人）	horongga baturu 和隆阿巴图鲁	horongga 义为：威武厉害的。	以马甲从征缅甸大小金川（乾隆）	《清史稿》卷344第11146页
85	色尔滚（正黄旗人）	托默欢武巴图鲁	tomohonggo：镇定。	从征廓尔喀，以功（乾隆）	《清史稿》卷348第11214页
86	阿哈保（满洲正黄旗人）	sithūngga baturu 锡特洪阿巴图鲁	sithūngga 义为：用心的，勤笃的。	屡有战功（乾隆）	《清史稿》卷348第11216页

序号	姓名	封号	语义	原因	文献出处
87	纶布春（满洲镶白旗人）	semerhen baturu 色默尔亨巴图鲁	semerhen 义为：支的布绸等物棚子、摇车上苫■的蔗棚、人睡觉用的弓棚子。	从征廓尔喀、苗疆（乾隆）	《清史稿》卷348第11217页
88	穆维（直隶清苑人）	奋勇巴图鲁		乾隆中，山东王伦倡乱	《清史稿》卷349第11238页
89	梁朝桂（甘肃中卫人）	奋勇巴图鲁		乾隆五十二年，台湾林爽文为乱，庄大田应之，别为南路贼	《清史稿》卷328第10898页
90	常明（满洲镶红旗人）	智勇巴图鲁		屡有战功乾隆六十年	《清史稿》卷358第11345页
91	花连布（蒙古镶黄旗人）	ganggan baturu 刚安巴图鲁	ganggan 义为：刚柔之刚，阳性强曰刚，人生性强曰刚。	屡有战功乾隆六十年	《清史稿》卷334第11021页
92	杨遇春（四川崇庆人）	劲勇巴图鲁		解永绥围乾隆六十年	《清史稿》卷347第11193页
93	诸神保（满洲正红旗人）	kalcun baturu 喀勒春巴图鲁	kalcun 义为：精神、见鑑。	赴湖北剿教匪，从福甯破贼来凤，克旗鼓寨。嘉庆元年	《清史稿》卷349第11243页
94	马瑜（甘肃张掖人）	dacun baturu 达春巴图鲁	dacun 义为：锋芒、凡锋刃快利之快、言刚决行果断、射箭做物手快之快。	赴达州剿教匪，战大园堡、安子坪，数有功嘉庆元年	《清史稿》卷348第11222页
95	许文谟（四川新都人，先世出回部）	继勇巴图鲁		战功嘉庆元年	《清史稿》卷334第11016页
96	富志那（满洲正红旗人）	fafuri baturu 法福礼巴图鲁	fafuri 义为：勇敢直前；暴躁的人勇锐之貌。	屡有战功嘉庆元年	《清史稿》卷346第11189页

序号	姓名	封号	语义	原因	文献出处
97	王文雄（贵州玉屏人）	fafuri baturu 法佛礼巴图鲁	fafuri 义为：凡处向前勤力奋往而行之人、躁暴人、勇锐之貌、勉、封谥等处之整字。	屡有战功嘉庆二年	《清史稿》卷349第11231页
98	蒲尚佐（四川松潘人）	劲勇巴图鲁		从德楞泰歼齐王氏、姚之富于郧西，嘉庆三年	《清史稿》卷348第11224页
99	薛大烈（甘肃皋兰人）	健勇巴图鲁		屡有战功嘉庆三年	《清史稿》卷348第11225页
100	穆克登布（满洲正红旗人）	济特库勒特依巴图鲁	无法判断	屡有战功嘉庆四年	《清史稿》卷349第11235页
101	苏尔慎（满洲正黄旗人）	silin baturu 西林巴图鲁	silin 义为：众兵内选的精快兵丁。	战功嘉庆五年	《清史稿》卷348第11215页
102	札克塔尔（满洲正黄旗人）	瑚尔察巴图鲁	瑚尔察乃蒙古语，义为：机警、敏锐。	屡有战功嘉庆五年	《清史稿》卷348第11220页
103	杨芳（贵州松桃人）	诚勇巴图鲁		平定杨开甲、张天伦叛乱有功嘉庆五年	《清史稿》卷368第11467页
104	罗思举（四川东乡人）	sulfangga baturu 苏勒芳巴图鲁	sulfangga 义为：舒展、大方、安、裕。	歼张士龙于铁溪河，击援贼陈天奇，阵斩之嘉庆六年	《清史稿》卷347第11202页
105	罗声皋（四川双流人）	济特库勒特依巴图鲁	无法判断	赴湖北剿匪，克旗鼓寨、芭叶山，擢守备等嘉庆六年	《清史稿》卷348第11227页
106	廷彪（四川双流人）	迅勇巴图鲁		屡有战功嘉庆十一年	《清史稿》卷347第11200页

序号	姓名	封号	语义	原因	文献出处
107	桂涵,亦东乡人	健勇巴图鲁		嘉庆十一年叛兵起事甫五日,一鼓平之,	《清史稿》卷347第11207页
108	齐慎(河南新野人)	健勇巴图鲁改号 kiyangkiyan baturu 强谦巴图鲁	kiyangkiyan:有本事,豪杰;才力过人、毅。	道口至此凡十三战,叙功最嘉庆十八年道光七年改号	《清史稿》卷368第11473页
109	哈啷阿,瓜尔佳氏,满洲正黄旗人	继勇巴图鲁		嘉庆十八年,从剿滑县教匪有功	《清史稿》卷368第11478页
110	胡超(四川长寿人)	劲勇巴图鲁		殪贼目麻大旗、刘二,擒龚贵等嘉庆十九年	《清史稿》卷368第11472页
111	特依顺保(满洲正白旗人)	安成额巴图鲁	无法判断	嘉庆中,从长龄剿教匪,屡破高天升、马学礼,赐号安成额巴图鲁	《清史稿》卷367第11465页
112	施缙(陕西定边人)	毅勇巴图鲁		苗疆事起,应调随征,屡有功(嘉庆)	《清史稿》卷349第11239页
113	桂涵(东乡人)	健勇巴图鲁		叛兵起事甫五日,一鼓平之嘉庆十一年	《清史稿》卷347第11206页
114	赛冲阿(满洲正黄旗人)	fingge baturu 斐云额巴图鲁	fingge:谧。	征台湾力战(嘉庆)	《清史稿》卷348第11209页
115	陈金绶(四川岳池人)	逸勇巴图鲁		从征回疆,破贼于佳噶赖,功最道光初	《清史稿》卷403第11881页
116	郭继昌(直隶正定人)	干勇巴图鲁		歼其酋库尔班素皮,追及河上,擒斩千余道光六年(1826)	《清史稿》卷368第11474页

序号	姓名	封号	语义	原因	文献出处
117	段永福（陕西长安人）	利勇巴图鲁		从杨芳征回疆，洋阿尔巴特、沙布都尔、阿瓦巴特三战皆力道光七年(1827)	《清史稿》卷368第11474页
118	哈丰阿（满洲镶黄旗人）	进勇巴图鲁		赴阿克苏，借长清防剿、叶尔羌贼营，贼溃，潜伏哈拉布扎什军台等道光十年(1830)	《清史稿》卷368第11482页
119	锡朋（顺天宁河人）	锐勇巴图鲁		从剿江华瑶赵金龙道光十二年(1832)	《清史稿》卷372第11533页
120	关天培（江苏山阳人）	fafuringga baturu 法福灵阿巴图鲁	fafuringga：勤奋的，发奋的。急躁的，暴躁的。	屡有战功道光十九年(1839)	《清史稿》卷372第11526页
121	刘季三（广西武宣人）	直勇巴图鲁		从向荣至江南，积功至副将(道光)	《清史稿》卷402第11863页
122	邓绍良（湖南乾州厅人）	扬勇巴图鲁		从剿崇阳土匪李沅发，率五百人破贼金峰岭，擒沅发；从向荣剿贼广西(道光)	《清史稿》卷402第11854页
123	曾胜（广西马平人）	瑚尔察图巴图鲁	无法判断	战功(道光)	《清史稿》卷379第11604页
124	达洪阿（满洲镶黄旗人）	akdacun baturu 阿克达春巴图鲁	akdacun 义为：信用、信赖、希望。	台湾三次破敌，达洪阿等智勇兼施，大扬国威道光二十二年(1840)	《清史稿》卷369第11497页
125	双来（汉军正白旗人）	fafuri baturu 法福哩巴图鲁	fafuri：勇敢直前；暴躁的人勇锐之貌。	屡有战功道光二十七年(1845)	《清史稿》卷402第11864页
126	秦定三（湖北兴国人）	愿勇巴图鲁		平湖南李沅发之乱道光30年(1848)	《清史稿》卷428第12269页

序号	姓名	封号	语义	原因	文献出处
127	王国才（云南昆明人）	胜勇巴图鲁		道光末,剿弥渡回匪,擒贼首海老陕	《清史稿》卷402第11866页
128	向荣（四川大宁人）	hocin baturu 霍钦巴图鲁	hocin 义为:俊美。	屡有战功咸丰元年（1851）	《清史稿》卷401第11839页
129	和春（满洲正黄旗人）	kengse baturu 铿色巴图鲁	kengse,义为:果、刚、断决。	屡有战功咸丰元年（1851）	《清史稿》卷401第11844页
130	李南华（安徽蒙城人）	猛勇巴图鲁		屡有战功咸丰初	《清史稿》卷457第12667页
131	周天受,字百禄,四川巴县人	沙拉玛依巴图鲁	沙拉玛依,蒙古语,义为:敏捷的。	咸丰初,从向荣剿贼广西,转战湖南、湖北、江南,积功至游击	《清史稿》卷402第11857页
132	萧得龙（湖南蓝山）	beki baturu 博奇巴图鲁	beki:坚固	屡有战功咸丰初	《清史稿》卷459第12704页
133	李得胜安徽蒙城人	奋勇巴图鲁		屡有战功咸丰	《清史稿》卷457第12668页
134	瞿腾龙（湖南善化人）	mangga baturu 莽阿巴图鲁	mangga 义为:弓硬之硬、难、能干、强、刚、狠、价钱贵、说那人好那物件好、事情难易之难、坚硬、才勇出群者、好硬。射箭弓硬样好。	屡有战功咸丰二年（1852）	《清史稿》卷402第11865页
135	福兴,穆尔察氏,满洲正白旗人	ganggan baturu 刚安巴图鲁	ganggan 义为:刚柔之刚,阳性强曰刚,人生性强曰刚。	（咸丰）二年,平罗镜匪凌十八及郁林、博白土匪	《清史稿》卷417第12098页
136	郑魁士（直隶万全人）	沙拉玛巴图鲁	沙拉玛乃,蒙古语,其义:敏捷。	咸丰二年（1852）守桂林,援长沙,擢副将	《清史稿》卷428第12271页

序号	姓名	封号	语义	原因	文献出处
137	傅振邦（山东昌邑人）	绰克托巴图鲁	cokto 义为：骄傲、骄矜之骄。	咸丰三年（1853）屡有战功	《清史稿》卷428 第12273 页
138	戴文英（广东罗定人）	se gol baturu 色固巴图鲁	se gol：藏语，义为：捻指。	屡有战功咸丰三年（1853）	《清史稿》卷402 第11870 页
139	江忠源（湖南新宁人）	horonggo baturu 霍隆武巴图鲁	horonggo：威 武、利害、有威者、武。	诏嘉忠源力保危城，躬驰战阵咸丰三年（1853）	《清史稿》卷407 第11937 页
140	张国梁（广东高要人）	horoki baturu 霍罗琦巴图鲁	horoki 义为：人少年而颜色老苍。	屡有战功咸丰三年（1853）	《清史稿》卷401 第11848 页
141	舒通额（满洲镶白旗人）	图萨泰巴图鲁	图萨泰乃蒙古语，义为：有用、有利。	屡有战功咸丰三年（1853）	《清史稿》卷404 第11899 页
142	托明阿,鄂栋氏,满洲正红旗人	silin baturu 西林巴图鲁名号	silin：众兵内选的精快兵丁、精锐。	咸丰三年贼窜河北，围怀庆，乃渡河会诸军分路进攻，迭有斩获。贼筑土城树木栅以拒，合攻破之，擒斩数千	《清史稿》卷403 第11880 页
143	德兴阿（满洲正黄旗人）	beki baturu 博奇巴图鲁	beki 义为：坚固。	屡有战功咸丰四年（1854）	《清史稿》卷403 第11822 页
144	僧格林沁（蒙古人）	tonto baturu 湍多巴图鲁	tonto 义为：公私之公、正直之正、矢公、忠孝之忠、直弯之直、正歪之正。	屡有战功咸丰四年（1854）	《清史稿》卷404 第11887 页
145	罗泽南（湖南湘乡人）	普铿额巴图鲁	无法判断	克田家镇咸丰四年（1854）	《清史稿》卷407 第11945 页

序号	姓名	封号	语义	原因	文献出处
146	李孟群	jurgangga baturu 珠尔杭阿巴图鲁	jurgangga 义为：有节者、有义者。	以剿匪功，武昌汉阳同日收复，咸丰四年（1854）	《清史稿》卷400 第11833页
147	虎坤元（四川成都人）	鼓勇巴图鲁		咸丰四年（1854），克高淳、太平	《清史稿》卷402 第11868页
148	李续宾（湖南湘乡人）	挚勇巴图鲁		咸丰四年（1854）大战于半壁山，杀贼数千，焚其巢，遂平田家镇。擢知府	《清史稿》卷408 第11951页
149	塔齐布（满洲镶黄旗人）	katun baturu 喀屯巴图鲁	katun 义为：勉强之勉、虽老能勉力行走。	时曾国藩师挫于靖港，长沙震动，赖此一战破贼，人心始定。捷闻，加总兵衔，咸丰四年（1854）	《清史稿》卷409 第11971页
150	关保（满洲正黄旗人）	niyancangga baturu 年昌阿巴图鲁	niyancangga，义为：马牷口走不乏耐长路、狠壮健不乏衰者、绅缎布等物硬挣不软、有锐气者。	从僧格林沁战阜城三里庄，枪伤额，奋击破贼，咸丰4年（1854）	《清史稿》卷417 第12106页
151	双福（满洲正白旗人）	乌尔玛斯巴图鲁	乌尔玛斯乃蒙古语，义为：兴趣，锐气。	剿崇阳匪钟人杰，功最咸丰	《清史稿》卷395 第11772页
152	王绵绣，（广西马平人）	kiyangkiyan baturu 强谦巴图鲁	kiyangkiyan：有本事，豪杰；才力过人、毅。	剿广西匪咸丰	《清史稿》卷395 第11773页
153	刘丽川（广东香山人）	faššan baturu 法施善巴图鲁，修正为吉尔杭阿	faššan 义为：建功立业、有为、挣功名之挣。无法判断	平粤、闽、江右会党二千人叛乱，有功咸丰四年（1854）	《清史稿》卷395 第11777页
154	杨岳斌（湖南善化人）	彪勇巴图鲁		屡有战功咸丰四年（1854）	《清史稿》卷410 第12002页

序号	姓名	封号	语义	原因	文献出处
155	江忠信（湖南新宁人）	毅勇巴图鲁		咸丰五年（1855）从忠浚复庐州，功多，擢游击	《清史稿》卷407第11937页
156	瑞麟（满洲正蓝旗人）	巴达琅阿巴图鲁	无法断定	咸丰五年（1855），克连镇，贼首林凤祥就禽	《清史稿》卷388第11710页
157	李成谋（湖南芷江人）	锐勇巴图鲁		战功，咸丰五年（1855）	《清史稿》卷415第12067页
158	西凌阿（满洲正白旗人）	ijingge baturu 伊精阿巴图鲁	ijingge 义为：紧的。	擒贼首林凤祥，予二等轻车都尉世职咸丰五年（1855）	《清史稿》卷417第12097页
159	富明阿（汉军正白旗人）	cecike baturu 车齐博巴图鲁	cecike 义为：小雀之雀乃总名。	瓜洲，又率队及六合练勇攻江浦，败贼于十里桥咸丰六年(1856)	《清史稿》卷417第12099页
160	王明山（湘潭人）	拔勇巴图鲁		屡有战功咸丰六年（1856）	《清史稿》卷410第12007页
161	关（弟）天培（汉）	卫勇巴图鲁		屡有战功咸丰六年（1856）	《清史稿》卷402第11858页
162	张玉良（四川巴县人）	黾勇巴图鲁		败贼于丹阳、金坛，屡有功咸丰六年（1856）	《清史稿》卷402第11862页
163	饶廷选（福建侯官人）	silin baturu 西林巴图鲁	silin 义为：众兵内选的精快兵丁。	屡有战功咸丰六年（1856）	《清史稿》卷402第11895页
164	刘腾鸿（湖南湘乡人）	冲勇巴图鲁		屡有战功咸丰六年（1856）	《清史稿》卷408第11963页
165	毕金科（云南临沅人）	呼察尔巴图鲁	呼察尔乃蒙古语，机警、敏锐	破贼荆州龙会桥、天门丁司桥咸丰六年（1856）	《清史稿》卷409第11974页

序号	姓名	封号	语义	原因	文献出处
166	都兴阿（满洲正白旗人）	hocin baturu 霍钦巴图鲁	hocin 义为:俊美。	进围武昌,贼粮尽援绝,弃城遁,复武昌、汉阳,乘胜克黄州、兴国、大冶、蕲水、蕲州、广济、黄梅诸城,咸丰六年	《清史稿》卷417第12093页
167	刘长佑,金石镇人	cibtui baturu 齐普图巴图鲁	cibtui:仅着反覆、三復、再三、三思,与 urui 相似。	咸丰七年(1857)	《清史稿》卷419第12124页
168	金光箸,字濂石,直隶天津人。	kengse baturu 铿色巴图鲁	kengse 义为:果、刚、断决。	咸丰七年乘胜合水陆进剿,毁贼营四十余处,克正阳关,赐号铿色巴图鲁	《清史稿》卷400第11833页
169	雷正绾,字伟堂,四川中江人。	直勇巴图鲁		咸丰八年由把总从军湖北,积功至游击,赐号直勇巴图鲁	《清史稿》卷430第12295页
170	史荣椿（顺天大兴人）	cha tshig baturu 洽希巴图鲁	cha tshig:藏语,义为:对联。	继从都统胜保剿粤匪,攻独流贼垒,战阜城,破贼堆村。咸丰	《清史稿》卷404第11903页
171	宋庆（山东莱州人）	毅勇巴图鲁		守宿州,剿豫匪,释凤阳围,保徐、泗后路。咸丰	《清史稿》卷461第12717页
172	滕家胜（湖南乾州厅人）	伊博格巴图鲁	伊博格巴图鲁:伊博格乃蒙古语,其义为保佑、庇护。	继从袁甲三剿捻于皖、豫之间,擢参将（咸丰）	《清史稿》卷417第12106页
173	张树屏（安徽合肥人）	etengge baturu 额胜额巴图鲁	etengge:胜利的。	东捻平,论功以提督记名（咸丰）	《清史稿》卷416第12081页
174	杜嘎尔（满洲正蓝旗人）	dpe bzang baturu 莽赍巴图鲁	dpe bzang:藏语,义为:模范。	从都兴阿征粤寇,积勋至佐领（咸丰）	《清史稿》卷454第12625页

序号	姓名	封号	语义	原因	文献出处
175	穆图善（满洲镶黄旗）	silin baturu 西林巴图鲁	silin 义为：众兵内选的精快兵丁。	以骁骑校迁参领，从征直、鲁、晋、豫，所向有功。援安徽，迭克城隘（咸丰）	《清史稿》卷454第12622页
176	金顺（满洲镶蓝旗人）	图尔格齐巴图鲁	无法判断	从多隆阿援湖北，复黄梅（咸丰）	《清史稿》卷454第12618页
177	鲍超（四川奉节人）	壮勇巴图鲁（咸丰五年）博通额巴图鲁（咸丰十年）	无法判断	十年正月，援国藩亦不意超军遽至也。诏嘉其神速	《清史稿》卷409第11981页
178	蒋益澧（湖南湘乡人）	额哲尔克巴图鲁	额哲尔克巴图鲁：额哲尔克乃蒙古语，其义为：专制的、霸道的。	艇匪踞平乐二塘墟、沙子街，进破之，焚贼艇，薄平乐，克之，擢道员咸丰七年	《清史稿》卷408第11966页
179	唐训方（湖南常宁人）	奇齐叶勒特依巴图鲁	无法判断	屡有战功咸丰七年	《清史稿》卷432第12323页
180	李续宜湖南湘乡人	伊勒达巴图鲁	ildamu 义为：伶俐的。	咸丰七年，会克小池口	《清史稿》卷408第11951页
181	王珍（湖南湘乡人）	给什兰巴图鲁	无法判断	以寡敌众，歼除钜憝咸丰七年	《清史稿》卷408第11959页
182	周宽世（湖南湘乡人）	义勇巴图鲁		屡有战功咸丰七年	《清史稿》卷429第12287页
183	邱联恩（福建同安人）	tusa baturu 图萨兰巴图鲁	tusa 义为：益乃损益之益。	咸丰七年屡有战功	《清史稿》卷428第12267页
184	李朝斌（湖南善化人）	固勇巴图鲁		从杨岳斌进攻安庆，拔枞阳、铜陵贼垒咸丰八年（1858）	《清史稿》卷415第12068页

序号	姓名	封号	语义	原因	文献出处
185	萧孚泗（湖南湘乡人）	勤勇巴图鲁		咸丰十年春,大战小池驿,复太湖,孚泗功多	《清史稿》卷414第12053页
186	田兴奇,湖南凤凰厅人	冲勇巴图鲁		十年,从兴恕剿贵州苗匪（咸丰）十年赐名号	《清史稿》卷492第13625页
187	杰纯（蒙古正白旗人）	etenggi baturu额腾伊巴图鲁	etenggi 义为:好强、强梁、豪强。	屡有战功（咸丰）	《清史稿》卷398第11811页
188	郑国魁（安徽合肥人）	勃勇巴图鲁		战功（咸丰）	《清史稿》卷416第12076页
189	王吉,湖南衡阳人	猛勇巴图鲁		（咸丰）十一年,从克孝感,战最力,擢游击	《清史稿》卷415第12066页
190	黄翼升（湖南长沙人）	刚勇巴图鲁		咸丰十一年,破贼于黄盆镇,进攻无为州,毁泥汊口、神塘河贼垒,无为、铜陵同复	《清史稿》卷415第12061页
191	李臣典（湖南邵阳人）	刚勇巴图鲁		拔安庆,擢参将咸丰十一年	《清史稿》卷414第12051页
192	朱洪章（贵州黎平人）	勤勇巴图鲁		咸丰十一年克安庆,超擢参将	《清史稿》卷414第12054页
193	恒龄,郭贝尔氏,满洲镶黄旗人,呼伦贝尔达呼尔	dacun baturu达春巴图鲁	dacun 义为:锋芒、凡锋刃快利之快、言刚决行果断、射箭做物手快之快。	（咸丰）十一年,迭败于东昌、青州、沂州,积功记名副都统,赐黄马褂	《清史稿》卷404第11901页

序号	姓名	封号	语义	原因	文献出处
194	张诗日(湖南湘乡人)	干勇巴图鲁		咸丰十一年,克安庆,擢副将,加总兵衔	《清史稿》卷414第12058页
195	冯子材(广东钦州人)	色尔固楞巴图鲁	色尔固楞乃蒙古语,其义:聪明的、精明的。	平博白咸丰	《清史稿》卷459第12689页
196	袁甲三(河南项城人)	iletu baturu 伊勒图巴图鲁	iletu义为:小孩儿凡事不认生害羞、显明无隐藏、人前不做难害羞昂然动作、公行之公、昭著、灿然、显然、明显、斤斤、见鸿称通用封谥之显字。	屡有战功咸丰八年	《清史稿》卷418第12109页
197	袁保恒(河南项城人)	iletu baturu 伊勒图巴图鲁	iletu义为:小孩儿凡事不认生害羞、显明无隐藏、人前不做难害羞昂然动作、公行之公、昭著、灿然、显然、明显、斤斤、见鸿称通用封谥之显字。	屡有战功咸丰八年	《清史稿》卷418第12115页
198	张运兰(湖南湘乡人)	克图格尔依巴图鲁	无法判断	屡有战功咸丰八年	《清史稿》卷432第12321页
199	田兴恕(湖南人)	尚勇巴图鲁、挚勇巴图鲁		咸丰八年,克崇仁、乐安、宜黄、南丰,积功至副将,加总兵衔	《清史稿》卷428第12271页
200	苏克金(满洲正黄旗人汉军镶红旗人)	伊固木图巴图鲁	无法判断	屡有战功咸丰八年	《清史稿》卷404第11902页
201	朱善张(浙江平湖人)	库木勒济特依巴图鲁	库木勒济特依,乃蒙古语,义为:有教养的,有教育的。	粤匪陷天长,扑蒋坝,善张驰援,殪其酋咸丰九年	《清史稿》卷434第12352页

序号	姓名	封号	语义	原因	文献出处
202	刘岳昭（湖南湘乡人）	鼓勇巴图鲁		屡有战功咸丰十年	《清史稿》卷419第12129页
203	何建鳌（汉军镶红旗人）	雄勇巴图鲁		屡有战功咸丰九年	《清史稿》卷404第11903页
204	江忠义（湖南新宁人）	erdemu baturu 额尔德木巴图鲁	erdemu 义为：德、才。	屡有战功咸丰九年	《清史稿》卷429第12285页
205	胡中和（湖南湘乡人）	伊德克勒巴图鲁	伊德克勒乃蒙古语，义为：信用。	屡有战功咸丰九年	《清史稿》卷430第12299页
206	萧启江（湖南湘乡人）	额埒（烈）斯图巴图鲁	额埒斯图乃蒙古语，义为：有沙漠的。	屡有战功咸丰九年	《清史稿》卷432第12319页
207	黄开榜（湖北施南人）	勤勇巴图鲁		屡有战功咸丰九年	《清史稿》卷428第12277页
208	陈国瑞（湖北应城人）	技勇巴图鲁		屡有战功咸丰九年	《清史稿》卷428第12278页
209	刘连捷（湖南湘乡人）	果勇巴图鲁		咸丰十一年，复破援贼于集贤关，克安庆，擢道员	《清史稿》卷414第12056页
210	萧庆高（湖南湘乡人）	果勇巴图鲁		隶楚军，积功至副将。萧启江援蜀，调从军，以井研之捷（咸丰）	《清史稿》卷430第12301页
211	彭毓橘（湖南湘乡人）	毅勇巴图鲁		会诸军下沿江诸要隘，渡江克太平府、金柱关、芜湖，擢道员（咸丰）	《清史稿》卷414第12057页

序号	姓名	封号	语义	原因	文献出处
212	杨国发（云南建水人）	果勇巴图鲁		屡有战功咸丰十年	《清史稿》卷456 第12660页
213	方耀（广东普宁人）	展勇巴图鲁		连克清远、广宁、德庆，截击连州窜匪（咸丰）	《清史稿》卷457 第12677页
214	曹克忠（直隶天津人）	悍勇巴图鲁		屡有战功咸丰十年	《清史稿》卷430 第12298页
215	赵景贤（浙江归安人）	额德木巴图鲁	额勒莫克依乃蒙古语，义为：未经驯服的。	屡有战功咸丰十年	《清史稿》卷400 第11835页
216	唐友耕（云南大关厅人）	额勒莫克依巴图鲁	额勒莫克依乃蒙古语，义为：未经驯服的。	屡有战功咸丰十年	《清史稿》卷430 第12305页
217	文瑞（蒙古镶蓝旗人）	唐木济特依巴图鲁		咸丰十年，赴援浙江，克余杭，以总兵记名。解湖州围	《清史稿》卷402 第11861页
218	唐仁廉（湖南东安人）	壮勇巴图鲁		屡有战功咸丰十年	《清史稿》卷409 第11988页
219	何胜必（湖南湘乡人）	御勇巴图鲁		屡有战功咸丰中	《清史稿》卷430 第12301页
220	胜达（湖南长沙人）	协勇巴图鲁		从战双港，克铅山（咸丰）	《清史稿》卷409 第11987页
221	丁汝贵，字禹廷（安徽庐江人）	协勇巴图鲁		咸丰初隶长江水师，从刘铭传征捻，积勋至参将。捻平，赐号	《清史稿》卷462 第12727页

序号	姓名	封号	语义	原因	文献出处
222	刘松山（湖南湘乡人）	志勇巴图鲁		咸丰十年,追叙连州功,加总兵衔	《清史稿》卷409第11989页
223	林文察（福建台湾人）	固勇巴图鲁		屡有战功咸丰十年	《清史稿》卷429第12290页
224	韩超（直隶昌黎人）	武勇巴图鲁		屡有战功咸丰十年	《清史稿》卷420第12139页
225	杨国发（云南建水人）	果勇巴图鲁		屡有战功咸丰十年	《清史稿》卷456第12660页
226	王德榜（湖南江华人）	锐勇巴鲁图		李世贤、李秀成先后来犯,并击却之。咸丰十一年	《清史稿》卷459第12697页
227	郭松林（湖南湘潭人）	奋勇巴图鲁		屡有战功咸丰十一年	《清史稿》卷431第12307页
228	赵德光（贵州郎岱人）	豪勇巴图鲁		屡有战功咸丰十一年	《清史稿》卷429第12291页
229	陶茂林（湖南长沙人）	钟勇巴图鲁 aisingga baturu 爱星阿巴图鲁	aisingga 义为:祐之整字旧亦有。	屡有战功咸丰十一年补:光绪二年收复下江永从各城,破山同贼巢晋号爱星阿巴图鲁	《清史稿》卷430第12297页
230	李辉武（湖南衡山人）	武勇巴图鲁		屡有战功咸丰十一年	《清史稿》卷430第12304页
231	曾国荃（湖南湘乡人）	伟勇巴图鲁		多战功咸丰十一年	《清史稿》卷413第12037页

序号	姓名	封号	语义	原因	文献出处
232	罗逢元（湖南湘潭人）	展勇巴图鲁		从曾国荃克安庆，以总兵记名（咸丰）	《清史稿》卷414第12059页
233	托云布（满洲镶蓝旗人）	colgoroko baturu 绰勒郭兰阔巴图鲁	colgoroko 义为：拔萃、巍巍、狠高峻突出者、出群、严严、超卓、出类、超群出众。	从军剿发、捻，赐号（咸丰）	《清史稿》卷454第12621页
234	李祥和,湖南湘乡人	著勇巴图鲁		初从罗泽南，积功至游击。嗣从曾国荃，克吉安，复安庆，累擢副将，赐号（咸丰）	《清史稿》卷414第12059页
235	朱南桂（湖南长沙人）	勖勇巴图鲁		罗泽南旧部，转战两湖，积功至副将（咸丰）	《清史稿》卷414第12095页
236	长顺（满洲正白旗）	entehen baturu 恩特赫恩巴图鲁	entehen 义为：恒易卦名巽上震曰恒、又恒常之恒。	屡有战功（咸丰）	《清史稿》卷461第12724页
237	乐善（蒙古正白旗人）	巴克敦巴图鲁	无法判断	从胜保剿粤匪，战独流、阜城（咸丰）	《清史稿》卷404第11904页
238	毛克宽（湖南溆浦人）	锐勇巴图鲁		咸丰从兴恕剿贵州苗匪，战龙潭，斩贼伪元帅韩成龙、覃国英，尽平其营。拔出被掳老穉男女三千余口	《清史稿》卷492第13622页
239	张曜（先上虞人）	hocin baturu 霍钦巴图鲁	hocin 义为：俊美。	智退捻军有功李秀成又构捻入，围城三匝，捍御七十余日，城获全（咸丰）	《清史稿》卷454第12611页
240	叶志超（安徽合肥人）	etuhun baturu 额图浑巴图鲁	etuhun 义为：称称的高、力强、力壮、凡物强盛、强壮之形。	战淮城被创，仍奋击却之，逐北天长，又败之汉河，赐号（咸丰）	《清史稿》卷462第12729页

序号	姓名	封号	语义	原因	文献出处
241	伊兴额(原名伊清阿,字松坪,何图哩氏,蒙古正白旗人,吉林驻防)	etuhun baturu 额图浑巴图鲁	etuhun 义为:称称的高、力强、力壮、凡物强盛、强壮之形。	(咸丰)七年,招降王家墟捻党陈保元五千人,斩其渠李月,赐号	《清史稿》卷417第12104页
242	章高元(合肥人)	kice baturu 奇车巴图鲁	kice 义为:令人勤、令人勉励。	安丘之役,以功擢总兵,咸丰	《清史稿》卷459第12704页
243	苏得胜(安徽合肥人)	励勇巴图鲁		战常陷坚,赐号咸丰	《清史稿》卷459第12704页
244	丁寿昌(字乐山,安徽合肥人)	silin baturu 西林巴图鲁	silin 义为:众兵内选的精快兵丁。	战潍县,擒捻酋李芸等(咸丰)	《清史稿》卷451第12558页
245	曹仁美(字择庵,湘潭人)	励勇巴图鲁		咸丰十年	《清史稿》卷492第13621页
246	覃修纲(广西西林,壮族)	勤勇巴图鲁		有功,累迁至参将(咸丰)	《清史稿》卷459第12701页
247	郑国魁(安徽合肥人)	勃勇巴图鲁		咸丰	《清史稿》卷416第12076页
248	善庆(满洲正黄旗人)	济特固勒忒依巴图鲁	库木勒济特依乃蒙古语,其义:有教养的,有教育的。	从胜保征捻,积勋至协领,赐号(咸丰、同治)	《清史稿》卷453第12591页
249	张树珊(安徽合肥人)	悍勇巴图鲁		屡有战功同治元年(1856)	《清史稿》卷416第12080页

序号	姓名	封号	语义	原因	文献出处
250	罗荣光（湖南乾州人）	果勇巴图鲁		攻常州,先登,城复,迁副将,赐号同治初	《清史稿》卷467第12769页
251	蔡东祥（湖南湘阴人。充湖北水师水勇）	雄勇巴图鲁		同治初	《清史稿》卷492第13616页
252	伍维寿（湖南长沙人）	毅勇巴图鲁		夺雨花台、聚宝门外石垒,累擢记名总兵（同治）	《清史稿》卷414第12058页
253	聂士成（安徽合肥人）	力勇巴图鲁		从刘铭传分援江、浙、闽、皖,累迁至副将。东捻败。同治初	《清史稿》卷467第12676页
254	李承先（汉人）	节勇巴图鲁		屡有战功同治间	《清史稿》卷457第12666页
255	牛师韩（安徽涡阳人）	信勇巴图鲁		屡有战功同治间	《清史稿》卷457第12671页
256	昝南秀节（洮州卫卓泥族番人）	志勇巴图鲁		同治中,奉总督左宗棠檄,剿循属撒匪,收复洮州新旧二城,历奖至头品顶戴、志勇巴图鲁	《清史稿》卷517第14308页
257	邓绍忠	敢勇巴图鲁		以次征肇庆、思平诸匪（同治）	《清史稿》卷457第12678页
258	余虎恩（湖南平江人）	精勇巴图鲁		同治初,从刘松山征捻,蹙之沙海西,擢总兵,赐号	《清史稿》卷455第12639页
259	曾贞干（国葆）	迅勇巴图鲁		同治元年,与国荃分路沿江进师,破鲁港,克繁昌、南陵、芜湖,会军雨花台	《清史稿》卷413第12043页

序号	姓名	封号	语义	原因	文献出处
260	黄万鹏（湖南宁乡人）	力勇巴图鲁		从曾国荃援赣、皖，积勋至都司。从克江宁，历迁总兵，	《清史稿》卷455第12637页
261	金运昌（安徽盱眙人）	勉勇巴图鲁		从宝昌征发、捻，积勋至游击。论河防功（同治）	《清史稿》卷455第12635页
262	邓增（广大新会人）	ibeden baturu 伊博德恩巴图鲁	ibeden 义为：前进，晋。	锦棠攻高寨急，昇大炮列北山上，使增测准寇垒，发炮子六十余，墙皆裂（同治）	《清史稿》卷454第12620页
263	马盛治（广西永安人）	壮勇巴图鲁		初随席宝田征黔苗，积功至游击（同治）	《清史稿》卷459第12696页
264	吴永安（云南广西州人）	尚勇巴图鲁。更勇号曰额特和	etehe：胜利了的。	以征回功，累选至副将，赐号。同治平馆驿，晋提都	《清史稿》卷459第12702页
265	孙开华（湖南慈利人）	擢勇巴图鲁		屡有战功同治初	《清史稿》卷459第12702页
266	依克唐阿（满洲镶黄旗人）	faššangga baturu 法什尚阿巴图鲁	faššangga 义为：襄，乃封谥等处用之字、有功业的。	屡有战功同治初	《清史稿》卷461第12722页
267	吴家榜（湖南益阳人）	敢勇巴图鲁		从黄翼升援上海，迭破贼北新泾、四江口，败援贼于江阴同治元年	《清史稿》卷415第12066页
268	吴宗国（湖南长沙人）	资勇巴图鲁		从曾国荃沿江东下，迭克要隘，功多，累擢参将同治元年	《清史稿》卷414第12060页

序号	姓名	封号	语义	原因	文献出处
269	程学启（安徽桐城人）	勃勇巴图鲁		屡有战功同治元年	《清史稿》卷416第12073页
270	刘铭传（安徽合肥人）	骠勇巴图鲁		屡有战功同治元年	《清史稿》卷416第12077页
271	周盛波（安徽合肥人）	卓勇巴图鲁		屡有战功同治元年	《清史稿》卷416第12082页
272	滕嗣武（湖南麻阳人）	伟勇巴图鲁		屡有战功同治元年	《清史稿》卷431第12315页
273	杨明海（长沙人）	忱勇巴图鲁 gehungge baturu（格洪额巴图鲁）	gehungge 义为：光辉的,明亮的。谥号:宣。	屡有战功同治元年三年破匪于金县夏官营	《清史稿》卷410第12008页
274	江福山（湖南清泉人）	强勇巴图鲁		战功同治元年	《清史稿》卷415第12070页
275	周达武（湖南宁乡人）	质勇巴图鲁		屡有战功同治元年	《清史稿》卷430第12302页
276	石清吉（直隶沙河人）	干勇巴图鲁		屡有战功同治元年	《清史稿》卷429第12288页
277	余际昌（湖北谷城人）	伟勇巴图鲁		屡有战功同治元年	《清史稿》卷429第12289页
278	贞干（湖南湘乡人）	迅勇巴图鲁		破鲁港,克繁昌、南陵、芜湖,会军雨花台,后卒于军同治元年	《清史稿》卷413第12042页

序号	姓名	封号	语义	原因	文献出处
279	张文德（湖南凤凰厅人）	翼勇巴图鲁		同治元年,授贵州镇远镇总兵,赐号	《清史稿》卷429第12292页
280	郭宝昌（安徽凤阳人）	卓勇巴图鲁		屡有战功同治元年	《清史稿》卷428第12282页
281	杨鼎勋（四川华阳人）	锋勇巴图鲁		屡有战功同治二年	《清史稿》卷431第12311页
282	段起（湖南清泉人）	hūsunge baturu瑚松额巴图鲁	hūsunge 义为:有力者。	同治二年克鄱阳彭泽	《清史稿》卷451第12577页。
283	骆国忠（安徽凤阳人）	劲勇巴图鲁		屡有战功同治二年	《清史稿》卷431第12316页
284	陈湜（湖南湘乡人）	著勇巴图鲁奇车伯巴图鲁	kicebe:勤勉、勤敏、克勤、勤、敏。	屡有战功同治二年	《清史稿》卷432第12327页
285	英翰（满洲正红旗人）	格洪铿僧额巴图鲁	gehungge 义为:光辉的, 明亮的。谥号:宣。	屡有战功同治二年	《清史稿》卷425第12224页
286	席宝田（湖南东安人）	yekengge baturu业铿额巴图鲁	yekengge 义为:yekengge hehe,大丈夫。	同治二年累功赐号	《清史稿》卷428第12276页
287	张树声（安徽合肥人）	卓勇巴图鲁		屡有战功同治二年	《清史稿》卷447第12496页
288	唐殿魁（安徽合肥人）	振勇巴图鲁		屡有战功同治二年	《清史稿》卷431第12313页

序号	姓名	封号	语义	原因	文献出处
289	刘秉璋,字仲良(安徽庐江人)	振勇巴图鲁		浙西平同治二年	《清史稿》卷417第12499页
290	欧阳利见(湖南祁阳人)	强勇巴图鲁		屡有战功同治二年	《清史稿》卷459第12705页
291	刘典(湖南宁乡人)	argangga baturu,阿尔刚阿巴图鲁	arangga 义为:奸計人詭弄巧人、有谋略的。	江、皖即平,赐号同治二年	《清史稿》卷454第12615页
292	丁义方(湖南益阳人)	壮勇巴图鲁		击都昌败贼,毁其舟同治二年	《清史稿》卷415第12065页
293	刘培元(湖南长沙人)	锐勇巴图鲁		克阳溪、龙游,毙贼酋陈廷秀,加提督衔同治二年	《清史稿》卷415第12071页
294	李祥和(湖南湘乡人)	著勇巴图鲁		嗣从曾国荃,克吉安,复安庆,累擢副将(咸丰)	《清史稿》卷414第12059页
295	萧庆衍(湖南湘乡人)	刚勇巴图鲁		克太湖、潜山,以总兵记名(咸丰)	《清史稿》卷414第12060页
296	周盛传	勋勇巴图鲁		屡有战功同治二年	《清史稿》卷416第12084页
297	潘鼎新(安徽庐江人)	敢勇巴图鲁		屡有战功同治三年	《清史稿》卷416第12086页
298	刘坤一(湖南新宁人)	硕勇巴图鲁		浔州平,赐号同治三年	《清史稿》卷413第12046页

序号	姓名	封号	语义	原因	文献出处
299	李长乐,字汉春(安徽盱眙人)	尚勇巴图鲁		同治三年	《清史稿》卷431第12309页
300	王孝祺(安徽合肥人)	壮勇巴图鲁更勇号为博奇	beki:坚固、牢固。	论克宜、荆、溧、嘉、常功,擢总兵,赐号(同治)	《清史稿》卷459第12691页
301	陈嘉(广西荔浦)	讷思钦巴图鲁	无法判断	从苏元春征黔苗,累勋至副将(同治)	《清史稿》卷459第12692页
302	邓安邦(广东东莞人)	锐勇巴图鲁		屡有战功同治四年	《清史稿》卷457第12679页
303	英翰,字西林,萨尔图氏,满洲正红旗人	dacun baturu达春巴图鲁	dacun 义为:锋芒、凡锋刃快利之快、言刚决行果断、射箭做物手快之快。	同治四年道员史念祖佐英翰且战且守,凡四十五日,援军至,突围夹击,大破之,贼乃解围引去	《清史稿》卷425第12225—26页
304	岑毓英(广西西林人)	勉勇巴图鲁		肃清迤东,加布政使衔同治四年	《清史稿》卷419第12132页
305	岑毓宝	etuhun baturu额图珲巴图鲁	etuhun 义为:秤称的高、力强、力壮、凡物强盛、强壮之形。	从毓英转战云南,功最著,累擢道员(同治)	《清史稿》卷419第12138页
306	马如龙(云南建水人)	效勇巴图鲁		屡有战功同治	《清史稿》卷456第12645页
307	苏元春(广西永安人)	健勇巴图鲁		屡有战功同治六年	《清史稿》卷459第12694页
308	史念祖(江苏江都人)	捷勇巴图鲁		屡有战功同治六年	《清史稿》卷447第12509页

序号	姓名	封号	语义	原因	文献出处
309	唐殿奎（安徽合肥人）	hūdun baturu 呼敦（瑚敦）巴图鲁同治二年振勇巴图鲁	hūdun 义为：马走跑的快、快、速。	屡有战功同治七年	《清史稿》卷431第12313—14页
310	吕本元（安徽滁州人）	强勇巴图鲁勇号		初隶李鸿章军,随剿粤匪、捻匪,转战苏、皖、鲁、豫各省。援鄂、援陕屡立功,历保总兵,同治七年(1868)	《清史稿》卷461第12719页
311	张保和（云南师宗人）	扬勇巴图鲁		屡有战功同治七年	《清史稿》卷456第12662页
312	张树珊,字海柯(安徽合肥人)	悍勇巴图鲁		(同治七年)进克嘉定,贼大举围四江口,树珊逼贼而营,会诸军奋击,连破二十余垒,遂解围	《清史稿》卷416第12080页
313	何秀林（云南宜良人）	效勇巴图鲁		屡有战功同治七年	《清史稿》卷456第12658页
314	吴长庆（安徽庐江人）	力勇巴图鲁（同治三年）hūdun baturu 瑚敦（呼敦）巴图鲁	hūdun 义为：马走跑的快、快、速。	同治七年,从李鸿章剿捻匪,转战河南内黄、滑、浚,山东临邑、德州,直隶宁津。捻平,赐黄马褂	《清史稿》卷416第12089页
315	蒋东才（安徽亳州人）	威勇巴图鲁		屡有战功同治七年	《清史稿》卷457第12665页
316	李长乐（安徽盱眙人）	侃勇巴图鲁（同治二年）尚勇巴图鲁（同治三年）博奇巴图鲁（同治七年）	beki:坚固、牢固。	屡有战功	《清史稿》卷431第12309页

序号	姓名	封号	语义	原因	文献出处
317	丁汝贵（安徽庐江人）	协勇巴图鲁		刘铭传征捻，积勋至参将。同治七年	《清史稿》卷462第12729页
318	刘锦棠（湖南湘乡人）	fafuringga baturu 法福凌阿巴图鲁	fafuringga 义为：勤奋的，发奋的。急躁的，暴躁的。	屡有战功同治七年	《清史稿》卷454第12607页
319	郭宝昌（安徽凤阳人）	falingga baturu 法凌阿巴图鲁	falingga 义为：朋友之交也之交结交之整字、中庸。	同治七年	《清史稿》卷428第12282页
320	刘松山（湖南湘乡人）	dasangga baturu 达桑阿巴图鲁	dasangga 义为：叙、封谥处用之整字。	同治七年	《清史稿》卷409第11989页
321	雷正绾，字伟堂（四川中江人）	dacun baturu 达春巴图鲁	dacun 义为：锋芒、凡锋刃快利之快、言刚决行果断、射箭做物手快之快。	（同治）八年，会攻董志原，克之	《清史稿》卷430第12295页
322	杨玉科（汉人）	励勇巴图鲁		屡有战功同治八年	《清史稿》卷456第12650页
323	夏毓秀（云南昆明人）	利勇巴图鲁		屡有战功同治十年	《清史稿》卷456第12656页
324	桂锡桢（山东曲阜人）	精勇巴图鲁同治十一年呢铿额勇号光绪三年	无法判断	同治十年连克四坝、十一堡，东面寇垒亦尽，回疆告宁，晋头品秩	《清史稿》卷455第12641页
325	方友升（湖南长沙人）	hafungga baturu 哈丰阿巴图鲁	hafungga 义为：通达的、元贞利亨之享。	屡有战功同治十一年	《清史稿》卷455第12643页
326	和耀曾（云南丽江人）	dacun baturu 达春巴图鲁	dacun 义为：锋芒、凡锋刃快利之快、言刚决行果断、射箭做物手快之快。	屡有战功同治十二年	《清史稿》卷456第12648页

序号	姓名	封号	语义	原因	文献出处
327	杨让梨（湘乡人）	kengse baturu 铿色巴图鲁	kengse 义为:果断果敢决断。封谥用语:果。	转战新疆、河州、西宁，数有功，累擢参将	《清史稿》卷470第12807页
328	程学启（安徽桐城人）	勃勇巴图鲁		松江围解，擢副将（同治）	《清史稿》卷416第12074页
329	马玉昆（安徽蒙城人）	振勇巴图鲁更号:博奇	beki 义为:坚固、牢固	以武童从宋庆攻捻，积功至都司，赐号剿秦、陇回，数获胜，更勇号曰博奇(同治)	《清史稿》卷461第12712页
330	张俊	wesin baturu 倭兴巴图鲁	wesin 义为:高贵高尚。	连破小峡、润家沟，从攻河州、肃州，以战功历迁至副将(同治)	《清史稿》卷455第12633页
331	扎拉丰阿（满洲正黄旗人）	sirangga baturu 西朗阿巴图鲁	sirangga 义为:继绍之绍封谥等处用之整字。	屡有战功同治	《清史稿》卷334第11012页
332	曹德庆（安徽庐江人）	烈勇巴图鲁		西捻平，晋提督同治	《清史稿》卷457第12673页
333	董福祥（甘肃固原人）	arhangga baturu 阿尔杭巴图鲁	arhangga 义为:飞蚂蚁。	克和阗，南疆西四城告宁。繇是董军名震西域。光绪元年	《清史稿》卷455第12631页
334	唐景崧（广西灌阳人）	霍伽春巴图鲁	无法判断	屡有战功光绪	《清史稿》卷463第12733页
335	马维骐（云南阿迷人）	bodogon baturu 博多欢巴图鲁	bodogon 义为:谋略、三略之略、论策之策。	从攻临洮，功最，迁副将，赐号（光绪）	《清史稿》卷459第12700页
336	张春发（江西新喻人）	杰勇巴图鲁		初隶刘松山麾下，充探骑，频有功。累迁至副将，赐号（光绪）	《清史稿》卷459第12699页

序号	姓名	封号	语义	原因	文献出处
337	富勒铭额（满洲镶白旗）	坚勇巴图鲁		解敦煌围光绪	《清史稿》卷454第12628页
338	额尔庆额（满洲镶白旗）	fafuringga baturu 法福灵阿巴图鲁	fafuringga 义为：勤奋的，发奋的。急躁的，暴躁的。	清水堡之役（光绪）	《清史稿》卷454第12625页
339	张勋，字少轩（江西奉新人）	壮勇巴图鲁		拳匪乱作，统巡防营防剿，叙功擢副将，赏（光绪）	《清史稿》卷473第12827页
340	左宝贵（山东费人）	kengse baturu 铿色巴图鲁	kengse 义为：果断果敢决断。封谥用语：果。	屡有战功光绪初	《清史稿》卷460第12709页
341	邓世昌（广东番禺人）	勃勇巴图鲁		事宁，迁游击，光绪八年	《清史稿》卷461第12721页
342	董履高（安徽合肥人）	奇车伯巴图鲁	kicebe 义为：勤勉、勤敏、克勤、勤、敏。	深入苗疆，擒梦弼诛之，事遂定。擢提督，赐号。光绪十年	《清史稿》卷457第12668页
343	刘永福（广西上思人）	依博德恩巴图鲁	无法判断	大捷临洮。论胜宣、临功。光绪十一年	《清史稿》卷463第12736页
344	刘步蟾（侯官人）	强勇巴图鲁霍春助巴图鲁	无法判断	管镇远，战大东沟。光绪十四年	《清史稿》卷460第12712页
345	蒋宗汉	著勇巴图鲁		屡有战功光绪	《清史稿》卷459第12693页
346	果权（莫得里氏，满洲正蓝旗人，吉林驻防）	志勇巴图鲁		诏念前劳，晋副都统，赐号光绪	《清史稿》卷454第12622页

序号	姓名	封号	语义	原因	文献出处
347	陶茂林（湖南长沙人）	忠勇巴图鲁 aisingga baturu（爱星阿巴图鲁）	aisingga 义为：祐。	屡有战功咸丰十一年光绪二年收复下江永从各城，破山同贼巢晋号爱星阿巴图鲁	《清史稿》卷430 第12298页
348	李得胜（安徽蒙城人）	奋勇巴图鲁（咸丰）直、东平晋提督，更勇号曰刚安	ganggan，义为：刚柔之刚，阳性强曰刚，人生性强曰刚。	屡有战功沛霖之乱，战常陷坚。累迁参将（光绪）	《清史稿》卷457 第12668页
349	夏辛酉（山东郓城）	振勇巴图鲁		屡有战功（光绪）	《清史稿》卷455 第12634页
350	聂士成（安徽合肥人）	力勇巴图鲁 aisingga baturu（爱星阿巴图鲁）	aisingga 义为：祐。	从刘铭传分援江、浙、闽、皖，累迁至副将。东捻败。同治初光绪七年晋	《清史稿》卷467 第12676页

索　引

后　记

本书是国家社科基金项目：满语词汇语义研究（批准编号：13BYY129）的阶段性成果，也是在我的博士论文的基础上修改而成的。

2010年考入黑龙江大学满族语言文化研究中心，有幸得到满族语言文化研究专家赵阿平先生的教诲，深感先生学术的博大精深与道德风范的崇高，先生永远都是我辈学习的楷模，先生的教诲使我受益终生。没有赵阿平先生的悉心指导，就没有我博士学位论文的诞生，但因本人天资愚鲁，拙文实有负先生之期望，有辱先生之盛名。

博士求学三年，时间如白驹过隙。感谢郭孟秀教授、哈斯巴特尔教授、阿拉腾教授、吴雪娟教授、长山教授等满族语言文化研究中心老师们，感谢他们对我的教诲、鼓励和支持！

在我博士学位论文完成以后，得到中央民族大学季永海教授、中央民族大学宝玉柱教授、内蒙古大学照日格图教授、内蒙古民族大学双山教授的肯定与指点。在此，我向各位前辈致以崇高的敬意和衷心的感谢！

感谢满族语言文化研究的学术前辈、同仁，拙著是在各位前辈研究的基础上完成的，参考文献和注释中列出了他们辛勤劳动的成果，若有遗漏，还望见谅。

拙著的出版还要感谢我所在的学校——牡丹江师范学院，感谢学校将拙著纳入牡丹江师范学院学术著作出版基金支持计划，并给予一定的资金支持。

本书有幸被纳入2016年度"中国社会科学博士文库"，要特别感谢中国社会科学出版社历史与考古出版中心副主任宋燕鹏老师，还要感谢校对同志在编辑出版拙著时所付出的辛勤劳动。